高职高专物流专业"互联网+"创新规划教材

电子商务物流

主　编　邓之宏　常立军
副主编　杨东海
参　编　陈代江　刘小红

内 容 简 介

本书从电子商务与物流的基本概念及相互关系出发,紧密结合国内外知名电商企业的物流运作,详细阐述了电子商务物流的典型模式、运作流程及功能活动,重点描述了生鲜电商物流和跨境电商物流的具体运作模式,结合案例剖析了常见的物流信息技术和自动化设备的运作原理及具体功能。本书既是校际合作的成果,又是校企合作的产物,书中进行了工学结合的有益尝试,将相关企业的物流理念、软件平台和硬件设备有机融入各个章节中,引入了国内外知名电商企业物流操作案例,并将相关视频、文字等素材在书中通过二维码形式展现,学生用手机扫码即可自主学习和查看,有效地提高了学生的动手能力和实践技能。

本书适合作为高职高专电子商务、物流管理及相关专业的教材,也可作为本科院校相关专业的学生的参考用书,对企事业单位从事电子商务与物流工作的管理、技术及研究人员等也具有一定的参考价值。

图书在版编目(CIP)数据

电子商务物流 / 邓之宏,常立军主编. —北京:北京大学出版社,2020.7
北大版·高职高专物流专业"互联网+"创新规划教材
ISBN 978-7-301-31223-0

Ⅰ. ①电… Ⅱ. ①邓…②常… Ⅲ. ①电子商务—物流管理—高等职业教育—教材 Ⅳ. ①F713.365.1

中国版本图书馆 CIP 数据核字(2020)第 023215 号

书　　　名	电子商务物流 DIANZI SHANGWU WULIU
著作责任者	邓之宏　常立军　主编
策 划 编 辑	李彦红
责 任 编 辑	李瑞芳
数 字 编 辑	金常伟
标 准 书 号	ISBN 978-7-301-31223-0
出 版 发 行	北京大学出版社
地　　　址	北京市海淀区成府路 205 号　100871
网　　　址	http://www.pup.cn　　新浪微博:@北京大学出版社
电 子 信 箱	pup_6@163.com
电　　　话	邮购部 010-62752015　发行部 010-62750672　编辑部 010-62750667
印 刷 者	河北滦县鑫华书刊印刷厂
经 销 者	新华书店
	787 毫米×1092 毫米　16 开本　13 印张　300 千字 2020 年 7 月第 1 版　2023 年 3 月第 3 次印刷
定　　　价	39.00 元

未经许可,不得以任何方式复制或抄袭本书之部分或全部内容。

版权所有,侵权必究

举报电话:010-62752024　电子信箱:fd@pup.pku.edu.cn

图书如有印装质量问题,请与出版部联系,电话:010-62756370

前　言

随着互联网的迅速普及，电子商务也蓬勃兴起，给整个社会经济生活带来了深刻的变革，对于流通领域也不例外。以网络经济为平台的电子商务正在引发和推动着一次新的"流通革命"。电子商务中每一笔交易的完成，都会伴随着物流、资金流和信息流的流通。由于信息技术的发展和应用，资金流和信息流都可以有效地通过网络来实现，但最终的资源配置，尚需通过商品实体的转移来实现。物流是实施电子商务的根本保障，而电子商务又是现代物流的发展方向，两者将随着信息技术的发展而进一步趋于融合。电子商务打破了区域和国界的限制，开辟了广阔的网上商务市场，作为保证电子商务运作的现代物流，具有巨大的发展空间。电子商务为物流的发展带来新的机遇的同时，也使得物流本身面临新的挑战。对于企业来说，如何在网络时代创立自己的物流模式和管理方式，有效地开展经营活动，寻找新的商机，跟上时代的发展潮流，已成为一个现实而又迫切需要解决的问题。在电子商务这个大环境下，让学生了解和掌握物流管理的基本理论与实操技能，促进电子商务和物流的和谐发展，具有重要的理论和现实意义。

关于本课程

随着全球经济一体化进程的加快及信息技术的飞速发展，物流产业逐渐成为一个重要的产业和我国国民经济新的增长点。电子商务的兴起，迫切需要物流活动的支持和配合，使得物流成为一项极为重要的经济活动。电子商务环境给物流提出了新的要求，呈现信息化、自动化、网络化、智能化、柔性化的特点。如何适应电子商务环境下客户快速变化的需求，是电子商务给物流管理者带来的新课题。

电子商务物流就是在电子商务环境下，依靠计算机技术、互联网技术、电子商务技术等信息技术所进行的物流（活动），也就是利用电子商务技术（主要是指计算机技术、信息技术）对传统物流管理进行改造，实现企业内和企业之间物流资源共享和优化配置的物流方式。电子商务物流管理是融合管理学、经济学和信息技术等学科的新型交叉学科，学科之间相互融合、互为补充，以实现商务活动中商流、物流、信息流、资金流四位一体。通过电子商务物流课程的学习，学生应理解电子商务物流管理的基本理论，掌握电子商务环境下物流管理的主要业务流程，熟悉物流运作的基本方法和技能，了解各种先进的信息技术和自动化设备在物流领域的应用过程，以适应市场对电子商务物流人才的需求。

关于本书

本书是广东省一流高职院校建设成果，也是深圳信息职业技术学院教材建设重点资助项目成果。目前，国内已经出版了多种高职高专电子商务物流教材，这些教材对于普及电子商务物流知识、推动电子商务物流教学改革起到了很好的作用。然而，很多教材并没有注重电子商务和物流的有机融合。本书紧密结合国内外知名电商企业的物流运作模式，向读者系统地介绍了电子商务环境下的现代物流管理，内容新颖、结构完整、概念清晰、深入浅出、实用性强。本书具有以下特色。

（1）本书是一本校际合作、校企联合编写的工学结合、实用性较强的教材。本书是跨校合作的成果，由深圳信息职业技术学院、重庆电力高等专科学校、重庆师范大学及江苏省昆山第一中等专业学校等院校具有丰富经验的教学一线教师编写而成。本书也是校企合作的产物，将企业先进的物流理念、软件平台和硬件设备有机融入各个章节中，突出了电子商务物流的实际技能及其企业应用，提升了教材的实用性。

（2）课程教学体系具有创新性和科学性。本书对高职高专电子商务物流的教学体系结构进行了探讨和完善，真正体现了电子商务物流自身的特点和发展规律。全书基本涵盖了电子商务物流的各个相关领域，特别是生鲜电商物流和跨境电商物流等最新的电商物流的发展。在章节内容组织方面，突出了电子商务物流的实际技能及其企业应用。每章包括教学提示——介绍每章的缘起及在全书中的地位；教学要求——介绍通过每章的学习，学生应理解和掌握的关键知识点和技能；开篇案例——每章都筛选了部分电子商务物流运作中的典型案例做引子，通过对案例的介绍与分析，使学生能够更深入、更感性地理解与每章相关的电子商务物流运作模式；章节正文——结合高职高专教学的特点，注重理论教学的实践化，精简了理论知识，对相关的知识点用企业案例进行了描述，便于学生掌握；思考与练习——提供了不同形式的练习题，对每章的理论知识进行强化训练。

（3）构建"互联网＋教材"，利用多种渠道提供丰富的教学资源配套服务。主编基于多年的电子商务物流教学经验，建立了电子商务物流网络课程。该网络课程是主编所在学校第一批Blackboard网络课程建设项目，获得了首批网络课程建设优秀奖。通过近11个学期的循环使用，课程的访问量始终位于学校网络课程访问量前列，教学效果良好。电子商务物流网络课程可以为本书提供配套的、及时更新的电子课件、电子教案、多媒体视频、在线练习等资源，为读者提供一个相互交流、资源共享的平台。而且，电子商务物流课程于2012年10月被确定为国家骨干校电子商务专业重点建设项目专业优质核心课程，随后构建了体系完备、内容丰富的电子商务物流优质核心课程网站，实现了教学课件、教案、实操示范与指导、全程教学视频、教学案例、教学图片等教学资源上网，充分发挥了骨干校建设成果的示范作用。此外，本书精心打造"互联网＋教材"，引入国内外知名电商企业物流操作案例，并将相关视频素材等在书中用二维码形式进行展现，学生用手机扫码即可自主学习和查看，可有效地提高学生的动手能力和实践能力。

如何使用本书

本书内容可按照56学时安排，推荐学时分配为：第1章6学时，第2章6学时，第3章10学时，第4章6学时，第5章8学时，第6章10学时，第7章10学时。教师可根据不同的使用专业和教学条件灵活安排学时。

本书的配套资源

本书的配套资源包括教学大纲、教学计划、电子课件、习题答案和实训指导等，可以联系本书主编，索取Blackboard网络课程的试用账号和密码，进入网络课程获取电子课件、电子教案、多媒体视频、在线练习等丰富的教学资源。

本书编写队伍

本书由深圳信息职业技术学院的邓之宏教授、江苏省昆山第一中等专业学校常立军担任主编，由深圳信息职业技术学院杨东海担任副主编。具体编写分工为：邓之宏负责策划和统稿，并编写了第1章、第3章、第6章和第7章；常立军编写了第2章、第4章和第5章；

杨东海负责审订第 6 章和第 7 章部分内容，并提供了部分教学视频；重庆师范大学的陈代江、重庆电力高等专科学校的刘小红分别为第 3 章和第 6 章的编写提供了丰富的素材。

  本书的顺利编写，也要感谢深圳信息职业技术学院管理学院所提供的优质教学环境，以及部门领导、同事的大力支持。本书在编写过程中，借鉴了国内外大量的出版物和网络资料，由于编写体例的限制，没有在文中一一注明，只在最后的参考文献中列出。在此，谨向各位学者表示由衷的敬意和感谢！

  由于电子商务物流的不断发展和编者的水平有限，本书尚有许多不足和疏漏之处，恳请读者批评指正，也恳请各院校授课教师在教学过程中与我们相互交流、资源共享。

主编：邓之宏

网络课程：http://bb.sziit.edu.cn/

课程网站：https://dzswwl.sziit.edu.cn/

QQ 邮箱：109573864@qq.com

2020 年 1 月

【资源索引】

目 录

第1章 电子商务物流概述 …… 1

1.1 现代物流概述 …… 4
- 1.1.1 物流的概念与内涵 …… 4
- 1.1.2 物流的价值 …… 6
- 1.1.3 物流的分类 …… 8
- 1.1.4 物流活动的基本要素 …… 9
- 1.1.5 现代物流的经典理论 …… 10

1.2 电子商务与物流的关系 …… 12
- 1.2.1 物流对电子商务的影响 …… 12
- 1.2.2 电子商务对物流的影响 …… 14

1.3 电子商务物流的概念 …… 16
- 1.3.1 电子商务物流产生的背景 …… 16
- 1.3.2 电子商务物流的定义 …… 18

1.4 电子商务物流的特点与发展趋势 …… 19
- 1.4.1 电子商务物流的特点 …… 19
- 1.4.2 电子商务物流的发展趋势 …… 20

思考与练习 …… 22

第2章 电子商务物流模式 …… 25

2.1 电商自营物流模式 …… 26
- 2.1.1 自营物流模式的优势 …… 26
- 2.1.2 自营物流模式的劣势 …… 27
- 2.1.3 电商自营物流模式典型案例 …… 27

2.2 电商第三方物流模式 …… 29
- 2.2.1 第三方物流模式的优点 …… 29
- 2.2.2 第三方物流模式的缺点 …… 30
- 2.2.3 电商第三方物流模式细分 …… 30

2.3 菜鸟模式 …… 33
- 2.3.1 菜鸟模式产生的背景 …… 33
- 2.3.2 菜鸟网络简介 …… 33
- 2.3.3 菜鸟网络物流体系建设 …… 33
- 2.3.4 菜鸟智慧物流建设 …… 35

2.4 融合模式 …… 36
- 2.4.1 融合模式产生的背景 …… 36
- 2.4.2 阿里巴巴和京东商城新物流案例 …… 36

2.5 国外经典案例研究——美国亚马逊 …… 36
- 2.5.1 亚马逊简介 …… 36
- 2.5.2 亚马逊全球物流体系的构建和运营 …… 37

思考与练习 …… 40

第3章 电子商务物流功能活动 …… 42

3.1 电商物流的运作流程 …… 44
- 3.1.1 京东物流的基本情况 …… 44
- 3.1.2 京东物流的配送模式及流程 …… 45
- 3.1.3 京东自行研发的ERP系统 …… 47

3.2 仓储 …… 48
- 3.2.1 仓储概述 …… 48
- 3.2.2 仓储的种类 …… 49
- 3.2.3 仓储的功能 …… 51
- 3.2.4 仓储管理 …… 53

3.3 运输 …… 56
- 3.3.1 运输概述 …… 56
- 3.3.2 运输的功能 …… 58
- 3.3.3 运输的方式 …… 58
- 3.3.4 运输合理化 …… 66

3.4 配送 …… 67
- 3.4.1 配送概述 …… 67
- 3.4.2 配送的种类 …… 68
- 3.4.3 配送的方法 …… 70
- 3.4.4 配送管理 …… 72

3.5 产品包装 …… 73
- 3.5.1 包装概述 …… 73
- 3.5.2 包装的基本功能 …… 73
- 3.5.3 包装的类型 …… 74
- 3.5.4 包装器材 …… 76

3.6 装卸搬运 …… 77
- 3.6.1 装卸搬运概述 …… 77

3.6.2　装卸搬运的作用 …………… 77
　　3.6.3　装卸搬运的分类 …………… 78
　　3.6.4　装卸搬运合理化 …………… 79
3.7　流通加工 …………………………… 81
　　3.7.1　流通加工概述 ……………… 81
　　3.7.2　流通加工的地位和作用 …… 82
　　3.7.3　流通加工的类型 …………… 83
　　3.7.4　流通加工合理化 …………… 84
思考与练习 ………………………………… 85

第4章　生鲜电子商务物流 ……………… 88

4.1　生鲜电商的发展背景 ……………… 89
　　4.1.1　消费升级 …………………… 89
　　4.1.2　竞争驱动 …………………… 89
　　4.1.3　国家政策支持 ……………… 89
4.2　生鲜电商行业的痛点 ……………… 90
4.3　生鲜电商物流模式 ………………… 90
　　4.3.1　自建物流模式 ……………… 91
　　4.3.2　第三方物流模式 …………… 95
　　4.3.3　线上与线下融合(O2O)模式 … 95
4.4　国外案例研究——英国Ocado生鲜
　　　电商 …………………………………… 97
　　4.4.1　Ocado简介 ………………… 97
　　4.4.2　Ocado供应链运营模式 …… 98
　　4.4.3　Ocado物流体系建设和
　　　　　 运营 …………………………… 99
思考与练习 ……………………………… 101

第5章　跨境电商物流 ………………… 102

5.1　跨境电子商务的定义和产生的背景 … 103
　　5.1.1　跨境电商的定义 …………… 103
　　5.1.2　跨境电商产生的背景 ……… 104
5.2　发展跨境电商的意义 ……………… 104
5.3　中国跨境电商的发展现状 ………… 105
　　5.3.1　出口跨境电商分析 ………… 105
　　5.3.2　进口跨境电商分析 ………… 106
5.4　跨境电商物流模式 ………………… 106
　　5.4.1　出口跨境电商物流模式 …… 106
　　5.4.2　进口跨境电商物流模式 …… 108
5.5　跨境电商物流的痛点 ……………… 110

5.6　跨境电商物流典型案例 …………… 110
　　5.6.1　菜鸟网络物流案例 ………… 110
　　5.6.2　京东跨境物流案例 ………… 112
　　5.6.3　网易考拉海购案例 ………… 113
　　5.6.4　斑马物联网案例 …………… 114
　　5.6.5　国内商业快递企业的跨境物流
　　　　　 业务 …………………………… 116
思考与练习 ……………………………… 118

第6章　电子商务物流信息技术 ……… 120

6.1　条形码技术 ………………………… 123
　　6.1.1　条形码技术概述 …………… 123
　　6.1.2　商品条形码 ………………… 126
　　6.1.3　物流条形码 ………………… 128
　　6.1.4　条形码在物流中的应用 …… 130
6.2　射频识别技术 ……………………… 132
　　6.2.1　RFID技术的概念及性能
　　　　　 特点 …………………………… 132
　　6.2.2　RFID的构成 ……………… 133
　　6.2.3　RFID的工作原理 ………… 134
　　6.2.4　RFID在物流管理中的应用 … 134
6.3　地理信息系统 ……………………… 138
　　6.3.1　GIS的概念 ………………… 138
　　6.3.2　GIS的发展 ………………… 139
　　6.3.3　GIS的组成和功能 ………… 140
　　6.3.4　GIS在物流领域的应用 …… 142
6.4　全球定位系统 ……………………… 144
　　6.4.1　GPS的概念和特点 ………… 144
　　6.4.2　GPS的组成 ………………… 145
　　6.4.3　GPS导航与定位原理 ……… 146
　　6.4.4　GPS在物流中的应用 ……… 147
思考与练习 ……………………………… 151

第7章　电子商务物流自动化技术
　　　　　 与设备 ………………………… 154

7.1　物流自动化概述 …………………… 156
　　7.1.1　物流自动化的概念 ………… 156
　　7.1.2　物流自动化系统的结构 …… 157
　　7.1.3　物流自动化系统的层次 …… 158

7.2 自动化立体仓库 ………………… 159
　　7.2.1 自动化立体仓库概述 ……… 159
　　7.2.2 自动化立体仓库的分类 …… 163
　　7.2.3 自动化立体仓库的构成 …… 165
　　7.2.4 自动化立体仓库的设计 …… 166
7.3 物流自动化设备 ………………… 172
　　7.3.1 输送设备 …………………… 172
　　7.3.2 搬运设备 …………………… 175
　　7.3.3 自动起重设备 ……………… 179
　　7.3.4 自动分拣设备 ……………… 182
　　7.3.5 末端配送设备 ……………… 189
思考与练习 …………………………… 195

参考文献 ………………………………… 198

第1章

电子商务物流概述

教学提示

从20世纪90年代中后期以来，电子商务获得了快速的发展，对人类经济和社会发展产生了越来越重要的影响。随着电子商务在人们工作和生活中的全面普及，物流对电子商务活动的影响日益明显。在电子商务的发展过程中，人们发现作为支持有形商品网上交易的物流，不仅成为电子商务顺利开展的障碍，而且也成为电子商务能否顺利进行的关键因素。物流与电子商务发展的关系极为密切，它既是电子商务交易活动不可缺少的基本环节，又是受到电子商务发展影响的重要领域。近年来，在客户需求的拉动、技术进步的推动，以及物流产业自身发展需要的驱动等多方面力量的作用下，现代物流业正迎来一个新的发展阶段——电子商务物流时期。电子商务物流以其在物流速度、物流服务质量和物流成本等方面的显著优势，昭示着现代物流业未来发展的方向。

教学要求

通过本章的学习，学生应了解物流的概念和内涵、物流的价值、物流的分类、物流活动的基本要素、现代物流的经典理论，了解和掌握电子商务和物流之间的关系，掌握电子商务物流的概念及其内涵、电子商务物流的特点和发展趋势。

"双十一"购物狂欢节

"双十一"购物狂欢节是指每年11月11日（光棍节）的网络促销日。"双十一"购物狂欢节源于淘宝商城（天猫）2009年11月11日举办的促销活动，当时参与的商家数量和促销力度均有限，但营业额远超预想的效果。于是，11月11日成为天猫举办大规模促销活动的固定日期。近年来"双十一"已成为中国电子商务行业的年度盛事，并且逐渐影响到国际电子商务行业。2019年11月11日，天猫"双十一"全天交易额超2684亿元。历年"双十一"购物狂欢节交易额如图1.1所示。

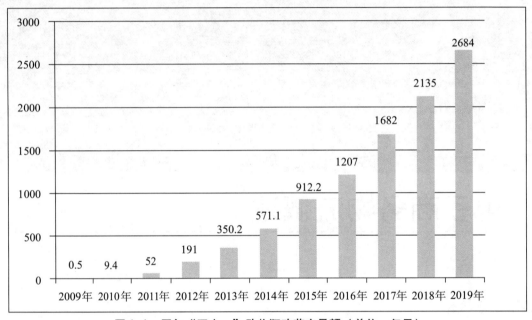

图1.1 历年"双十一"购物狂欢节交易额（单位：亿元）

据国家邮政局监测数据显示，2019年"双十一"全天各邮政、快递企业共处理5.35亿件快件，是第二季度以来日常处理量的3倍，同比增长28.6%，再创历史新高。每年的"双十一"，对各家快递公司来说，可谓是一场年度大考。面对"双十一"的海量订单，各家快递公司在硬件设施和软件系统方面均进行了积极备战，重点提升快件时效，保障快件安全。

1. 菜鸟网络

菜鸟网络针对快递公司推出了更为详细的大数据预测支持，每家快递公司网点都能在线看到每天精准的预警信息，及时调拨人力车辆。同时，菜鸟网络还将针对商家推出大数据算法引擎，帮助商家及时规避物流拥堵。各大主要快递公司也纷纷在菜鸟网络智能分单的支持下引入新的流水分拣系统。

此外，菜鸟网络还宣布，将在全国启动超级机器人仓群，从而让"双十一"物流在单量高速增长的情况下，依然能获得效率的大幅提升。这些仓群将会分布在上海、天津、广东、浙江、湖北等重点区域和物流枢纽。通过智能算法、自动化流水线、AGV（Automated Guided Vehicle，自动导引小车）等，菜鸟网络将提升仓内的无人化作业水平，带动智慧物流迎接"双十一"大考。这些机器人仓分布在全国从南到北、从东到西的重点城市，不仅有全自动化的流水线，还有各种缓存机器人、播种机器人、拣选机器人及机械臂等。它们将在"双十一"之前完成联调，从而形成大规模的超级机器人仓群来服务"双十一"。图1.2为菜鸟网络机器人仓库。

为了缓解配送环节的压力，菜鸟网络还将采取社会化协同的多元化解决方案。菜鸟网络将与物流合作伙伴一起在全国投入4万家菜鸟驿站，近20万组智能快递柜和数十万快递代办点。这些场所将与上门服务一起，为消费者提供便捷、安全、多元的配送服务。

图1.2 菜鸟网络机器人仓库

2. 京东商城

为了保障商家和用户的物流配送体验,京东商城物流将计划同时实施四色标签、通途计划、迅雷计划和零点行动等多种特色计划,数万条"干支空铁"运输线全面铺开,上万辆运输车24小时不间断发车,近300万众包运力全面支持等措施,构建起一个全方位的智慧物流保障体系。

截至2019年12月底,京东物流在全国运营约650个仓库,运营管理的仓储总面积达到1600万平方米。京东物流大件和中小件网络已实现大陆行政区县几乎100%覆盖,自营配送服务覆盖了全国99%的人口。这种一体化、规模化的物流基础设施在体验和效率上有着强大优势,为京东商城实现52%的订单在6小时内完成交付,92%的订单在24小时内完成交付的目标提供了保障。与此同时,京东商城物流推出了"京准达""京尊达"等服务产品,满足有特定需求和高端消费群体的购物体验。

另外,京东商城也在智能物流上持续发力,在无人机、无人车送货后,京东商城无人仓也在2017年10月11日曝光,这是全球首个正式落成并规模化投入使用的全流程无人的物流中心,如图1.3所示。该无人仓实现了从入库、储存、包装、分拣的全流程、全系统的智能化和无人化,具备日处理20万单的能力。除此之外,在2017年"6·18"期间就已正式运营的无人机、配送机器人的运营范围进一步扩大,目前无人机已经开通航线数十条,飞行上万千米,配送机器人也在北京、浙江、湖南等多地园区内运营。多项智能创新技术的应用,让京东商城可以在未来的"双十一"更加快速地调整、分配货源,从而缩短物流时间。

【拓展视频】

图1.3 京东商城全球首个无人货仓

3. 顺丰速运

顺丰速运(下文简称"顺丰")除了备人、备车、备场地的常规动作外,重点从航空、冷链、大数据角度进行突破,打造品质物流服务。顺丰主要发力空运提升物流体验,目前顺丰航空已拥有34架全货机,可通航国内34个主要城市与地区,全货机如图1.4所示。此外,顺丰冷运通过对车辆位置、车厢温度等进行实时跟踪与监控，解决包括"全程冷链不脱温"在内的行业技术难题。在大数据打造方面，顺丰搭建和完善信息平台，打造"云端物流"。通过"数据灯塔"融合内部和外部数据，提供智能的服务，如进行个性化预警、精准提前备货、指导商家合理分仓、进行有效的库存管理等。

图1.4　顺丰航空全货机

"双十一"购物狂欢节这个案例带给我们的启示很多，其中最重要的启示有两个方面。一方面，随着互联网购物趋势的增强，物流无疑成为网购中的关键环节，物流在电子商务发展中起着至关重要的作用。很难想象交易如此火爆的"双十一"购物狂欢节能离开物流这一坚强后盾和有力保障。另一方面，电子商务的快速发展，可能会经常出现像"双十一"这样短期内物流订单集中爆发的情况，会给快递企业带来空前的压力和考验，倒逼快递业迅速发展壮大，以匹配电子商务对物流的旺盛需求。

1.1 现代物流概述

现代物流作为一个新兴产业，越来越受到人们的重视，在世界经济一体化趋势日益明显的当今社会，它已经形成了一股潮流在世界范围内涌动。本节将从物流的概念与内涵、物流的价值、物流的分类、物流活动的基本要素、现代物流的经典理论这几方面对现代物流进行概述。

1.1.1　物流的概念与内涵

物流的发展和人类有史以来的战争紧密相连。中国古语有云："兵马未动，粮草先行"，这体现了古代战争中最朴素的物流思想。战争中搬运和调度兵力、装备、物资及供给，历来是交战双方决定胜负的关键因素之一。logistics（物流）最早来自法语 Logistique 一词，是指拿破仑军队中的一种官职，其责任是为部队寻找住所，为战马等牲畜供给饲料。后来，物流应用越来越多，逐渐演变为物资的物理性运动。从这种意义上讲，物流活动自古有之，并随着生产的发展而发展。

作为经济管理的物流概念最早是在美国形成的，1915 年，阿奇·萧（A. W. Shaw）在《市场流通中的若干问题》一文中把企业经营活动分为生产活动、流通活动和促进活动，其中流通活动又分为需要创造活动和实物供给活动，认为 Distribution 是"与创造需要不同的一个问题，物资经过时间和空间的转移，会产生附加价值"，并指出物资配送或实物配送（Physical Distribution，PD）是流通活动中的一个重要活动。

1935 年，美国销售协会阐述了"实物分配"的概念："实物分配是包含于销售之中的物质资料和服务，是从生产地到消费地的流动过程中伴随的种种经济活动。"1963 年，物流的概念被引入日本，当时的物流被理解为"在连接生产和消费的同时，对物资履行保管、运输、装卸、包装、加工等功能，以及作为控制这类功能后援的信息功能，它在物资销售中起到了桥梁的作用"。

在第二次世界大战中，美国军队围绕战争供应提出了"后勤"（Logistics）理论，并将其用于战争活动中。其中所提出的"后勤"，是指将战时物资生产、采购、运输、配给等活动作为一个整体进行统一布置，以求战略物资补给的费用更低、速度更快、服务更好。后来把 lgistics 一词转用于物资流通中，这时，物流就不单纯是考虑从生产者到消费者的货物配送问题，还要考虑从供应商到生产者对原材料的采购，以及生产者本身在产品制造过程中的运输、保管和信息等各个方面，全面地、综合性地提高经济效益和效率的问题。因此，现代物流是以满足消费者的需求为目标，把制造、运输、销售等市场情况统一起来考虑的一种战略措施，这与传统物流把它仅看作是"后勤保障系统"和"销售活动中起桥梁作用"的概念相比，在深度和广度上又有了进一步的含义。现在大多数欧美国家把物流称作 Logistics。Logistics 包含生产领域的原材料采购、生产过程中的物料搬运与厂内物流、销售物流（Physical Distribution），可见其外延更为广泛。

目前，国内外物流的概念很多，可以从不同的角度对其进行定义，最具代表性的定义有以下几种。

1. 物流协会定义

成立于 1963 年的美国物流管理协会（Council of Logistics Management，CLM）是举世公认的物流研究和管理机构，成立以来一直致力于推动物流业的发展，为物流从业人员提供教育的机会和相关信息。美国物流管理协会先后多次根据经济与社会的发展情况，并结合物流业自身的发展，对"物流"进行相应的定义。早期的定义是：物流是"为满足消费者需求而进行的对原材料、中间库存、最终产品及相关信息，从起始地到消费地的有效流动及储存的计划、实施与控制的过程"。1992 年，该协会把原来定义中的"原材料、中间库存、最终产品"修改为"产品、服务"，从而使物流的范围变得更广。

2005 年 1 月 1 日，原来的美国物流管理协会正式更名为供应链管理专业人员委员会（Council of Supply Chain Management Professionals，CSCMP），对物流的定义也再次更新为："物流是以满足客户需求为目的，对商品、服务和相关信息从起始地到消费地的流动和储存进行有效率、有效果的计划、执行和控制的供应链过程。"这一新的定义包含这样几层意思：物流的基本目的是满足客户对物流服务的需要；物流的对象包括商品、服务和相关信息；物流管理的内容是对物流全过程进行计划、执行和控制；物流是供应链流程的基本组成部分。

2. 7R 定义法

7R 定义法，即恰当的产品（Right Product）、恰当的数量（Right Quantity）、恰当的条件（Right Condition）、恰当的地点（Right Place）、恰当的时间（Right Time）、恰当的顾客（Right Customer）和恰当的成本（Right Cost）。物流系统的内在特征在目的上表现为实现物流的效率化和效果化、较低成本和较优服务，在原则上表现为实现 7R。

3. 概念的引进

我国"物流"概念主要是通过两种途径从国外引进的：一是在 20 世纪 80 年代初随

"市场营销"理论的引入而从欧美传入；二是 Physical Distribution 从欧美传入日本，日本将其译为日文"物流"，20 世纪 80 年代初，我国从日本直接引入"物流"这一概念至今。2001 年 8 月，中国物资流通协会物流技术经济委员会会同国内相关高校和研究机构及著名的物流企业共同起草，并由国家质量技术监督局发布了《中华人民共和国国家标准物流术语》，对物流进行了较新且较为权威的定义。按照该标准的解释，"物流"是"物品从供应地向接收地的实体流动过程。根据实际需要，将运输、储存、装卸、搬运、包装、流通加工、配送、回收信息处理等基本功能实施有机结合"；"物流活动"（Logistics Activity）是"物流过程中的运输、储存、装卸、搬运、包装、流通加工、配送、回收等功能的具体运作"；"物流管理"（Logistics Management）是"为了以合适的物流成本达到用户所满意的服务水平，对物流活动进行的计划、组织、协调与控制"。

尽管物流的概念多种多样，然而就其内涵而言，主要体现在以下 5 个方面。

① 物流是一个系统，涵盖运输、搬运、储存、保管、包装、装卸、流通加工和物流信息处理等基本功能活动。

② 物流是物品物质实体的流动。电子图书、音乐等虚拟产品的网上流动并不属于物流，而可以看作信息流。

③ 定义中的"物品"不只是指最终产品，还包括生产所用原材料、零部件、半成品和伴随产品销售的包装容器、包装材料，以及生产和销售过程中所产生的废弃物。

④ 物流的主体是供给者和需求者。供给者包括生产者和经营者，需求者除包括一般消费者外，还包括制造商、供应商、批发商、零售商等"中间需求者"。

⑤ 物流包括空间位置的移动、时间位置的移动以及形状性质的变动，通过物流活动，可以创造物品的场所价值、时间价值和加工附加价值。

1.1.2　物流的价值

物流不仅仅是"物"和"流"的简单组合，而是在一定的军事、经济、社会条件下的组合，从而达到某种军事、经济、社会的要求，这些要求主要是通过物流所创造的价值来体现的。物流的价值主要有场所价值、时间价值和加工附加价值 3 个方面。

1. 场所价值

"物"从供给者到需求者之间有一段空间差。供给者与需求者往往处于不同的场所，由于改变这一场所而创造的价值称作"场所价值"。

物流创造场所价值是由现代社会产业结构、社会分工所决定的，主要原因是供给和需求之间的空间差，商品在不同地理位置有不同的价值，通过物流将商品从低价值区转到高价值区，便可获得价值差，即"场所价值"。场所价值有以下几种具体形式。

（1）从集中生产场所流入分散需求场所创造价值

现代化大生产往往是通过集中的、大规模的生产以提高生产效率，降低成本。在一个小范围集中生产的产品可以覆盖大面积的需求地区，有时甚至可覆盖一个国家乃至若干个国家。通过物流将产品从集中生产的低价位区转移到分散于各处的高价位区，有时可以获得较大的利益。例如，现代生产中钢铁、水泥、煤炭等原材料生产往往以几百万甚至几千万吨的大量生产密集在一个地区，汽车生产有时也可达百万辆以上，这些产品、车辆都需通过物流流入分散需求地区，物流的"场所价值"也由此决定。

（2）从分散生产场所流入集中需求场所创造价值

这种情况在现代社会并不少见。例如，粮食是在分散的田地个别生产出来的，而一个大城市的需求却相对大规模集中；一个大汽车厂的零配件生产也分布得非常广，但却集中在一个大厂中装配，这些都形成了分散生产和集中需求。

（3）从甲地生产流入乙地需求创造场所价值

现代社会中供应与需求的空间差比比皆是，除了大生产所决定的之外，有不少是自然地理和社会发展因素决定的。例如，农村生产的粮食、蔬菜主要在城市消费，南方生产荔枝、北方生产高粱，而在全国各地消费等。现代人每日消费的物品几乎都是由相距一定距离甚至十分遥远的地方生产的。这么复杂交错的供给与需求的空间差都是靠物流来弥合的，物流也从中取得了利益。这就是与一般力学运动完全不同的取得"场所价值"的运动。

2. 时间价值

"物"从供给者到需要者之间有一段时间差，由于改变这一时间差而创造的价值，称作"时间价值"。时间价值通过物流获得的形式有以下几种。

（1）缩短时间创造价值

缩短物流时间，可获得多方面的好处，如可以减少物流损失、降低物流消耗、加快物的周转、节约资金等。物流时间越短，资本周转越快，表现出资本的较高增殖速度。现代物流学着重研究的一个课题，就是如何采取技术的、管理的、系统的方法，来尽量缩短物流的宏观时间和有针对性地缩短微观物流时间，从而取得高的时间价值。从全社会物流的总体来看，加快物流速度、缩短物流时间，是物流必须遵循的一条经济规律。

（2）弥补时间差创造价值

经济社会中，需求和供给普遍存在时间差，有很多例子能够说明这个问题。

粮食生产有严格的季节性和周期性，即使人类已有了改造自然的能力，创造人工条件使粮食种植不受季节影响，但周期性仍是改变不了的。这就决定了粮食的集中产出，但是人们的消费是天天有所需求，因而供给和需求之间出现了时间差。

水泥工厂一旦点火，生产就必须连续进行，每时、每天都在生产产品，但其消费却带有一定时间间隔的集中性。尤其在地球南北两个近极区，建筑施工有很强的季节性，存在适合施工季节的集中需求，这也出现了时间差。

凌晨磨制的鲜豆浆在上午出售，前日采摘的蔬菜、水果在次日上市等，都说明供给与需求之间存在时间差，可以说这是一种普通的客观存在，正是有了这个时间差，商品才能取得自身的最高价值，才能获得十分理想的效益。

但是，商品本身是不会自动弥合这个时间差的。如果没有有效的方法，集中生产出来的粮食除了当时的少量消耗外，就会损坏、腐烂掉，而在非产出时间，人们就会找不到粮食吃；如果缺乏有效的方法，集中施工季节就会出现水泥供给不足，造成停工待料，而其他不在消费季节生产出的水泥便会无处可放，最终造成损失。

物流便是以科学的、系统的方法弥补或改变这种时间差，以实现其"时间价值"。

（3）延长时间差创造价值

在某些具体物流中，是通过人为地、能动地延长物流时间来创造价值的。例如，配合伺机销售的物流便是有意识地延长物流时间、增加时间差来创造价值的。当然，一般来讲，这是一种特例，不是普遍现象。

3. 加工附加价值

物流也可以创造加工附加价值，或称为物流的形态效用。加工是生产领域常用的手段，并不是物流的本来职能。但是，现代物流的一个重要特点是，物流主体根据自己的优势从事一定的补充性的加工活动，这种加工活动不是创造商品的主要实体，形成商品主要功能和使用价值的，而是带有完善、补充、增加性质的加工活动，这种活动必然会形成劳动对象的附加价值。例如，在物流中心，通过改变包装形态与发送批量等，可以创造价值。虽然在创造加工附加价值方面，物流不是主要责任者，其所创造的价值也不能与时间价值和场所价值比拟，但这毕竟是现代物流有别于传统物流的重要方面。

1.1.3 物流的分类

社会经济领域中的物流活动无处不在，对于各个领域的物流，虽然其基本要素大致相同，但由于物流对象不同，物流目的的不同，物流范围不同，便形成了不同的物流类型。在对物流的分类标准方面目前还没有统一的看法，主要的分类方法有以下几种。

1. 宏观物流和微观物流

宏观物流是指社会再生产总体的物流活动。这种物流活动的参与者是构成社会总体的大产业、大集团，宏观物流研究的是社会再生产总体物流、产业或集团的物流活动和物流行为。

微观物流是指消费者、生产者企业所从事的实际的、具体的物流活动，如企业物流、生产物流、供应物流、销售物流、回收物流、废弃物物流、生活物流等。

2. 社会物流和企业物流

社会物流是指超越一家一户的，以一个社会为范畴，以面向社会为目的的物流。这种社会性很强的物流往往是由专门的物流承担人承担的，社会物流的范畴是社会经济大领域。社会物流主要研究再生产过程中随之发生的物流活动，研究国民经济中的物流活动，研究如何形成服务于社会、面向社会，又在社会环境中运行的物流，研究社会中物流体系的结构和运行，因此具有宏观性和广泛性。

企业物流是指从企业的角度研究与之有关的物流活动，是具体的、微观的物流。企业物流可细分为企业生产物流、企业供应物流、企业销售物流、企业回收物流、企业废弃物物流。

（1）企业生产物流

企业生产物流指企业在生产工艺中的物流活动。这种物流活动是与整个生产工艺过程伴生的，实际上已构成了生产工艺过程的一部分。企业生产过程的物流大体为：原材料、零部件、燃料等辅助材料从企业仓库或企业的"门口"开始，进入生产线的开始端，再进一步随着生产加工过程逐个环节地流通，在流通的过程中被进行加工，同时产生一些废料、余料，直到生产加工终结，再流至产成品仓库，便终结了企业生产物流的过程。

（2）企业供应物流

企业供应物流是指企业为保证自身生产的节奏，不断组织原材料、零部件、燃料、辅助材料供应的物流活动。这种物流活动对企业的正常生产、高效生产起着重大作用。企业供应物流不仅要保证供应，而且要以最低的成本、最少的消耗来组织物流活动。

（3）企业销售物流

企业销售物流是指企业为保证自身的经营效益，不断伴随销售活动，将产品所有权转给用户的物流活动。在现代社会中，市场是一个完全的买方市场，销售物流活动带有极强的服务性，以满足买方的需求，最终实现销售。在这种市场前提下，销售往往以送达用户并经过售后服务才算终止，因此销售物流的空间范围很大。

（4）企业回收物流

企业在生产、供应、销售的活动中总会产生各种边角余料和废料，这些东西的回收是需要伴随物流活动的。而且，在一个企业中，如果边角余料和废料的回收处理不当，往往会影响整个生产环境，甚至影响产品质量，也会占用很大空间，造成浪费。

（5）企业废弃物物流

企业废弃物物流是指对企业排放的无用物进行运输、装卸、处理等的物流活动。

3. 国际物流和区域物流

国际物流是现代物流系统发展很快、规模很大的一个物流领域，是指伴随和支撑国际经济交往、贸易活动和其他国际交流所发生的物流活动。

相对于国际物流而言，一个国家范围内的物流、一个城市的物流和一个经济区域的物流称为区域物流。

4. 一般物流和特殊物流

一般物流具有物流活动的共同点和一般性。物流活动的一个重要特点是涉及面广泛，因此物流系统的建立及物流活动的开展必须有普遍的适用性。

带有特殊的制约因素、应用领域、管理方式、劳动对象、机械装备特点的物流，皆属于特殊物流范围。特殊物流可进一步细分如下：按劳动对象的特殊性划分，有水泥物流、石油及油品物流、煤炭物流、危险品物流等；按数量及形体不同划分，有多品种、少批量、多批次产品物流，超长超大产品物流等；按服务方式及服务水平划分，有"门到门"的一贯物流、配送等；按装备及技术划分，有集装箱物流、托盘物流等。

1.1.4 物流活动的基本要素

物流活动的基本要素除了实现物质及商品空间移动的输送，以及实现时间移动的仓储这两个中心要素外，还有为使物流顺利进行而开展的流通加工、包装、装卸搬运、信息等要素。这些基本要素有效地组合、连接在一起，相互制约，形成密切相关的一个系统，能合理、有效地实现物流系统的总目标。

1. 输送

输送一般可分为运输和配送。关于两者的区分有许多不同的观点。一般认为，运输是指用运输设备将物品从一个地点向另一地点运送；而配送是指在经济合理区域范围内，根据客户要求，对物品进行拣选、加工、包装、分割、组配等作业，并按时送达指定地点的物流活动。一般来说，在物流系统中，运输处在配送的前面，先实现物品长距离的位置转移，然后由配送完成短距离的输送。

2. 仓储

仓储包括堆存、保管、保养、维护等活动。对仓储活动的管理，要求正确确定库存数量，明确仓库以流通为主还是以储备为主，合理确定仓储制度和流程。对库存物品采取有区别的管理方式，力求提高保管效率，降低损耗，加速物资和资金的周转。

3. 流通加工

流通加工又称流通过程的辅助加工活动，是指物品在从生产地到使用地的过程中，根据需要施加包装、分割、计量、分拣、刷标志、拴标签、组装等简单作业的总称。这种加工活动不仅存在于社会流通过程中，也存在于企业内部的流通过程中。所以，实际上是在物流过程中进行的辅助加工活动。企业、物资部门、商业部门为了弥补生产过程中加工程度的不足，更有效地满足用户或本企业的需求，更好地衔接产需，往往需要进行这种加工活动。

4. 包装

包装是指为在流通过程中保护产品、方便储运、促进销售，按一定技术方法而采用的容器、材料及辅助物等的总体名称；也指为了达到上述目的而采用容器、材料和辅助物的过程中施加一定的技术方法等的操作活动。包装是包装物及包装操作的总称，一般可分为为保持商品的品质而进行的工业包装和为吸引消费者、提高商品价值、传递信息等以销售为目的的商业包装。包装既是生产的终点，又是企业物流的起点。

5. 装卸搬运

装卸是指物品在指定地点以人力或机械装入运输设备或卸下，而搬运是指在同一场所内，对物品进行以水平移动为主的物流作业。装卸和搬运既有区别又有联系，装卸主要指货物在空间产生的以垂直方向为主的位移；而搬运则是指货物在小范围内发生的短距离水平位移。在物流活动中，装卸活动是频繁发生的。

6. 物流信息

物流信息包括进行与上述各项活动有关的计划、预测、动态（运量、收、发、存数）的信息及有关的费用信息、生产信息、市场信息等。收集、整理和利用与物流相关的信息，目的在于保障物流活动能有效、顺利地进行。与物流信息密切相关的是物流信息系统，该系统不但要收集尽可能多的信息提供给物流经理，以便物流经理做出有效的决策，还要与企业中销售、财务等部门的信息系统共享信息；然后，将有关的综合信息传至公司的最高领导，帮助领导进行战略决策。

1.1.5 现代物流的经典理论

1. 商物分离理论

商物分离理论是物流科学赖以生存的先决条件。所谓商物分离，是指流通中的两个组成部分的商业流通，各自按照自己的规模和渠道独立运动。社会的进步使流通从生产中分离出来。现代化的分工和专业化是向一切经济领域延伸的。第二次世界大战以后，流通过程中上述两种不同形式出现了更明显的分离，从不同形式逐渐变成了两个有一定独立运动能力的不同运动过程，这就是所称的"商物分离"，即商流和物流的分离。商流是指商品价值的运动，主要解决商品所有权的问题；物流是指使用价值的运动，主要解决商品实体的运动。分离的类型可以表现为商流中转、物流直达；商流在前、物流在后；物流在前、商流在后；只有商流、没有物流；等等。

2. "黑大陆"学说和"物流冰山"学说

管理学权威P.F.德鲁克曾经讲过："流通是经济领域的黑大陆。"这里他所说的流通泛指大流通，但是，由于流通领域中物流活动的模糊性较突出，是流通领域中人们认识不清的领域，所以"黑大陆"学说现在主要是针对物流而言。"黑大陆"学说主要是指尚未认识、尚未了解的区域，在黑大陆中，如果理论研究和实践探索照亮了这块黑大陆，那么摆在人们面前的可能是一片不毛之地，也可能是一片宝藏。"黑大陆"学说是对20世纪经济学界存在的愚昧思想的一种反对和批判，指出在当时资本主义繁荣和发达的状况下，科学技术和经济发展都没有止境。"黑大陆"学说也是对物流本身的正确评价。这个领域未知的东西还很多，理论和实践都还不成熟。

"物流冰山"学说是日本早稻田大学西泽修教授提出来的。他在研究物流成本时发现，现行的财务会计制度和会计核算方法都不能掌握物流费用的实际情况，因而人们对物流费用的了解是一片空白，甚至有很大的虚假性，他把这种情况比作"物流冰山"。冰山的特点是大部分沉在水面之下，而露出水面的仅是冰山一角。如图1.5所示，物流便是一座冰山，其中沉在水面以下的是看不到的黑色区域，而看到的不过是物流的一部分。西泽修用物流成本的具体分析论证了德鲁克的"黑大陆"学说。事实证明，物流领域的方方面面对我们而言还不是全部都清楚的，在"黑大陆"和"冰山"的水下部分正是物流尚未开发的领域，正是物流的潜力之所在。

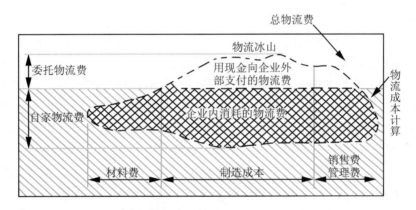

图1.5 "物流冰山"学说示意图

3. "第三利润源"学说

"第三利润源"是对物流潜力及效益的描述。从历史发展来看，人类历史曾经有过两个大量提供利润的来源：第一个是资源领域；第二个是人力领域。在这两个利润源越来越小、利润开拓越来越困难的情况下，物流领域的潜力逐渐被重视，按时间序列被排为"第三利润源"。"第三利润源"注重生产力的不同要素，第一个利润源的挖掘对象是生产力中的劳动对象，第二个利润源的挖掘对象是生产力中的劳动者，第三个利润源则主要挖掘生产力中劳动工具的潜力，与此同时又挖掘劳动对象和劳动者的潜力，因此更具有全面性。

4. 效益背反学规律和物流的整体观念

物流成本的效益背反（Trade Off）又称为二律背反效应或物流成本交替损益，是指物流的若干功能化和利益发生的同时，必然会存在另一个或另几个功能要素的利益损失，反之也是如此。这是一个此消彼长、此盈彼亏的现象，虽然在许多领域中这种现象都是存在的，但在物流领域中，这个问题尤其严重。例如，包装问题，在产品销售市场和销售价格皆不变的前提下，假定其他成本因素也不变，那么包装方面每少花一分钱，这一分钱就必然转到收益上来，包装越省，利润则越高。但是，商品一旦进入流通之后，如果简陋的包装降低了产品的防护效果，造成了大量损失，就会造成储存、装卸、运输功能要素的工作劣化和效益衰减。显然，包装活动的效益是以其他的损失为代价的。我国流通领域每年因包装不善出现的上百亿的商品损失，就是这种效益背反的实证。

解决物流功能要素之间存在的效益背反现象，就是要寻求物流系统优化，追求物流的总体最优。因此，需要树立物流整体观念，从全局角度解决物流问题。

1.2 电子商务与物流的关系

电子商务与物流之间相互促进、相互影响，电子商务在改变传统产业的同时，也影响到了物流业，而物流体系的完善将会进一步推动电子商务的发展。

1.2.1 物流对电子商务的影响

1. 物流是电子商务的重要组成部分

当电子商务概念产生于美国时，美国的物流管理技术通过利用各种机械化、自动化工具及计算机和网络通信设备日臻完善。同时，美国作为一个发达国家，其技术创新的本源是需求，即所谓的需求拉动技术创新。作为电子商务前身的电子数据交换技术（Electronic Data Interchange，EDI）的产生是为了简化烦琐、耗时的订单处理过程，以加快物流的速度，提高物资的利用率。电子商务的提出最终是为了解决信息流、商流和资金流处理上的烦琐对现代化物流过程的延缓，从而进一步提高现代化物流速度。

因此，广义的电子商务概念提出了包括物流电子化过程的电子商务概念，指出电子商务是实施整个贸易活动的电子化。电子化的对象是整个交易过程，不仅包括信息流、商流、资金流，还包括物流；电子化的工具也不仅指计算机和网络通信技术，还包括叉车、自动导向车、机械手臂等自动化工具。

可见，从根本上来说，物流电子化是电子商务概念模型的组成部分，缺少了现代化的物流过程，电子商务过程就不完整。

2. 物流是电子商务概念模型的基本要素

电子商务概念模型是对现实世界中电子商务活动的一般抽象描述，它由电子商务实体、电子市场、交易事务和信息流、商流、资金流、物流等基本要素构成，如图1.6所示。在电子商务概念模型中，电子商务实体是指能够从事电子商务的客观对象，它可以是企业、银行、商店、政府机构和个人等。电子市场是指电子商务实体从事商品和服务交换的场所，它由各种各样的商务活动参与者，利用各种通信装置，通过网络连接成一个统一的整体。交易事务是指电子商务实体之间所从事的具体商务活动的内容，如询价、报价、转账支付、广告宣传、商品运输等。

电子商务中的任何一笔交易，都包含几种基本的"流"，即信息流、商流、资金流、物流。其中信息流、商流和资金流的处理，都可以通过计算机和网络通信设备实现。物流作为其中最为特殊的一种，是指物质实体（商品或服务）的流通过程，具体指运输、储存、配送、装卸、保管、物流信息管理等各种活动。对于少数商品和服务来说，可以直接通过网络传输的方式进行配送，如各种电子出版物、信息咨询服务、有价信息软件等。而对于大多数商品和服务来说，物流仍要经由物理方式传输，但由于一系列机械化、自动化工具的应用，准确、及时的物流信息对物流过程的监控，将使物流的流动速度加快、准确率提高，能有效地减少库存，缩短生产周期。

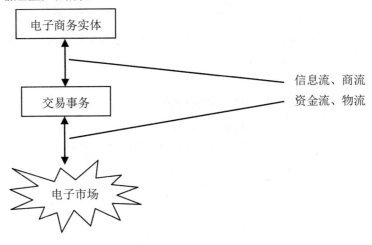

图1.6　电子商务概念模型

在电子商务概念模型的建立过程中，要强调信息流、商流、资金流和物流的整合。其中，信息流最为重要，通过信息流实现对流通过程的监控。

3. 物流是实现电子商务的保证

电子商务的一般流程如图1.7所示，其中"送货、产品接收"即物流过程，是实现电子商务的重要环节和基本保证。

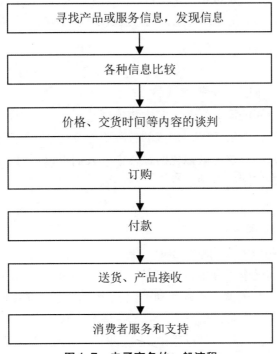

图1.7　电子商务的一般流程

（1）物流保障生产

无论在传统的贸易方式下还是在电子商务下，生产都是商品流通之本，而生产的顺利进行需要各类物流活动的支持。生产的全过程从原材料的采购开始，便要求有相应的供应物流活动，将所采购的材料准备到位，否则，生产就难以进行；在生产的各工艺流程之间，也需要原材料、半成品的物流过程，即所谓的生产物流，以实现生产的流动性；部分余料、可重复利用物资的回收，就需要所谓的回收物流；废弃物的处理则需要废弃物物流。可见，整个生产过程实际上就是系列化的物流活动。

（2）物流服务于商流

在商流活动中，商品所有权在购销合同签订的那一刻起，便由供方转移到需方，而商品实体并没有因此而移动。在传统的交易过程中，除了非实物交割的期货交易，一般的商流都必须伴随相应的物流活动，即按照需方（购方）的需求将商品实体由供方（卖方）以适当的方式、途径向需方（购方）转移。而在电子商务下，消费者通过网上购物，完成了商品所有权的交割过程，即商流过程。但电子商务的活动并未结束，只有商品和服务真正转移到消费者手中，商务活动才真正结束。

（3）物流是实现"以顾客为中心"理念的根本保证

电子商务的出现，最大限度地方便了最终消费者。消费者不必再跑到拥挤的商业街，一家又一家地挑选自己所需的商品，而只要坐在家里，在智能手机端搜索、查看、挑选，就可以完成购物过程。但试想，消费者所购的商品迟迟不能送到，或者商家所送并非自己所购，那消费者还会选择网上购物吗？物流是电子商务中实现"以顾客为中心"理念的最终保证，缺少了现代化的物流技术，电子商务给消费者带来的购物便捷性就等于零，消费者必然会转向他们认为更安全的传统购物方式，网上购物就失去了存在的价值。

由此可知，物流是电子商务的重要组成部分。必须摒弃原有的"重信息流、商流和资金流的电子化，而忽视物流的电子化"的观念，大力发展现代化物流，以进一步推广电子商务。

1.2.2 电子商务对物流的影响

1. 电子商务将改变人们传统的物流观念

电子商务作为一个新兴的商务活动，它为物流创造了一个虚拟性的运动空间。在电子商务的状态下，人们在进行物流活动时，物流的各种职能及功能可以通过物流信息系统或平台等虚拟化的方式表现出来。在这种虚拟化的过程中，人们可以通过各种组合方式，寻求物流的合理化，使商品实体在实际的运动过程中，达到效率最高、费用最省、距离最短、时间最少的功能。

2. 电子商务将改变物流的运作方式

（1）电子商务可使物流实现网络的实时控制

传统的物流活动在其运作过程中，不管其是以生产为中心，还是以成本或利润为中心，其实质都是以商流为中心，从属于商流活动，因此物流的运动方式是伴随着商流来运动的。而在电子商务下，物流的运作是以信息为中心的，信息不仅决定了物流的运动方向，而且也决定着物流的运作方式。在实际运作过程中，通过网络上的信息传递，可以有效地实现对物流的实时控制，实现物流的合理化。

(2) 网络对物流的实时控制是以整体物流来进行的

在传统的物流活动中，虽然也有依据计算机对物流进行实时控制的情况，但这种控制都是以单个的运作方式来进行的。例如，在实施计算机管理的物流中心或仓储企业中，所实施的计算机管理信息系统大多是以企业自身为中心来管理物流的。而在电子商务时代，网络全球化的特点可使物流在全球范围内实施整体的实时控制，实现物流活动的可视化和透明化。

3. 电子商务将改变物流企业的经营形态

（1）电子商务将改变物流企业对物流的组织和管理

在传统经济条件下，物流往往是从某一企业来进行组织和管理的，而电子商务则要求物流以社会的角度来实行系统的组织和管理，以打破传统物流分散的状态。这就要求企业在组织物流的过程中，不仅要考虑本企业的物流组织和管理，而且更重要的是要考虑全社会的整体系统。

（2）电子商务将改变物流企业的竞争状态

在传统经济活动中，物流企业之间存在激烈的竞争，这种竞争往往是依靠本企业提供优质服务、降低物流费用等方面来进行的。在电子商务时代，这些竞争内容虽然依然存在，但有效性却大大降低了。原因在于电子商务需要一个全球性的物流系统来保证商品实体的合理流动，对于一个企业来说，即使它的规模再大，也难以达到这一要求。这就要求物流企业应相互联合起来，在竞争中形成一种协同竞争的状态，以实现物流高效化、合理化、系统化。

4. 电子商务将促进物流基础设施的改善，并促进物流技术与物流管理水平的提高

（1）电子商务将促进物流基础设施的改善

电子商务具有高效率和全球性的特点，要求物流也必须达到这一目标。而物流要达到这个目标，良好的交通运输网络、通信网络等基础设施是最基本的保证。

（2）电子商务将促进物流技术的进步

物流技术主要包括物流硬技术和软技术。物流硬技术是指在组织物流过程中所需的各种材料、机械和设施等；物流软技术是指组织高效率的物流所需的计划、管理、评价等方面的技术和管理方法。从物流环节来考察，物流技术包括运输技术、仓储技术、装卸技术、包装技术等。物流技术水平是实现物流效率一个重要因素，要建立一个适应电子商务运作的高效率物流系统，就需要加速提高物流的技术水平。

（3）电子商务将促进物流管理水平的提高

物流管理水平的高低直接决定和影响着物流效率的高低，也影响着电子商务高效率优势的实现问题。只有提高物流的管理水平，建立科学合理的管理制度，将科学的管理手段和方法应用于物流管理当中，才能确保物流的畅通进行，实现物流的合理化和高效化，促进电子商务的发展。

5. 电子商务对物流人才提出了更高的要求

中国电子商务产业的高速发展，让电商领域及周边相关行业产生了巨大的人才缺口，其中物流业人才缺口尤其大。近两年来，京东商城、阿里巴巴这样的电商领头羊，发展速度惊人，这样的发展速度必然加大了人才需求，无论是电子商务领域的专业人才，还是商品采购、快递物流等电商相关人才，在人力资源市场上都有告急趋势。

现代物流业是劳动密集型和技术密集型相结合的产业，随着信息技术、自动仓储技术、包装技术、装卸搬运技术及相应设备在物流活动中的大量应用，物流业的发展需要大批具有一定文化水平并具备一定技能的物流操作人才，从而对物流人才提出了更高的要求。比如，在我国物流行业发展较快并且相对领先的地区，如上海和北京，大专以上学历的物流从业人员占第三方物流企业从业人员的比例分别约为21%和19%，其他地区的这一比例更低，具有物流专业教育背景的人才更是凤毛麟角。

从物流行业具体人才需求来说，物流人才大致可归纳为4类：一是企业物流人才；二是物流企业人才；三是物流规划咨询人才；四是物流研究人才。企业物流人才主要是指企业中物流各功能岗位的操作人员，如运输管理人员、仓储管理人员、报关员、配送人员、客户关系管理员等。这些人员必须熟悉物流行业，同时掌握物流运输、仓储、包装、装卸等方面的知识，并能熟练地运用到实际工作中。物流企业人才主要是第三方物流营销人才，能够运用物流知识进行物流企业的物流服务营销。至于物流规划咨询人才和物流研究人才，主要是指有扎实的理论基础和渊博的知识，具有物流科技创新能力，并且知识面较广的复合型物流管理规划人才。

1.3 电子商务物流的概念

本节首先以"京东物流、菜鸟网络物流：暗战电子商务智能化物流"案例引出电子商务物流产生的背景，然后从不同角度阐述电子商务物流的概念内涵。

1.3.1 电子商务物流产生的背景

 实例 1-1

京东物流、菜鸟网络物流：暗战电子商务智能化物流

京东物流隶属于京东集团，以打造客户体验最优的物流履约平台为使命，通过开放、智能的战略举措促进消费方式转变和社会供应链效率的提升，将物流、商流、资金流和信息流有机结合，实现与客户的互信共赢。京东物流通过布局全国的自建仓配物流网络，为商家提供一体化的物流解决方案，实现库存共享及订单集成处理，拥有中国电商领域规模最大的物流基础设施，可提供仓配一体、快递、冷链、大件、物流云等多种服务。截至2019年12月底，京东物流在全国运营约650个仓库，大件和中小件网络已实现大陆行政区县几乎100%覆盖，仓储设施占地面积1600万平方米。

菜鸟网络科技有限公司（以下简称"菜鸟网络"）由阿里巴巴集团合作各方在2013年5月28日共同组建。菜鸟网络专注打造的中国智能物流骨干网将通过自建、共建、合作、改造等多种模式，在全国范围内形成一套开放的社会化仓储设施网络。同时利用先进的互联网技术，建立开放、透明、共享的数据应用平台，为电子商务企业、物流公司、仓储企业、第三方物流服务商、供应链服务商等各类企业提供优质服务，支持物流行业向高附加值领域发展和升级，最终促使建立社会化资源高效协同机制，提升中国社会化物流服务品质。

在早期，京东物流和菜鸟网络的模式并不能区分出谁优谁劣，但要发展智慧物流，就必须用"智慧"的方式解决物流中的五大物理要素：人、货、车、节点、线路。显然两者之前的模式各有弊端：京东物流虽然本身有自建仓库，仓储面积达550万平方米，但是面积越大，成本就越高，标准化、数字化的管理也就更加困难。菜鸟网络虽然有平台但没有自己的仓库，也无法实现有效的智能化、标准化管理。

在电商与物流矛盾日益激化的同时，京东物流和菜鸟网络也就自身特点提出了应对之策：相互汲取对方的长处。

1. 京东物流：全自动仓储+大数据技术

刘强东曾表示，京东将要打造智慧物流的技术型公司，并以 X 事业部为首的三大无人智慧仓储的研发为基础。在 2016 年"6·18"期间，京东物流的无人车、无人机、无人仓等就已投入实际的运营。同时，京东物流也将加强大数据和物流的结合，利用自身在 B2C 自营和电商平台上采集的大量用户数据、商品数据和供应商数据，来支持仓储物流的精准定位分析。

在全自动化仓储的布局上，京东目前在国内已经是首屈一指。在 2016 年"6·18"期间，京东物流 CEO 王振辉表示："京东物流早在 3 个月前就已经做好备战计划，今年更是要全面加强'智慧运营'，保证京东速度，包括全面启用 9 个现代化智能物流中心'亚洲一号'等，来打好此次'6·18'保卫战。"可见其智能仓库布局之深。

然而从大数据来看，我们都知道，京东物流云解决方案分仓储管理、车辆众包、物流大数据云服务三大服务，在仓储管理上的大数据应用是其比较擅长的，目前已经有青龙系统等。而菜鸟网络的物流数据平台，汇集的数据源除了阿里自身体系之外，还引入了消费者、商家、物流公司及其他社会机构相关数据等。

【拓展视频】

京东强调将利用其电商平台上的用户数据来为物流服务，也就意味着京东将会跟菜鸟网络一样，通过大数据分单，来替代人工分单，在路线配送和客户选择上实现优化，而不再是仅局限在仓储管理的大数据分析上。

2. 菜鸟网络：众包物流+智能化仓储管理

马云曾表示要在 5~8 年，建造一个全国性的超级物流网。这个网络能在 24 小时内将货物运抵国内任何地区，能支撑日均 300 亿元（年度约合 10 万亿元）的巨量网络零售额。

要想实现这一目标，首先就需要有自己的仓库。由于菜鸟网络起步比京东晚，相对于自建物流仓库的京东，想要后来居上已是难上加难。

对此，在"抢夺地盘"上，菜鸟网络想要快速获取就急需一名强而有力的外援给予其仓储能力方面的支持。俗话说得好，"对手的敌人就是朋友"，2015 年苏宁和阿里联手，进驻了天猫平台，同时，菜鸟网络也获得了苏宁 450 万平方米的仓库使用权。除此之外，阿里还投资了全峰快递、百世快递（下文简称"百世"）、圆通快递（下文简称"圆通"），实现其众包物流的目的。

既然有了自己的"地盘"，那就要实现有效的智能化管理。菜鸟网络资深技术专家马飞介绍说："菜鸟网络是一个开放的平台，其中有大量的合作伙伴，包括物流企业，也包括技术研发企业。"

对此，菜鸟网络选定的是一家由阿里大比例持股的专业智能仓配一体化解决方案提供商：心怡科技。据了解，目前心怡科技主要负责为菜鸟网络研发仓储管理系统，又名仓易宝系统，负责仓库库存管理、分拣、装货等一套完备的仓储解决办法。另外，同时又为天猫的网上超市"天猫超商"相继建立了华北、华南、华中的天猫仓，为天猫超市提供仓储管理保障。最终实现众包物流+智能化仓储管理的模式，来弥补自身在仓库及智能硬件上的短板。

【拓展视频】

从京东物流和菜鸟网络的物流布局来看，两者正在相互借鉴地走向物流的智能化发展道路中，虽然模式有别，但最终还是殊途同归。

纵观整个智能化物流，电子商务巨头在硬件上的加码无非是体现在以下 3 个方面："货找人"订单拣选，如亚马逊的 KIVA 机器人；分拣抓取机器人，即由机器人依据订单完成物品的拣选；无人送货系统，目前谷歌、京东等也都纷纷加大在这方面的投入，而这些都将以大数据和云计算作为支撑。

未来随着全球新一轮科技革命的到来，在物联网、云计算、大数据、机器人等的驱动下，强大的智能物流设施设备的应用势在必行。毋庸置疑，在不断拥抱大数据和互联网的背景下，物流市场的变革号角已经吹响，无论是菜鸟网络还是京东的智能物流，都将会迎来更大的挑战。

无论是菜鸟网络还是京东物流，都在竭尽全力解决网上交易所引发的物流问题。其他企业也是一样，必须深入思考以下电子商务环境下的物流问题。

① 在网上交易的情况下，物流如何保证商品尽快送到客户手中，即如何有效地实现网上交易商品的交割问题。

② 物流运作的问题。在网上交易的情况下，交易双方如何选择物流的运作模式。

③ 在确定了物流运作模式之后，如何以较低的成本并在较短的时间内实现物流的运作。

以上是由网上交易，即电子商务，所引发的物流问题，如何在当今信息化浪潮的时代背景下，充分利用现代信息技术，特别是计算机技术、互联网技术等来促进和实现物流的智能化运作，已成为物流发展的一个热点问题。在此背景下，产生了电子商务物流这一概念。之后，人们在物流实践活动中，不断地将计算机技术、互联网技术等信息技术引入物流活动中，促进了电子商务物流的发展。

1.3.2 电子商务物流的定义

电子商务作为一种新的数字化生存方式，代表着未来的贸易、消费和服务方式。电子商务物流的概念是伴随着电子商务技术和社会需求的发展而出现的，它是实现电子商务价值的不可或缺的重要组成部分。

对电子商务物流目前尚无统一的定义，主要有以下两种观点。

① 观点之一认为，电子商务物流是指利用计算机技术、互联网技术、电子商务技术等信息技术所进行的物流活动，即物流企业的电子商务化。

② 观点之二认为，电子商务物流就是为电子商务服务的物流或者是面向电子商务的物流，即为电子商务这一新兴行业相配套的物流。

结合上述观点，可以从更广义的角度去理解这一个概念，电子商务物流就是在电子商务环境下，依靠计算机技术、互联网技术、电子商务技术等信息技术所进行的物流（活动），也就是利用电子商务技术对传统物流管理进行改造，实现企业内和企业间物流资源共享和优化配置的物流方式。电子商务物流的目标是通过现代科学技术的运用，在电子商务条件下，实现物流的高效化和低成本化，促进物流产业的升级及电子商务和国民经济的发展。电子商务物流的本质是实现物流的信息化和现代化，也就是指物流和配送企业采用网络化的计算机技术和现代化的硬件设备、软件系统及先进的管理手段，针对社会需求，严格地、守信用地按用户的订货要求，进行一系列分类、编配、整理、分拣、配货等理货工作，定时、定点、定量地交给没有范围限度的各类用户，满足其对商品的需求。

从上述的定义可以看出，电子商务物流不仅实现了信息流、商流、资金流的电子化、网络化，而且实现了物流配送系统的网络化，物流管理的科学化、电子化，以及物流设施的机械化、自动化，使得物流的流动速度加快、准确率提高，最终实现物流的智能化。这样既能有效地减少库存，缩短生产周期，加速资金周转，提高物流效率，降低物流成本，又提高了物流服务的质量，更好地满足了用户多品种、小批量、多批次的需求。

1.4 电子商务物流的特点与发展趋势

电子商务物流由于采用了先进的网络信息技术,给全球物流带来了新的发展,所以具有一系列传统物流所无法比拟的优点,而且,电子商务物流的发展趋势和前景也是比较明朗的。

1.4.1 电子商务物流的特点

1. 信息化

在电子商务时代,物流信息化是电子商务的必然要求。物流信息化表现为物流信息的商品化、物流信息收集的数据库化和代码化、物流信息处理的电子化和计算机化、物流信息传递的标准化和实时化、物流信息存储的数字化等。因此,条形码技术(Bar Code)、数据库技术(Database)、电子订货系统(Electronic Ordering System,EOS)、电子数据交换(Electronic Data Interchange,EDI)、快速反应(Quick Response,QR)及有效的客户反应(Effective Customer Response,ECR)、企业资源计划(Enterprise Resource Planning,ERP)等技术与观念在我国的物流中将会得到普遍的应用。信息化是一切的基础,没有物流的信息化,任何先进的技术设备都不可能应用于物流领域。信息技术及计算机技术在物流中的应用将会彻底改变世界物流的面貌。

2. 自动化

物流自动化是充分利用各种机械和运输设备、计算机系统和综合作业协调等技术手段,通过对物流系统的整体规划及技术应用,使物流的相关作业和内容省力化、效率化、合理化、快速、精准、可靠地完成物流的过程。自动化的基础是信息化,自动化的核心是机电一体化,自动化的外在表现是无人化,自动化的效果是省力化,另外还可以扩大物流作业能力、提高劳动生产率、减少物流作业的差错等。物流自动化的设施非常多,如条形码/语音/射频自动识别系统、自动分拣系统(Automated Storage and Retrieral System,AS/RS)、自动存取系统、自动导向车、货物自动跟踪系统等。物流自动化在物流管理的各个层次中发挥着重要的作用,发达国家已将自动化设施和设备广泛用于物流作业流程中;而在我国,由于物流业起步晚,发展水平低,自动化技术的普及还需要相当长的时间。

3. 网络化

物流网络化的基础也是信息化,这里的网络化有两层含义。一是物流配送系统的计算机通信网络,包括物流配送中心与供应商或制造商的联系要通过计算机网络,另外与下游顾客之间的联系也要通过计算机网络通信。比如,物流配送中心向供应商提出订单这个过程,就可以使用计算机通信方式,借助于增值网(Value Added Network,VAN)上的电子订货系统和电子数据交换技术来自动实现,物流配送中心通过计算机网络收集下游客户订货的过程也可以自动完成。二是组织的网络化,即所谓的企业内部网(Intranet)。

物流的网络化是物流信息化的必然,是电子商务下物流活动的主要特征之一。当今世界,Internet等全球网络资源的可用性及网络技术的普及,为物流的网络化提供了良好的外部环境,因此物流网络化是一种必然的趋势。

4. 智能化

这是物流自动化、信息化的一种高层次应用，物流作业过程大量的运筹和决策，如库存水平的确定、运输（搬运）路径的选择、自动导向车的运行轨迹和作业控制、自动分拣机的运行、物流配送中心经营管理的决策支持等问题，都需要借助于大量的知识才能解决。在物流自动化的进程中，物流智能化是不可回避的技术难题。可喜的是，专家系统、机器人等相关技术在国际上已经有比较成熟的研究成果。为了提高物流现代化的水平，物流的智能化已成为电子商务物流发展的一个新趋势。

实例 1-2

物流智能化大势所趋，机器人成为电商巨头新宠

随着物流智能化的发展，中国各大电商巨头紧跟潮流，频频出招。阿里巴巴菜鸟 ET 物流实验室研发的末端配送机器人小 G 诞生了。机器人小 G 通过自主感知描绘地图，根据复杂的场景变化及时重建地图，并自己规划多个包裹的最优派送顺序和路线，可以智能避障，将包裹送到收件人手中。每个包裹都有单独的身份码，扫描一下就可以签收，且寄件人还可以在手机上随时查看包裹定位。若有人错拿或者多拿包裹，小 G 会自动报警。

【拓展视频】

同时，阿里自主研发的造价百万的智能机器人"曹操"，可承重 50 千克，速度达 2 米/秒，可迅速定位商品位置，通过最优拣货路径拣货后，自动把货物送到打包台，其在天猫超市的作用日益重要。

而另一电商巨头——京东集团，近来也宣布自主研发了中国首辆无人配送车，目前开始试运营。这款无人配送车使用纯电驱动或加入太阳能技术，车身尺寸为 1 米×0.8 米×0.6 米，具有 6 个不同大小的存货舱，可自动导航，智能避障，通过京东 APP、手机短信等方式通知用户收货。用户输入提货码即可取出包裹。

可以预见，智能机器人的日益普及和高速发展，必将引发一场仓储物流智能化的变革，甚至是整个物流行业、制造业、生产和人们生活方方面面的智能化大革命。

5. 柔性化

柔性化本来是为实现"以顾客为中心"的理念而在生产领域提出的，但要真正做到柔性化，即真正地能根据消费者需求的变化来灵活调节生产工艺，没有配套的柔性化物流系统是不可能实现的。20 世纪 90 年代，国际生产领域纷纷推出弹性制造系统（Flexible Manufacturing System，FMS）、计算机集成制造系统（Computer Integrated Manufacturing System，CIMS）、制造需求计划（Manufacturing Requirement Planning，MRP）、企业资源计划（ERP）及供应链管理的概念和技术，这些概念和技术的实质是要将生产、流通进行集成，根据需求端的需求组织生产，安排物流活动。因此，柔性化的物流正是适应生产、流通与消费的需求而发展起来的一种新型物流模式。这就要求物流配送中心要根据消费需求"多品种、小批量、多批次、短周期"的特色，灵活组织和实施物流作业。

1.4.2 电子商务物流的发展趋势

在电子商务时代，由于企业销售范围的扩大，企业和商业销售方式及最终消费者购买方式的转变，使得送货上门等业务成为一项极为重要的服务业务。信息化、全球化、标准化、

多功能化和一流的服务水平，已成为电子商务物流企业追求的目标。同时，在电子商务环境下，需要注重冷链物流的发展。

1. 多功能化——物流业发展的方向

在电子商务时代，物流发展到集约化阶段，一体化的配送中心不仅提供仓储和运输服务，而且还开展配货、配送和各种提高附加值的流通加工服务项目，并根据客户的需要提供其他服务。现代供应链管理即通过从供应者到消费者供应链的综合运作，使物流达到最优化。企业追求的是系统的综合效果，而不是单一的片面效果。

供应链系统物流完全适应了流通业经营理念的全面更新。因为以往商品经由制造、批发、仓储、零售各环节之间的多层复杂途径，最终到消费者手里，而现代流通业已简化为由制造商经配送中心直接到达各零售点。它使未来的产业分工更加精细，产销分工日趋专业化，大大提高了社会的整体生产力和经济效益，使流通业成为整个国民经济活动的中心。

2. 一流的服务——物流企业的追求

在电子商务时代，物流业是介于供货方和购货方之间的第三方，以服务为第一宗旨。从当前物流的现状来看，物流企业不仅要为本地区服务，而且要进行长距离的服务。因为客户不仅希望得到很好的服务，而且希望服务点不止有一处，而是有多处。因此，如何提供高质量的服务便成了物流企业管理的中心课题。配送中心的作用至关重要，商品一般都是通过它送到客户手中的。配送中心应在概念上变革，由"推"到"拉"。配送中心应更多地考虑"客户要我提供哪些服务"，从这层意义讲，它是"拉"（Pull），而不是仅仅考虑"我能为客户提供哪些服务"，即"推"（Push）。

如何满足客户的需要，把货物送到客户手中，就要看配送中心的作业水平了。配送中心不仅与生产厂家保持紧密的伙伴关系，而且直接与客户联系，能及时了解客户的需求，并沟通厂商和客户双方，起到桥梁的作用。优质和系统的服务使物流企业与货主企业结成战略伙伴关系（或称策略联盟），一方面有助于货主企业的产品迅速进入市场，提高竞争力；另一方面则使物流企业有稳定的资源。对物流企业而言，服务质量和服务水平正逐渐成为比价格更为重要的选择因素。

3. 信息化——现代物流业的必由之路

在电子商务时代，要提供最佳的服务，物流系统必须要有良好的信息处理和传输系统。良好的信息系统能提供极好的信息服务，以赢得客户的信赖。在电子商务环境下，由于全球经济的一体化趋势，当前的物流业正向全球化、信息化、智能化发展。

商品与生产要素在全球范围内以空前的速度自由流动。EDI 与 Internet 的应用，使物流效率的提高更多地取决于信息管理技术。计算机技术的广泛应用为客户信息和库存信息的顺畅流动提供了很大的便利，提高了信息管理科学化水平，使产品流动更加容易和迅速。不难看出，数字化、智能化、信息化，以及设备间、系统间、设备与系统之间的互联互通，将是物流行业在工业 4.0 或智能制造大环境下的必然趋势。

4. 全球化——物流企业竞争的趋势

20 世纪 90 年代早期，电子商务的出现加速了全球经济的一体化进程。许多知名跨国企业都采用了全球生产的方式，选择在全球劳动力成本最低的地区建制造厂，并将最终产品所需的各种零部件的生产基地分布于全球，将标准化的零部件在企业总部进行组装，最后再运往全球各地。

在全球化背景下，物流企业不能缺席。全球化战略的趋势使物流企业和生产企业更紧密地联系在一起，形成了社会大分工。生产企业与专业"第三方物流"企业实现全球协同发展。生产厂商集中精力制造产品、降低成本、创造价值；物流企业则花费大量时间、精力从事物流服务。国际运输企业之间也在快速结盟，任何企业想要在全球范围内覆盖自己的运输网络，就必须投入大量的人力、物力和财力。运输企业的联合，使其在世界各地的运输网络可能连成一个覆盖全球的网络。航运业已经有部分企业进行航线的联合，实现了环球运输。

5. 冷链物流——现代物流最后一片"蓝海"

冷链物流（Cold Chain Logistics）泛指冷藏冷冻类食品在生产、储藏、运输、销售，到消费前的各个环节中始终处于规定的低温环境下，以保证食品质量、减少食品损耗的一项系统工程。它是随着科学技术的进步、制冷技术的发展而建立起来的，是以冷冻工艺学为基础、以制冷技术为手段的低温物流过程。

随着生鲜产品需求扩大及生鲜电商的蓬勃发展，冷链物流需求旺盛，被视为物流领域的最后一片"蓝海"。我国农产品储藏保鲜技术发展迅速，农产品冷链物流发展环境和条件不断改善，都使农产品冷链物流得到较快发展。我国每年约有4亿吨生鲜农产品进入流通领域，冷链物流比例逐步提高。随着冷链市场不断扩大，一大批国内优秀的农产品冷链物流品牌迅速崛起，逐渐成为农产品冷链物流行业中的翘楚，并呈现出网络化、标准化、规模化、集团化发展态势。

6. 标准化——现代物流合理化的基础

物流标准化是物流现代化管理的必要条件和重要体现，它以整个物流系统为出发点。这个系统包括运输、储藏、搬运装卸、包装、流通加工、物流信息管理、物流网络、在库管理、物流组织管理、物流成本的管理和控制等。物流标准化以整个物流系统中的每一项具体的、重复性的事物或概念为对象（包括技术、管理、工作方面对象），通过指定标准、组织标准和对标准的实施进行监督，达到整个系统的协调统一，以获得最佳的秩序和经济效益。

建立和实施物流标准化，主要是因为物流标准化是实现物流管理现代化的重要手段和必要条件，它可以保证整个物流系统功能的良好发挥，从而保证物品在流通过程中的质量完好性，以最终降低物流成本而增强企业的市场竞争力。物流标准化至关重要，国际物流业界一直在探索标准化措施，所以物流标准化也是今后物流发展的重要趋势之一。

思考与练习

1. 填空题

（1）在第二次世界大战中，围绕战争供应，美国军队建立了_____理论，并将其用于战争活动中。

（2）物流主要有以下几种分类方法：宏观物流和_____物流、_____物流和企业物流、_____物流和区域物流、一般物流和_____物流等。

（3）在电子商务环境下，物流具有以下一些新的特点：信息化、_____、_____、_____、_____等。

（4）实物配送的英文是_____，简称_____。

（5）后勤管理的英文是_____。

（6）物流的价值主要包括_____、_____、_____。

（7）商流是指_____的运动，主要解决_____的问题；物流是指_____的运动，主要解决_____的问题。

（8）电子商务中的任何一笔交易，都包含着几种基本的"流"，即信息流、商流、资金流、_____。

（9）管理学权威 P. F. 德鲁克曾经讲过："_____是经济领域里的黑大陆。"

2. 选择题

（1）物流概念最先由（　　）提出。
　　A. 日本　　　　　　　　　　B. 美国
　　C. 德国　　　　　　　　　　D. 荷兰

（2）下列关于物流的说法不正确的是（　　）。
　　A. 物品从供应地向接收地的实体流动过程
　　B. 物品从接收地向供应地的实体流动过程
　　C. 为了满足顾客需求而对原材料、半成品、成品及其相关信息从产地到消费地有效率的移动和保管进行计划、实施、统管的过程
　　D. 从物流的定义可以知道，通过运输、储存、装卸、搬运、包装、流通加工、配送、回收、信息处理等基本功能，物流活动可以实现物品包括空间和时间的位置移动及形态性质的变动

（3）"物流管理"这一名词，最早出现在（　　）领域。
　　A. 生产企业管理　　　　　　B. 军火物资管理
　　C. 流通企业管理　　　　　　D. 仓库管理

（4）下列关于商流与物流的说法不正确的是（　　）。
　　A. 社会发展初期，商流与物流是统一的，随着生产力的发展，商流与物流逐渐分离
　　B. 在当今高度发达的市场经济环境中，物流发生的同时，物品所有权也随之转让了
　　C. 在一定条件下，商流与物流分离可以降低物流成本
　　D. 采取赊销购物方式，会引起物流在前、商流在后的物流分离形式

（5）生产与流通之间的关系是（　　）。
　　A. 生产与流通之间是互为决定的关系
　　B. 流通规模决定生产规模，生产对流通有反作用
　　C. 生产与流通之间没有关系
　　D. 生产规模决定流通规模，流通对生产有反作用

3. 名词解释

（1）物流
（2）企业物流
（3）物流活动的基本要素
（4）商物分离理论
（5）效益背反学规律
（6）电子商务物流

4. 简答题

(1) 现代物流与传统物流相比,具有哪些特征?
(2) 简述物流的价值。
(3) 简述电子商务与物流的关系。
(4) 简述电子商务下物流的特点及其发展趋势。

第 2 章

电子商务物流模式

教学提示

物流是影响消费者网购的重要因素之一，网购消费者普遍关心的问题是发哪家快递？快递什么时候能到？物品是否安全？影响上述问题的一个重要因素就是电商企业选择什么样的物流模式，因为物流模式决定了顾客的购买体验。

教学要求

通过本章的学习，应能够掌握电商物流的不同模式及几种模式的优、缺点，掌握不同模式背后的代表性企业，能够对目前电商物流进行综合评析。

 开篇案例

"猫狗大战"

"京东将来会成为悲剧,这个悲剧是我第一天就提醒大家的,不是我比他强,而是方向性的问题,这是没办法的。你知道京东现在多少人吗?5万人!阿里巴巴现在才2.3万人,加上收购的公司也就2.5万人。你知道我为什么不做快递?现在京东5万人,仓储部门将近三四万人,一天配送200万个包裹。我现在平均每天要配送2700万个包裹,什么概念?10年之后,中国每天将有3亿个包裹,你得聘请100万人,那这100万人就折腾死你了,你再管试试?所以,我在公司一再告诉大家,千万不要去碰京东。别到时候自己死了赖上我们。"

上边这段话是2014年7月25日博客网创始人方兴东与马云在杭州凯悦酒店的私人对话,被方兴东录音成文,在马云不知情的情况下,出版在《阿里巴巴正传》一书中。

"猫狗大战"由来已久,"猫狗大战"的背后,实际上是京东与阿里巴巴两种不同商业模式之间的竞争,一个用物流号令天下,一个携流量统率三军。

在过去十多年的电商发展过程中,物流成为制约其发展的主要因素之一,随着全社会的共同努力,电商物流的时效性已经得到了非常大的改善。在这期间,社会各界从来没有停止过对电商物流模式的争论,京东和阿里巴巴两种不同的商业模式,决定了不同的物流模式。随着新零售时代的到来,电商物流模式也在发生变化。本章结合案例对电商物流的几种模式进行分析。

 ## 2.1 电商自营物流模式

简单来说,电商自营物流模式就是由电商企业负责物流的全部环节,包括配送中心的建设和管理、独立组建配送队伍、相关软硬件设备的投入等。电商自营物流模式的典型代表就是京东,创始人刘强东坚持自营商品、自营物流。除了京东,苏宁易购、唯品会、美国亚马逊也是自营物流的典型代表。

2.1.1 自营物流模式的优势

1. 保证物流的及时性和安全性

网络购物发展至今一直采用第三方快递送货,近年来速度虽然有所提升,但与电商企业自营物流的送货速度相比,还是有很大差距。采用自营物流配送,通过"一级区域配送中心→二级转运中心→配送站或者前置仓"的物流模式,不仅送货速度快,而且由于管理严格、中转少而使产品安全也得到了保障。

2. 电商企业可以从全局把控供应链

自营物流模式需要企业自建仓储和配送体系,电商企业可以站在整个供应链的视角去把控供应链,及时发现问题、解决问题,不断提高服务水平。

3. 提高品牌效应和顾客忠诚度

电商企业自营物流,终端配送员能够以统一的企业形象与网购消费者交流,提供高品质

的服务,无形中提高了品牌效应和顾客忠诚度。此外,自营物流配送队伍人员变动较小,配送员作为电商企业的代表,能够与网购消费者建立良好的互动关系。

4. 保证特殊节假日的配送

每年春节期间,只有京东、苏宁易购、易果生鲜等自营电商企业能够开展正常的配送业务,从情感的角度打动消费者,提高消费者对品牌的忠诚度。此外,每年"双十一"期间,只有自营电商、自营物流能够保证货物的及时、安全送达。

2.1.2 自营物流模式的劣势

1. 投入大、风险高

自营物流属于重资产模式,配送中心的建设、配送队伍的建设、运输车辆的购置都需要投入大量资金,无形中增加了企业的经营风险。

2. 规模有限、成本高

自营物流在电商企业的经营有一定规模的基础上才可以实施,否则会造成设施和人员的浪费,无形中增加了运营成本。

3. 增加管理难度

对于像京东这类自营物流的电商企业,有着庞大的仓库作业和配送队伍,增加了管理难度。

2.1.3 电商自营物流模式典型案例

1. 京东

京东是目前中国最大的自营电商平台,且拥有全国最大的自营电商物流体系。2017年4月,京东物流开始独立运营。京东物流是全球唯一拥有中小件、大件、冷链、B2B、跨境和众包六大物流网络的企业,凭借这6张大网在全球范围内的覆盖及大数据、云计算、智能设备的引入应用,将打造一个从产品销量分析预测到入/出库,再到运输配送各个环节,综合效率最优、算法最科学的智慧供应链服务系统。截至2018年年底,京东物流在全国范围内拥有550个大型仓库,总面积近1200万平方米,运营了13个大型智能化物流中心"亚洲一号"(其中京东上海"亚洲一号"如图2.1所示),自营配送覆盖了全国98%的

图2.1 京东上海"亚洲一号"

【拓展视频】

人口，将商品流通成本降低了70%，物流的运营效率提升2倍以上。另外，京东物流还通过一系列技术创新，研发并推广创新环保材料，全方位打造了"时效、环保、创新、智能"的绿色物流体系。

2. 苏宁易购

苏宁易购是中国领先的O2O智慧零售商，主要经营家用电器、3C数码产品、生活家居、超市、食品、服饰、母婴等产品。苏宁易购自2009年开始推进转型创新，运用互联网技术再造业务流程、组织体系，建立起了覆盖全部消费人群、全渠道、全品类的运营网络，成为主流零售行业中唯一具备线上与线下双向销售及服务能力的企业。基于前瞻性的创新布局，苏宁智慧零售模式已经从概念进入了落地实施并快速发展的阶段。

苏宁物流创始于1990年，早期主要为苏宁电器提供物流服务。2012年，苏宁物流从苏宁内部服务体系中剥离出来，逐渐转型为第三方物流企业，开始为家电厂商提供物流解决方案。2015年1月，苏宁物流集团成立，开始独立运营，转型为综合物流服务平台，除服务于家电商品外，3C、商超、日化、食品类商品也开始使用苏宁物流服务。2016年12月30日，苏宁物流全资收购天天快递，通过收购天天快递，能够很好地强化苏宁物流"最后一公里"配送能力，可以在相对短期内整合双方在仓储、干线、末端等方面的快递网络资源。随着苏宁易购向综合电商平台的方向发展，苏宁物流升级产品线，打造"仓配、运输、城配、冷链、跨境、售后"六大专业化产品群；同时，升级智慧物流，构建"数据＋无人"两大智能生态，从一站式服务和一体化创新上为合作伙伴线上与线下融合赋能，共创一个开放、共享、信用的新物流体系。图2.2所示为苏宁南京云仓。

【拓展视频】

图2.2 苏宁南京云仓

截至2019年12月底，苏宁物流拥有仓储及相关配套面积1210万平方米，快递网点近2.59万个。苏宁物流新增、扩建13个物流基地，完成13个物流基地的建设，加快物流仓储用地储备，摘牌合肥、重庆、南宁、济南、贵阳、沈阳等20个城市物流仓储用地，且已在44个城市投入运营57个物流基地，在16个城市有18个物流基地在建、扩建。

3. 唯品会

唯品会信息科技有限公司成立于2008年8月，总部在广州，旗下网站于同年12月8日上线。唯品会主营业务为互联网在线销售品牌折扣商品，涵盖名品服饰鞋包、美妆、母婴、居家等各大品类。2012年3月23日，唯品会在美国纽约证券交易所（New York Stock Exchange，NYSE）上市。

唯品会成立之初，自己负责仓库的建设和运营，终端快递外包给快递公司，后来随着顾客体验要求越来越高，到2013年年底，品骏物流成立，唯品会物流模式从此转为以自营为主。唯品会拥有七大物流仓储中心，分布在天津、广东、江苏、四川、湖北、沈阳、西安，分别服务于华北、华南、华东、西南、华中、东北、西北的顾客，仓储面积约300万平方米。图2.3所示为唯品会先进的自动化蜂巢系统。

【拓展视频】

图2.3 唯品会先进的自动化蜂巢系统

2.2 电商第三方物流模式

只有少数电商企业能够建立完整的、全覆盖的自营物流体系，绝大多数电商企业选择了第三方物流模式。由于电商物流包含两大重要模块，一是仓储部分，二是配送、快递部分，不同的电商企业在选择物流模式的时候会有所侧重。即使像当当这类发展比较早的、有条件在全国分区域自建物流中心的B2C电商企业，快递业务也是外包给专业的快递公司或者落地配公司。本书把不能建立电商自营物流体系的电商企业都归类到第三方物流模式。

2.2.1 第三方物流模式的优点

1. 电商企业可以专注核心业务

无论是当当这类B2C电商企业，还是韩都衣舍、三只松鼠、骆驼服饰这类淘宝品牌，以及像森马、太平鸟这类大的天猫卖家，都选择第三方物流模式，可以使企业专注于核心业务。

2. 初始投资小

相关电商企业如果选择第三方物流模式，在物流体系建设上不用过多投资就可以开展全国业务，按照自己的业务实际情况选择仓储或快递公司合作并对其进行考核评价。

3. 第三方物流企业专业化的服务

市场上的专业快递企业或者仓储公司，近年来不断提高业务服务水平，加大软硬件的投入,能够为不同类型的电商企业提供专业化的服务。

2.2.2 第三方物流模式的缺点

1. 时效性差

消费者从淘宝或者天猫平台上网购商品,目前也只有少数区域能够实现当日达或者次日达,时效性与自营物流还有很大差距。京东自营物流不仅速度快,而且实现了部分区域的京准达,顾客可以选择具体收货时间段。

2. 安全性难以保障

采用第三方快递发货,由于中转次数多、野蛮装卸等原因,存在快递破损或者被偷盗的风险,消费者会面临比较大的损失。

3. 综合服务水平欠缺

除顺丰外,第三方快递公司多数采取加盟形式,终端配送服务良莠不齐,没有形成统一标准。

2.2.3 电商第三方物流模式细分

电商企业对物流的需求不同,有的企业只需要外包快递业务,于是市场上出现了众多的专业快递公司;有的企业不仅需要外包快递业务,而且其仓储服务同样需要外包,于是市场上出现了电商云仓企业,专门为电商物流提供仓储服务。下面将结合案例对电商第三方物流进行细分研究,其主要有以下几种模式。

1. 电商第三方快递模式

(1) 普通快递模式

中国几乎每天产生一个亿的包裹。这一个亿的包裹,绝大多数是由专业快递公司来完成投递的。典型快递企业有顺丰、申通快递(下文简称"申通")、中通快递(下文简称"中通")、圆通、韵达速递(下文简称"韵达")、百世、中国邮政、德邦物流等,经过多年的发展,绝大多数专业快递企业实现上市融资,加大技术投入,持续推动后续发展,用智慧物流来迎接每天10亿个包裹时代的到来。图2.4为中通快递员冒雪送快递。

图2.4 中通快递员冒雪送快递

第2章 电子商务物流模式

（2）落地配模式

落地配和快递的最主要区别在于，首先落地配是基于为电子商务配送代收货款业务而发展起来的，所以它更注重精细化和专业化；而快递则需要通过扩张自己的网络来拓展市场，因此注重的是规模化。其次，落地配的收入来源于送件，而快递则是取件。最后，落地配对送件比较重视，而快递重视的是取件。典型的落地配公司有晟邦、万象、东骏、芝麻开门、黄马甲等。

【拓展视频】

（3）众包物流模式

传统快递企业解决的是不同城市之间的配送问题，如果要求其提供同城精准的时效性服务，基本上是无法实现的。随着移动互联、O2O本地生活、共享经济的发展，催生了一种新的电商第三方物流模式——众包物流。众包物流公司自身没有资源，通过自建网络平台搭建服务架构，利用社会闲散物流资源，如人员或者车辆设备，统一登记管理，为顾客提供物流、快递或者运输等服务。众包物流典型的代表企业有达达物流、点我达等，通过众包物流可以解决同城快递、即时物流、快递"最后一公里"等问题。图2.5为点我达与饿了么战略合作。

图2.5 点我达与饿了么战略合作

2. 电商第三方云仓模式

电商发展之初，很多电商企业一仓发全国，在时效性上显然不能满足市场的需求，催生了云仓的出现。京东作为后起之秀，能够快速发展的主要原因之一就是建立了分布式仓储网络，能够以最快速度将货物送达。京东的这种仓储布局属于典型的云仓模式，目前自营电商企业基本都建立了覆盖全国的云仓运营网络。

为了给客户更好的服务体验，第三方专业电商仓储企业逐渐转型云仓模式。第三方云仓企业可以根据客户的数据及客户对服务和成本的要求，建议客户把库存分布在不同地区的仓库，让库存离消费者最近，一旦网上有订单，系统可以就近发货，缩短送达时间。与此同时，云仓企业与专业快递公司、落地配公司合作，能够为客户提供供应链一体化的仓配解决方案，这是第三方云仓企业最大的价值所在。目前，第三方云仓企业典型的有心怡科技、SKU360、蜂巢供应链、北领科技、发网、顺丰云仓、百世云仓、科捷物流等。下面以心怡科技、SKU360为例进行介绍。

(1) 心怡科技

心怡科技股份有限公司成立于2004年,是全球领先的第三方电商物流供应链企业,是阿里巴巴集团旗下天猫超市仓储管理服务的核心提供商。经过耕耘和努力,心怡科技已发展成为为多家世界500强及国内外知名企业提供仓配一体化服务的国家4A级物流企业。心怡科技是国内最典型的第三方云仓企业之一,其智能分拣线如图2.6所示。

【拓展视频】

图2.6 心怡科技的智能分拣线

科技是心怡发展的驱动力,其自主开发了仓储管理系统(Warehouse Management System,WMS)、仓库控制系统(Warehouse Control System,WCS)、订单管理系统(Order Management System,OMS)、运输管理系统(Transport Management System,TMS),并实现产品化,运用大数据为企业提供服务,是国内第一家研发机器人并投入实际应用的第三方电商供应链服务企业。在未来,心怡科技立志于打造亚洲最大的智慧仓储物流服务体系,"智能化+平台化"是心怡科技未来发展的战略目标。

(2) SKU360"华东一号"

SKU360"华东一号"(以下称SKU360,图2.7),是中国领先的第三方电商物流服务商,位于上海市松江区,占地面积2万平方米,由杜隆集团旗下的上海威吾德科技信息有限公司投资5亿元建造。SKU360在中国第一次实现了大规模的电商物流货到人拣选方式,提前将工业4.0的理念融入仓库的设计、建造和运转,采用德国胜斐迩最先进的自动化设备、软件技术和符合中国电商经验的运作模式,为电商企业提供真正意义上的智慧仓储服务。

【拓展视频】

图2.7 SKU360仓库外景

2.3 菜鸟模式

2.3.1 菜鸟模式产生的背景

由于天猫平台的属性，物流成了制约阿里巴巴发展的最大的短板。"三通一达"（申通、圆通、中通、韵达）等加盟制快递公司的快递服务水平离网络消费者的预期还很远。顺丰虽然速度快，但使用成本太高。同时，京东以自营产品和自营物流为特色，无假货、送货速度快和服务好，深受网购消费者的好评。基于以上因素，菜鸟网络应运而生。

2.3.2 菜鸟网络简介

菜鸟网络是由阿里巴巴集团、银泰集团联合复星集团、富春控股、顺丰集团、"三通一达"宅急送，以及相关金融机构共同组成的"中国智能物流骨干网"项目。

菜鸟网络是一家互联网科技公司，专注于物流网络的平台服务。通过大数据、智能技术和高效协同，菜鸟网络与合作伙伴一起搭建全球性物流网络，提高物流效率，加快商家库存周转，降低社会物流成本，提升消费者的物流体验。菜鸟网络的使命是与物流合作伙伴一道，致力于实现中国范围内24小时送货必达、全球范围内72小时送货必达。

菜鸟网络的商业逻辑是搭建平台，以数据为驱动力，让物流供应链链条上不同服务商、商家和消费者可以实现高效连接，从而提升物流效率和服务品质，降低物流成本。通过菜鸟网络与合作伙伴的努力，全球智慧物流网络已经覆盖224个国家和地区，并且深入到中国2900多个区县，其中1000多个区县的消费者可以体验到当日达和次日达的极致配送。

【拓展视频】

2.3.3 菜鸟网络物流体系建设

1. 菜鸟"天网"建设

"天网"即物流数据平台及数据工具，是打通阿里电商体系、物流公司、商家、消费者之间的数据分享平台。用户通过天猫、淘宝、速卖通等阿里电商及相关产业平台产生的商流订单，从而驱动菜鸟物流系统，将订单数据与物流数据融合形成天网，即数据驱动。

（1）菜鸟大数据

大数据在智慧物流方面发挥着越来越重要的作用。2019年"双十一"当天，通过菜鸟大数据平台处理的物流订单量约13亿件，创造了世界物流业的奇迹。通过大数据和技术，菜鸟网络还能帮助快递合作伙伴监控到18万个快递网点包裹运营的一举一动，即时做出决策，快递公司也得以减负。

（2）菜鸟电子面单

菜鸟电子面单是由菜鸟网络和快递公司联合向商家提供的一种通过热敏纸打印输出纸质物流面单的物流服务。通过菜鸟电子面单，提高了打印速度、降低了使用成本，并可直接与各大主流快递公司进行无缝对接。

【拓展视频】

【拓展视频】

(3) 智能分单

智能分单系统基于海量大数据系统和阿里云计算系统，以菜鸟电子面单为载体，提供整套完善、高效、准确的快件分拣解决方案。菜鸟网络智能分单系统为阿里巴巴快递合作伙伴分拣中心自动化夯实基础，使分拣效率大大提高。

(4) 五级地址库

2016年，菜鸟网络与高德地图联合在京宣布，合作建设国内最先进的五级地址库，从而将原来国家标准四级地址库的地址服务颗粒度精细到小区和楼栋，从而助力打通快递"最后一公里"。消费者在网购时，省、市、区县、街道和乡镇这四级地址全部是标准化的，可以在数据框内直接勾选。但更细分的地址，如道路名称、村落名称、小区名称、商业门牌号、居民楼栋号等信息，都需要用户手动输入，因为这些地址信息不在国家标准的地址数据库里。洞悉这一痛点后，菜鸟网络与高德地图决定联手打造五级地址库，让末端地址服务的颗粒度更加精细。

2. 菜鸟"地网"建设

"地网"即在全国各个中心区域布局仓储中心，搭建连通全国乃至全球的高标准仓储体系，与合作伙伴一起为商家提供与仓储相关的服务。

(1) 物流园区和云仓建设

菜鸟网络物流园区布局在物流作业的集中区域，承接电子商务及传统商业对物流的需求。菜鸟网络物流园区通过集合多方合作伙伴、多种运输手段、多种作业方式、各类运行系统，来保证整条物流链路的高效协作及服务质量的同步提升。图2.8为菜鸟网络嘉兴物流园区。

【拓展视频】

图2.8 菜鸟网络嘉兴物流园区

菜鸟网络通过自建云仓及联合社会化的仓配资源及能力，在大数据的支持下，与合作伙伴一起为商家提供具有行业特色、电商特色的仓配服务，提高商家的仓配执行效率，节约管理成本，同时通过打造多样化、个性化的服务，向消费者提供更优质的物流服务体验。

(2) 跨境物流

为更好地服务于消费者和商家，菜鸟网络建立了以协同共赢、数据技术赋能为核心的平台，将更多的合作伙伴纳入其中。关于菜鸟网络跨境物流，会在第5章详细介绍。

(3) 菜鸟联盟

2016年，菜鸟网络宣布与圆通、中通、申通、韵达、天天、百世这国内六大快递企业共同组建菜鸟联盟。菜鸟联盟推出的产品包括当日达、次日达、橙诺达、定日配送、夜间配送、送货入户、开箱验货、上门取退等，并承诺"说到就到，不到就赔"。

（4）"最后一公里"

菜鸟网络通过建立社区菜鸟驿站（图2.9）、投资快递柜、建立校园驿站、与便利店合作等，以解决"最后一公里"难题。

图2.9　社区菜鸟驿站

（5）菜鸟乡村项目

菜鸟乡村项目与本地化的物流合作伙伴一道，共同建设成为覆盖中国广大县域及农村地区的平台型综合服务网络；同时，为城乡消费者、中小企业、电商平台提供商品到村配送、县域间流通、农副产品流通等综合性解决方案。

2.3.4　菜鸟智慧物流建设

1. 组建E. T. 物流实验室

菜鸟网络于2015年年底组建了E. T. 物流实验室，以期实现智能机械代替人工，帮助物流企业提高生产效率、降低人工出错率、提高生产安全性。目前，E. T. 物流实验室已经推出的产品有：菜鸟小G配送机器人，现已发展至第二代，用于学校、相关科技园区的"最后一公里"配送；菜鸟AR+，主要帮助实现仓库内部智能拣选、智能导航，提高仓库工作人员的效率；菜鸟小鹫，主要用于园区安防巡逻，可以识别车辆违章、行人违章、园区路面异常；菜鸟无人车，主要用于末端快递的无人配送。

2. 投资智能硬件公司

2017年，菜鸟网络投资快仓机器人，进一步提高了智能仓库的分拣效率，使智慧物流进一步升级。快仓公司成立于2014年，专注于移动机器人、可移动货架、补货及拣货工作站等系统的研发，以人工智能算法的软件系统为核心来实现完整的订单智能履行系统。

2.4 融合模式

2.4.1 融合模式产生的背景

在创新驱动发展战略的引领下，中国各行业的新技术、新模式、新业态不断涌现。阿里巴巴提出新零售战略，盒马成为新零售的样板；同时，阿里巴巴通过各种途径加大线下的投入，打造线上与线下一体的全渠道消费场景。京东商城提出无界零售战略，通过7fresh、京东汇体验店来补齐线下短板。新模式、新业态的变化，意味着新的消费时代来临，以消费者为中心的物流格局重塑成为一种必然，单纯的自营物流或者第三方物流已经满足不了新消费时代的需要，多种物流模式需要融合创新发展，新的时代需要新的物流。

2.4.2 阿里巴巴和京东商城新物流案例

1. 阿里巴巴新物流

2017年9月，阿里巴巴宣布未来5年继续投入1000亿元，加快建设全球领先的物流网络。阿里巴巴旗下的盒马鲜生没有再沿用阿里巴巴的平台思维，而是自建物流系统，自己组建配送队伍。2018年3月，菜鸟网络整合了5家落地配公司，分别是万象、晟邦、东骏、芝麻开门和黄马甲，组建新的杭州喵递宅配科技有限公司，从此阿里巴巴有了直营的配送网络。为了推进新零售战略，线上与线下进一步融合，2017年阿里巴巴用10亿元投资点我达。

2. 京东商城新物流

京东商城开展京东到家业务以后，原有的物流体系没有办法开展即时物流服务。2016年4月，京东到家与全国最大的众包物流平台达达进行合并，为中国众多的零售、服务和O2O企业提供规模化、低成本的"最后三公里"物流基础设施服务。此外，每年京东"6·18"店庆期间和"双十一"期间，单靠京东商城自营配送队伍无法完成全部快递及时准确的投递任务，这个时候需要达达的介入，共同完成。目前，京东商城的大家电物流，部分由日日顺物流负责终端的配送和服务。随着京东商城无界零售的继续推进，融合物流模式成为必然。

2.5 国外经典案例研究——美国亚马逊

2.5.1 亚马逊简介

亚马逊公司（Amazon，简称亚马逊）是美国最大的一家网络电子商务公司，位于美国华盛顿州的西雅图，是网络上最早开始经营电子商务的公司之一。2017年，亚马逊全年营业收入达1778亿美元，主要包含电商、AWS云计算、Prime会员三大业务模块。亚马逊成立于1995年，由杰夫·贝佐斯创办，一开始只经营图书销售业务，现在则扩展到其他产品，已成为全球商品品种最多的网上零售商和全球第二大互联网企业。通过20多年的积累,亚马逊已经构建了一个覆盖全球的网络,除了美国本土,亚马逊分别在澳大利亚、巴西、加拿大、中国、法国、德国、印度、意大利、日本、墨西哥、荷兰、西班牙、英国建有电商网站和物流配送体系。通过遍布全球的140个运营中心,亚马逊网站商品可到达185个国家和地区。图2.10所示为2013年时任美国总统奥巴马到访亚马逊。

图2.10 2013年时任美国总统奥巴马到访亚马逊

2.5.2 亚马逊全球物流体系的构建和运营

作为自建物流的创始者和领导者,亚马逊在物流领域一直引领着行业的风向标。有人曾把亚马逊比作一个电子商务版的沃尔玛再加上一个联邦快递,这个比喻虽然不恰当,但从侧面反映出亚马逊所拥有的强大物流体系。为了满足日益增长的物流需求,亚马逊一直都在扩大对仓库的投资规模和大量购买运输车辆。亚马逊从以下几个方面来构建强大的物流体系。

1. 构建全球覆盖最广的电商物流体系

截至2017年年底,亚马逊在全球自建接近140个智能化运营中心,其中有25个配置了智能机器人,连接13个国际站点,可以跨境配送到185个国家和地区。随着亚马逊业务拓展至全球更多国家和地区,这个网络还在不断扩张。图2.11为亚马逊业务全球分布图。

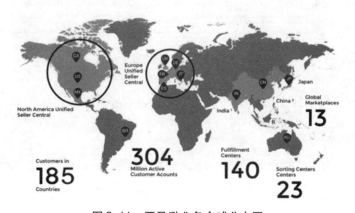

【拓展视频】

图2.11 亚马逊业务全球分布图

2. 终端配送由外包不断转向自营

亚马逊的物流体系仍然对外部有所依赖，只不过对这种依赖越来越小了。真正让亚马逊的物流开始大规模发展的是亚马逊于 2005 年推出的 Prime 会员业务，为了履行两天内送达的承诺，亚马逊不得不与联邦快递和 UPS 达成合作关系，而且要通过加价才能够及时送达。2011 年，亚马逊意识到，也许它应该建立自己的"最后一公里"快递服务，摆脱对联邦快递和 UPS 的依赖。此后，亚马逊加快了自建物流的进程，到 2014 年年底，亚马逊在美国已经拥有了 23 个分拣中心。图 2.12 为亚马逊履约中心外景。

2014 年，亚马逊在纽约开启了 Prime Now 1 小时送达服务，亚马逊客户只需额外支付 7.99 美元，就可以在 1 小时之内收到亚马逊投递的图书、玩具及洗发水、纸巾等日常用品，而两小时送达则完全免费。这项服务通过 Amazon Flex 平台来完成，类似网约车平台，也就是众包物流模式，每小时支付驾驶员 20 美元的配送费。图 2.13 为亚马逊 1 小时送达服务广告宣传。

【拓展视频】

图 2.12 亚马逊履约中心外景

【拓展视频】

图 2.13 亚马逊 1 小时送达服务广告宣传

3. 机器人、无人机等智能硬件技术的应用

在全球电商企业中，亚马逊公司是对技术投入最多的一家公司，应用的智能硬件技术有亚马逊机器人、CubiScan 自动化测量设备、无人机等。2012 年，亚马逊以 7.75 亿美元现金收购 Kiva System 公司，从此亚马逊仓库开启了智能机器人拣货模式。机器人的"货到人"模式极大地提高了工作效率，机器人按照系统自动指令，把货架移动到拣货人员面前，拣货人员把货物拿出即可。CubiScan 自动化测量设备可以对新入库的中小体积商品测量长、宽、高和体积，系统会按照这些数据自动分配储位，大大提高了新品上架速度。同时，这些数据通过系统进行共享，通过数据分析，有助于仓库内部储位的优化和空间的合理利用。亚马逊在无人机项目研发上也投入巨大，积累了众多专利，无人机快递可以满足特殊场景的需求。图 2.14 所示为亚马逊机器人。

【拓展视频】

图 2.14　亚马逊机器人

4. 建设智慧供应链管理体系

基于云技术、大数据分析、机器学习和智能系统等方面的领先优势，亚马逊全新的"无人驾驶"智能供应链可以自动预测、自动采购、自动补货、自动分仓，自动根据客户需求调整库存、精准发货，从而对海量商品库存进行自动化、精准化管理，整个过程几乎是零人工干预。亚马逊仓库管理技术也是全球一流，与一般电商仓库管理方式不同，亚马逊实现了随机储存、随机上架，看似杂乱，实际上通过大数据优化，乱中有序，同时实现了员工拣货的路径优化，提高了商品入/出库的效率。先进的软硬件技术的应用，使得亚马逊通过部署全球化的智能物流体系，实现了海量商品跨地域、无国界调拨和配送。图 2.15 所示为亚马逊仓库一角。

图 2.15 亚马逊仓库一角

【拓展视频】

思考与练习

1. 填空题

（1）电商物流模式有_____、_____、_____、_____。

（2）自营物流的电商企业有_____、_____、_____。

（3）菜鸟网络是一家_____公司。

（4）"三通一达"指的是_____、_____、_____、_____。

（5）典型的云仓企业有_____、_____、_____、_____。

2. 选择题

（1）截至 2017 年年底，京东在全国建有（　　）个亚洲一号智能物流中心。
   A. 10　　　　　B. 11　　　　　C. 12　　　　　D. 13

（2）国内几家主流快递公司中，相对来说速度比较快和服务比较好的是（　　）。
   A. 顺丰　　　　B. 中通　　　　C. 韵达　　　　D. 圆通

（3）以下电商企业中，采用第三方物流的是（　　）。
   A. 京东　　　　B. 苏宁　　　　C. 唯品会　　　D. 天猫

（4）下列（　　）不是电商自营物流的优点。
   A. 成本高　　　B. 速度快　　　C. 服务可控　　D. 安全性高

（5）下列（　　）公司不是众包物流公司。
   A. 达达　　　　B. 点我达　　　C. 人人快递　　D. 晟邦物流

3. 判断题

（1）京东自开展网上业务以来，采取的就是自营物流模式。（　　）

（2）国内品牌服装企业电商业务一般采用自建物流中心、外包快递的模式。（　　）

（3）云仓模式可以解决电商物流配送速度慢的问题。（　　）

（4）美国亚马逊的物流以第三方物流为主。（　　）

（5）菜鸟网络是一家物流公司。（　　）

4. 简答题

（1）电商自营物流模式的优、缺点有哪些？

（2）目前第三方快递存在哪些问题？

（3）电商的线上与线下融合经营模式，对物流提出了哪些挑战？

（4）美国亚马逊是如何构建强大的物流系统的？

（5）菜鸟的商业逻辑是什么？

第 3 章

电子商务物流功能活动

教学提示

物流系统是实现电子商务销售过程的最终环节,物流具有运输、仓储、装卸搬运、包装、流通加工、配送和信息处理等功能。其中,运输、配送和仓储解决了供给者和需求者之间在位置和时间上的分隔,完善了物流系统的服务功能,创造了空间效用和时间效用。包装、流通加工是物流系统中形成物流增值效应的主要功能要素,创造了形质效用。装卸搬运在物流过程中是必不可少的,它更多的是加速商品流通速度,但同时也是增加成本的功能要素。

教学要求

通过本章的学习,学生应了解电子商务物流的运作流程,了解和掌握仓储、运输、配送、产品包装、装卸搬运,以及物流系统功能要素的基本概念和在物流中的功能、地位、作用。

第3章 电子商务物流功能活动

太平鸟物流的运营管理

宁波太平鸟时尚服饰股份有限公司（以下简称"太平鸟"），品牌创始于1995年，是一家以零售为导向的多品牌时尚服饰公司，旗下有太平鸟男装、太平鸟女装、乐町、Mini Peace童装等多个品牌，经历20余年的升级发展，成为国内时尚服饰的领军品牌，2019年太平鸟实现营业收入79.29亿元，其中电商销售收到44亿元。

公司大力发展"云仓"系统，覆盖全国23个省市，开发云端仓储大数据信息平台，通过"云仓"打通公司总仓与直营门店的货品实时仓储信息通道，实现了线上与线下全渠道销售和配货，多家直营门店实施线上购物线下体验与发货，多举措助推O2O业务的发展。

为了与ZARA、优衣库、H&M等品牌竞争，同样以"快时尚"为定位的太平鸟，必须要以"快节奏""快速度"抢占市场先机，高效率的物流运作成为必不可少的支撑。为此，太平鸟于2012年10月17日成立了慈溪太平鸟物流有限公司，投资兴建了中国服装行业首个全渠道物流中心，占地面积为16.8万平方米，其中物流库区建筑面积12.8万平方米，由1栋拣选加工中心和2栋物流流通中心组成，呈"品"字形布局。太平鸟物流（图3.1）采用了多个创新性的物流系统解决方案，其规模、自动化水平在业内处于领先地位。

图3.1 太平鸟物流

1. 入库管理

入库管理是仓储管理非常重要的一环，太平鸟物流制定了详细的入库作业标准和流程，通过细致有序的工作来避免残次品入库、数量短缺等，并做好基础数据采集、扫描检验入库、异常处理等。入库流程如下：

2. 存货管理

太平鸟物流具有高度"柔性、碎片化"的存货管理能力，能够实现动态的库存管理，主要包含以下几个方面。

(1) 促进存货流通周转、多种快速准确的货品周转作业模式、大范围存拣合一。
(2) 波段间循环轮转、正逆向物流循环轮转、线上与线下循环轮转。
(3) 储存空间动态优化、拣货路径优化。
(4) 急速订单预报、生产运输预报、退货周转预报。

（5）多种方式结合的库存管理核查模式，确保库存准确。

3. 订单履行

太平鸟物流接到订单以后，以线上线下全渠道融合的波次计划规则进行解构分析，重新构建"柔性、碎片化"的高效作业计划来驱动订单履行服务，通过太平鸟物流独有的拣选路径和货位规划方法，从根本上保障对订单履行服务的效率和能力。订单履行的具体作业流程如下：

4. 逆向物流

对于服装电商行业，绕不过逆向物流这一环节，太平鸟线上每天3万多个订单，但退货近1万个订单，尤其是每年"双十一"退货量非常大，太平鸟物流高度重视退货逆向物流，整合线上与线下物流退货流程，作为退货快速处理再销售的服务保障，促进货品的流通与周转。退货流程如下：

 3.1 电商物流的运作流程

京东集团采用的是典型的自营物流模式。京东物流的显著优势是送货快、准确率高。本节以京东物流为例，深入剖析它的配送运作流程，以此管窥电子商务物流的运作流程。

3.1.1 京东物流的基本情况

京东物流隶属于京东集团，通过布局全国的自建仓配物流网络，为商家提供一体化的物流解决方案，实现库存共享及订单集成处理，可提供仓配一体、快递、冷链、大件、物流云等多种服务。截至2019年12月底，在中国范围内拥有八大物流中心，650个大型仓库，覆盖全国范围内几乎100%行政区县，仓储设施占地面积1600万平方米。

早在2007年，京东就开始建设自有的物流体系。2009年年初，京东成立物流公司，开始全面布局全国的物流体系。京东分布在华北、华东、华南、西南、华中、东北、西北等八大物流中心覆盖了全国各大城市，并在杭州等城市设立了二级库房。除此之外，京东斥巨资建设亚洲一号现代化仓库设施。上海的亚洲一号一期工程面积近10万平方米，后续工程全部建完后预计总体仓储面积将达20多万平方米。2016年京东物流共有6个亚洲一号投入使用。经过多年的探索实践，京东商城已经形成了完善的物流体系，如图3.2所示。

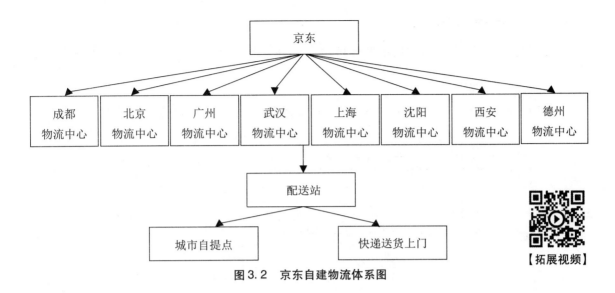

图 3.2　京东自建物流体系图

3.1.2　京东物流的配送模式及流程

1．京东物流的配送模式

京东的自建物流体系在一线城市的布局基本成熟。京东物流主要采用 SOP、FBP、LBP、SOPL 这 4 种模式。它们的管理及运营的方式各不相同，从而实现了以各种模式交叉组合、达到最优的匹配原则。

（1）SOP 模式

京东给商家一个独立操作的后台（自行上传产品、描述、价格），跟淘宝商城模式比较类似，要求订单产生后 12 小时内发货，由商家来承担所有的服务，包括配送及开发票。目前只支持在线支付，即消费者通过微信、网银等在线支付后，商家才能发货。

（2）FBP 模式

京东给商家一个独立操作的后台，商家 5 地入库（北京、上海、广州、成都、武汉），从仓储到配送、到客服都是京东来操作，京东自营产品所有能享受的服务，商家都能享受（支持 211 限时达、自提、货到付款、POS 刷卡），京东给消费者开具京东的发票，客户体验值最高。商家必须具备一般纳税人资格，需要给京东开具增值税发票。

（3）LBP 模式

京东给商家一个独立操作的后台，商家无须入库，要求订单产生后 12 小时内将订单商品包装好发货，分别发货到京东的五地仓储，36 小时内到京东仓库，由京东来配送。由京东来给消费者开具发票，但商家需要给京东开具增值税发票。这种模式适合服装和鞋类等商品。

（4）SOPL 模式

京东给商家一个独立操作的后台，商家无须入库，要求订单产生后 12 小时内将订单商品包装好发货，分别发货到京东的五地仓储，36 小时内到京东仓库，由京东来配送。这种模式的流程与 LBP 模式基本相似，唯一不同的是 SOPL 模式中商家不需要给京东开具增值税发票，但需要给消费者开具发票。

2. 京东物流的配送流程

下面分别以大家电和中小件商品的配送为例进行对比分析,阐述京东物流配送的基本流程。

(1) 中小件商品

对于中小件商品,京东根据 4 种不同的模式分别采用了不同的配送流程,如图 3.3 所示。

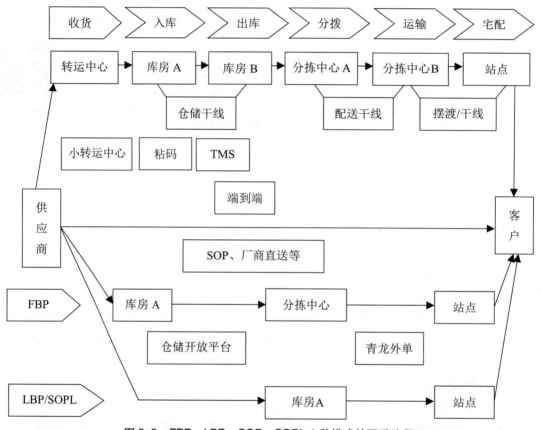

图 3.3　FBP、LBP、SOP、SOPL 4 种模式的配送流程

第一种是供货商将货物发送到京东仓储,经库房到达一级分拣中心后,如果需要由一级分拣中心向其他分拣中心发货,则可以利用京东自己的配送干线完成。最后分拣完成后,利用摆渡/支线配送,到达站点。

第二种是从供应商发货,直接到客户手中,不经过京东的仓库、分拣,这是一种端到端的配送。目前京东的 SOP、厂商直送等业务,均是这样实现配送的。例如,客户从京东下单购买冰箱,厂家自行向客户送货。

第三种是对于 FBP、LBP、SOPL 这 3 种形式,不利用京东的仓储服务,直接由供应商送到京东的分拣中心,再由分拣中心向站点配送。

第四种也是最常见的一种,是京东向供应商下采购单后,供应商直接送货至京东的库房,库房按照客户订单出货,送至一级分拣中心,由分拣中心按照订单区域,送至各个站点。

(2) 大家电

京东大家电配送可以分为两种方式,流程如图 3.4 所示。

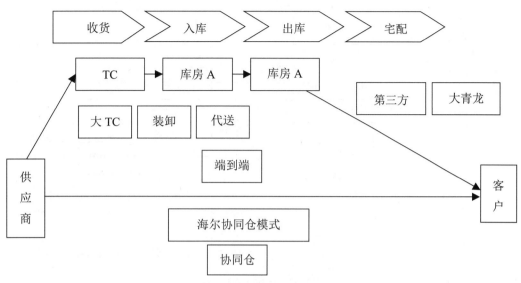

图 3.4 京东大家电配送流程

第一种是供货商将家电送到京东仓库,京东再根据情况进行调整配送。客户下单后,由第三方快递或者京东快递代送至客户手中。

第二种是供应商直接送至客户手中。例如,海尔的协同仓模式,客户下单后,经由京东的 ERP 系统,传至海尔的 SAP(Systems Applications and Products in data Processing 企业管理解决方案)系统中,由海尔直接送货至客户,不占用京东的仓储、配送服务,之后系统相关订单信息回传至京东 ERP 系统。协同仓是指仓库的所有权不属于京东,但京东具有运营权,和京东的仓库享受同样的管理系统,从而达到同样的配送时效和服务。这样也可以节约从供货商到京东仓储的运输成本,并且因为仓库就在厂家,既节约了运输成本,又提供了相同的服务,同时缺货的情况就不会经常出现。

大家电供应链的特点是:仓配一体;成本高,仓覆盖范围小,基本没有长途调拨。

3.1.3 京东自行研发的 ERP 系统

绝大多数电商都没有线下实体店,各自的网站就是唯一面向客户的窗口,所以技术水平非常重要。京东目前拥有接近 3000 人的技术研发团队,研制了成熟的商业智能系统及分析统计系统,通过系统的智能化路由,可以辅助管理库存,控制成本,并通过强有力的分析系统了解用户的属性和用户的行为,通过分析结果定制化投放有针对性的广告。

到目前为止,除了财务记账、报账中心、返利系统等在 Oracle 中实现,其他功能可能在后期会逐步上线。主要业务的相关功能,如整个业务的流转都是在京东自行研发的 ERP 系统中实现的,从客户下单开始,数据流便开始在京东 ERP 中流转,直至完成订单的投递及对账,如图 3.5 所示。

从客户下单开始,系统就会进行数据校验,如该地址的有效性、此地区是否有货等,校验成功的数据,便会进入订单系统及其他相应系统中。订单信息校验之后,订单履约系统

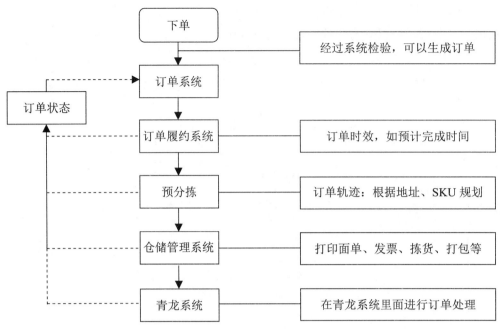

图 3.5　京东 ERP 系统

（Order Fulfillment Center，OFC）会计算整张订单的生命周期，理论上的配送路径、配送时间等，客户可以以此随时查询自己订单的状态。订单信息进入预分拣系统之后，商品的 SKU（Stock Keeping Unit，库存量单位）属性、从哪个地区的哪个仓库出货、配送路线是什么等信息都会被规划及锁定。之后进入仓储管理系统进行生产，也就是进入真正的库房进行打印面单，可能同时会打印发票，进行拣货、复核、打包等操作。分拣完成后的商品，便可以进行配送了。所有配送过程都在青龙系统完成，并不断返回状态到订单系统，这样客户就可以随时查看自己的订单状态了。

3.2　仓储

仓储是物流系统中一个不可缺少的组成部分。商品生产与商品消费在时间上的矛盾是客观存在的，这一矛盾不会因为电子商务的发展而消失，相反会因电子商务快速性的特点而显得更加突出。为了解决上述矛盾，除了实现快速的运输和配送外，还需要企业有完善的仓储系统，以便应对客户的紧急需要。

3.2.1　仓储概述

1. 仓储的概念

仓储是指通过仓库对物资进行储存和保管。"仓"即仓库，为储存物品的设施，可以是房屋建筑、洞穴、大型容器或特定的场地等具有存放和保护物品功能的场所。"储"即储存、储备，表示收存以备使用，具有收存、保管、交付使用的意思。

2. 仓储活动的性质

仓储活动具有生产性和非生产性两种性质。

(1) 仓储活动的生产性

仓储活动性质属于生产性质，无论是处在生产领域还是处在流通领域，其生产性质是不变的，原因如下。

① 仓储活动是社会再生产中不可缺少的一环。产品从脱离生产到进入消费，一般情况下都要经过运输和储存，所以说商品的储存和运输一样，都是社会再生产过程的中间环节。

② 仓储活动具有 3 要素。仓储活动和其他物质生产活动一样，具有生产 3 要素：劳动者——仓库作业人员；劳动资料——各种仓库设施和设备；劳动对象——储存保管的商品。仓储活动是仓库作业人员借助仓储设施对商品进行收发保管的过程。

③ 仓储活动中的某些环节，实际上已经构成生产过程的一个组成部分。例如，卷板在储存中的碾平及切割、原木的加工、零部件的配套、机械设备的组装等都是为投入使用做准备，其生产性更加明显。

(2) 仓储活动的非生产性

仓储活动具有生产性质，但它与一般的物质生产活动相比，又是非生产性的，这主要表现在以下几方面。

① 仓储活动所消耗的物化劳动和活劳动，不改变劳动对象的功能、性质和使用价值，只是保持和延续其使用价值。

② 仓储活动本身并不生产产品，被储存保管物品的使用价值并不因保管劳动的消耗而增加，但商品经过保管之后，它的价值是增加的。这是因为仓储活动的一切劳动消耗，包括一定数量的原材料和适当的机械设备相配合，这部分消耗要追加到商品的价值中去，从而导致商品价值的增加。

③ 作为仓储活动的产品——仓储劳务，同服务一样，其生产过程和消费过程是同时进行的，既不能储存也不能积累。

3.2.2 仓储的种类

仓储的分类方式很多，下面介绍几种主要的分类方法。

1. 根据仓储的经营主体来划分

(1) 企业自营仓储

生产企业自营仓储主要是为生产企业使用自有的仓库设施，并对生产使用的原材料、生产的中间产品、最终产品实施储存保管的行为。这种仓储方式易于控制，作业灵活，能提高电子商务企业的市场形象，但是投资太大，设施利用率低，其储存的对象也较为单一。流通企业自营仓储则是第三方物流企业以其拥有的仓储设施，对其经营的商品进行储存保管的行为，仓储对象品种较多，设施利用率高，其目的在于支持销售。

(2) 商业营业仓储

商业营业仓储仓储经营者以其拥有的仓储设施，向社会提供商业性仓储服务的储存保管行为。仓储经营者与存货人通过订立仓储合同的方式建立仓储关系，并且依据合同约定提供服务和收取仓储费。商业营业仓储的目的是在仓储活动中获得经济回报，实现经营利润最大化。它主要有提供货物仓储服务和提供仓储场地服务两种形式。

(3) 公共仓储

公共仓储是公用事业的配套服务设施，为车站、码头提供仓储配套服务。其运作的主要目的是保证车站、码头的货物作业具有内部服务的性质，处于从属地位。但对于存货人而言，公共仓储也适用于营业仓储的关系，只是不独立订立仓储合同，而是将仓储关系列在作业合同之中。

（4）战略储备仓储

战略储备是国家根据国防安全、社会稳定的需要，对战略物资实行储备而产生的仓储，即战略储备。战略储备由国家进行控制，通过立法、行政命令的方式进行。战略储备特别重视储备品的安全性，且储备时间较长。战略物资储备主要包括：武器装备、军工生产原料及必要的生活必需品的储备等。

2. 根据仓储的对象来划分

（1）普通物品仓储

普通物品仓储是指不需要特殊保管条件的物品仓储。普通物品包括一般的生产物质、日用百货、五金器具等物品，不需要针对货物设置特殊的保管条件，采取无特殊装备的通用仓库或货场存放货物。

（2）特殊物品仓储

特殊物品仓储是指针对在保管中有特殊要求和需要满足特殊条件物品的仓储活动，如危险物品仓储、冷库仓储、粮食仓储等。特殊物品仓储一般为专用仓储，是根据物品的物理、化学、生物特性，以及法律规定进行仓库建设和实施管理的。

3. 按仓储功能划分

（1）储存仓储

储存仓储是指针对需要长期存放的物质的仓储活动。由于物质存放时间长，储存费用低廉就很有必要，所以储存仓储一般在较为偏远的地区进行。储存仓储的物质较为单一，品种少，但存量较大。由于物质存期长，储存仓储特别注重对物资的质量保管。

（2）物流中心仓储

物流中心仓储是以物流管理为目的的仓储活动，为了实现有效的物流管理，对物流的过程、数量、方向进行控制的过程，以实现物流的时间价值。一般选择在一个经济地区的中心、交通较为便利、储存成本较低的地区进行。物流中心仓储品种较少，进库批量较大，按一定量分批出库，整体上吞吐能力强。

（3）配送仓储

配送仓储也称配送中心仓储，是商品在配送交付消费者之前所进行的短期仓储，是商品在销售或者供生产使用前的最后储存，并在该环节进行销售或使用的前期处理。配送仓储一般在商品的消费经济区间内进行，能迅速地送达消费者或销售商。配送仓储物品的品种繁多，批量少，需要一定量进货、分批少量出库操作，往往需要进行拆包、分拣、组配等作业，主要目的是支持销售，注重对物品存量的控制。

（4）运输转换仓储

运输转换仓储是衔接不同运输方式运输转换的仓储。在不同运输方式的相接处进行，如在港口、车站库等场所进行的仓储，是为了保证不同运输方式的高效衔接，减少运输工具的装卸和停留时间。运输转换仓储具有大进大出的特性，货物存期短，注重货物的周转作业效率和周转率。

4. 按仓储物的处理方式划分

（1）保管式仓储

保管式仓储是指以保管物原样保持不变的方式所进行的仓储活动。保管式仓储也称为纯仓储，存货人将特定的物品交由仓储经营者进行保管，到期仓储经营者将原物交还存货人。保管物除了所发生的自然损耗和自然减量外，数量、质量、件数不发生变化。保管式仓储又分为仓储物独立保管仓储和将同类仓储物混合在一起的混藏式仓储。

（2）加工式仓储

加工式仓储是指仓储经营者在仓储期间根据存货人的要求对保管物进行一定加工的仓储活动。保管物在保管期间，保管人根据委托人的要求，对保管物的外观、形状、成分、尺度等进行加工，使仓储物发生委托人所希望的变化。

（3）消费式仓储

消费式仓储是指仓储经营者在接收保管物时，同时接收保管物的所有权，仓储经营者在仓储期间有权对仓储物行使所有权。在仓储期满时，保管人将相同种类、品种和数量的替代物交还给委托人。消费式仓储特别适合于保管期较短、市场供应变化较大的商品的长期存放，具有一定的商品保值和增值功能，是仓储经营者利用仓储物开展经营的增值活动，已成为仓储经营的重要发展方向。

3.2.3 仓储的功能

从物流系统角度看，仓储的功能可以按照其所实现的经济利益和服务利益进行分类。

1. 经济利益

仓储的基本经济利益包括堆存、拼装、分类和交叉、加工/延期4个方面。

（1）堆存

仓储设施最明显的功能就是用于保护货物及整齐地堆放产品。其经济利益来源于通过堆存克服商品产销在时间上的隔离（如季节生产但需全年消费的粮食），克服商品生产在地点上的隔离（如甲地生产、乙地销售），克服商品产销量的不平衡（如供过于求）等来保证商品流通过程的连续性。

（2）拼装

拼装是仓储的一项经济利益，通过这种安排，拼装仓库接收来自一系列制造工厂指定送往某一特定顾客的材料，然后把它们拼装成单一的一票装运，其好处是有可能实现最低的运输费率，并减少在某收货站台处发生拥塞。图3.6所示为仓库的拼装作业流程。

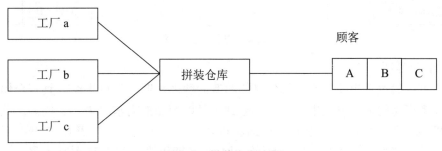

图3.6 拼装作业流程

拼装的主要利益是，把几票小批量装运的物流流程结合起来联系到一个特定的市场地区。拼装仓库可以由单独一家厂使用，也可以由几家厂商联合起来共同使用出租方式的拼装服务。通过这种拼装，每一个单独的制造商或托运人都能够享受到低于其各自分别直接装运的成本。

（3）分类和交叉

分类作业接收来自制造商的顾客组合订货，并把它们配送给每位顾客。图3.7所示为分类作业流程。分类仓库或分类站把组合订货分类或分割成个别的订货，并安排当地的运输部门负责配送。由于长距离运输转移的是大批量装运，所以运输成本相对比较低，进行跟踪也不太困难。

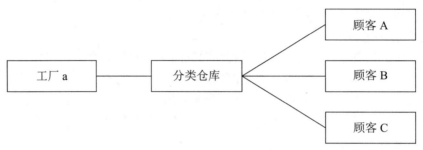

图3.7 分类作业流程

当涉及多家制造商和多位顾客时，就需要采取交叉作业，其流程如图3.8所示。在这种情况下，交叉站台先从多家制造商处运来整车的货物，收到各产品后，如果有标签的，就按顾客进行分类，如果没有标签的，则按地点进行分配；然后，产品就像"交叉"一词的意思那样穿过"站台"装上指定去对应顾客处的拖车；一旦该拖车装满了来自多家制造商的组合产品后，它就被放行运往零售店去。由于所有的车辆都进行了充分装载，因而更加有效地利用了站台设施，使站台装载利用率达到最大。

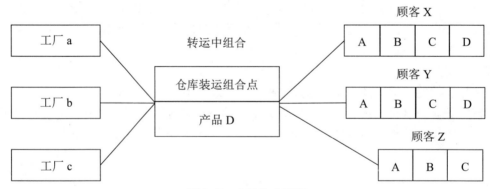

图3.8 交叉作业流程

（4）加工/延期

仓库还可以通过承担加工或参与少量的制造活动来延期或延迟生产。具有仓储能力的物流中心可以把产品的最后一道生产一直推迟到明确该产品的需求时为止。例如，戴尔公司将各种计算机零部件储存在物流中心，直到获得顾客的订单之后，才开始收集零部件进行组装，完成最后一道加工，并配送给消费者。加工/延期提供了两个基本经济利益：降低风险和降低库存。将降低风险与降低库存相结合，往往能够降低物流系统的总成本。

2. 服务利益

在物流系统中通过仓储获得的服务利益，应该从整个物流系统来分析。例如，在一个物流系统中安排一个仓库来服务于某个特定的市场可能会增加成本，但也有可能增加市场份额、收入和毛利。通过仓库实现的 5 个基本服务利益分别是：现场储备、配送分类、组合、生产支持及市场形象。

(1) 现场储备

在实物配送中经常使用现场储备，尤其是那些产品品种有限或产品具有高度季节性的制造商偏好这种服务。例如，农产品供应商常常向农民提供现场储备服务，以便在销售旺季把产品堆放到最接近关键顾客的市场中去，销售季节过后剩余的存货就被撤退到中央仓库中去。

(2) 配送分类

提供配送分类服务的仓库可以为制造商、批发商或零售商所利用，按照对顾客订货的预期，对产品进行组合储备。配送分类仓库可以使顾客减少其必须打交道的供应商数目，并因此改善了仓储服务。此外，配送分类仓库还可以对产品进行拼装，以形成更大的装运批量，并因此降低运输成本。

(3) 组合

除了涉及几个不同的制造商的装运外，仓库组合类似于仓库分类过程。当制造工厂在地理上被分割开来时，通过长途运输组合，有可能降低整个运输费用和仓库需要量。在典型的组合运输条件下，从制造工厂装运整卡车的产品到批发商处，每次大批量的装运都可以享受尽可能低的运输费率。一旦产品到达了组合仓库，卸下从制造工厂装运来的货物后，就可以按照每一个顾客的要求或市场需求，选择每一种产品的运输组合。

通过运输组合进行转运，在经济上通常可以得到特别运输费率的支持，即给予各种转运优惠。组合之所以被分类为服务利益，是因为存货可以按照顾客的精确分类进行储备。

(4) 生产支持

仓库可以向装配工厂提供稳定的零部件和材料供给。由于较长的前置时间，或使用过程中的重大变化，所以企业进行安全储备是完全必要的。可以经营一个生产支持仓库，以经济而又适时的方式，向装配厂供应加工材料、零部件和装配件。

(5) 市场形象

尽管市场形象的利益不像其他服务利益那样明显，但是它常常被营销经理看作是地方仓库的一个重要优点。地方仓库比起距离远的仓库，对顾客的需求反应更敏感，提供的配送服务更便捷。

3.2.4 仓储管理

1. 仓储管理的概念

简单来说，仓储管理就是对仓库及仓库内的物质所进行的管理，是仓储机构为了充分利用所具有的仓储资源，提供高效的仓储服务所进行的计划、组织、控制和协调过程。具体来说，仓储管理包括仓储资源的获得、经营决策、商务管理、作业管理、仓储保管、安全管理、人事劳动管理、经济管理等一系列管理工作。

2. 仓储管理的基本任务

（1）充分利用市场手段合理配置仓储资源

市场经济最主要的功能是通过市场的价格和供求关系调节经济资源的配置。配置仓储资源应以所配置的资源能获得最大效益为原则。仓储管理就需要营造本仓储机构的局部效益空间，吸引资源的进入。具体任务包括：根据市场供求关系确定仓储的建设；依据竞争优势选择仓储地址；以生产差别产品决定仓储专业化分工和确定仓储功能；以所确定的功能决定仓储布局；根据设备利用率决定设备配置等。

（2）组建高效率仓储管理组织，提高管理效率

仓储管理组织是开展有效仓储管理的基本条件，是一切管理活动的保证和依托。仓储管理组织需围绕仓储经营的目标，以实现仓储经营的最终目标为原则，依据管理幅度、因事设岗、责权对等的原则，建立结构简单、分工明确、互相合作和促进的管理机构和管理队伍。仓储内部大都实行直线职能管理制度或者事业部制的管理组织结构。随着计算机网络的应用普及，管理模式趋向于向精炼了层次的扁平化方向发展。

（3）开展仓储经营活动，满足社会需要

商务工作是仓储对外的经济联系，包括市场定位、市场营销、交易和合同关系、客户服务、争议处理等。仓储商务是经营仓储生存和发展的关键工作，是经营收入和仓储资源充分利用的保证。从功能来说，商务管理是为了实现收益最大化，但是作为社会主义的仓储管理，必须遵循社会主义的不断满足社会生产和人民生活需要的生产原则，最大限度地提供仓储产品，满足市场需要。满足市场需要包括数量上满足和质量上满足两个方面。仓储管理者还要紧跟市场的变化发展，不断开展创新，提供适合经济发展的仓储产品。

（4）以高效、低成本组织仓储活动

仓储作业包括货物入仓、堆存、出仓的作业，仓储物验收、理货交接，在仓储期间的保管照料、质量维护、安全防护等。仓储作业的组织遵循高效、低耗的原则，充分利用机械设备、先进的保管技术、有效的管理手段，实现仓储快进、快出，提高仓储利用率，降低成本的目的。仓储管理的核心在于充分使用先进的生产技术和手段，建立科学的生产作业制度和操作规程，实行严格的监督管理，采取有效的员工激励机制。

（5）加强自身建设，树立良好的仓储企业形象

在现代物流管理中，对服务质量的高度要求、对合作伙伴的充分信任，使仓储企业的形象建立极为必要，具有良好企业形象的仓储经营者才能在物流体系中占有一席之地，适应现代物流的发展。

（6）与时俱进，提高仓储管理水平

仓储管理的动态化和管理变革，虽然可以促进管理水平的提高，提高仓储效益，但也可能脱离实际，使管理的变革失败，甚至趋于倒退，不利于仓储业的发展。因此，仓储管理的变革需要，通过科学的论证，广泛吸取先进的管理经验，针对本企业的客观实际进行管理。

（7）以人为本，提高仓储企业员工素质

没有高素质的员工队伍，就没有优秀的企业。企业的一切行为都是人的行为，是每一位员工履行职责的行为表现。员工的精神面貌展现了企业的形象和企业文化。仓储管理的一项重要工作就是不断提高员工的素质，根据企业形象建设的需要加强对员工的约束和激励。

3. 仓储管理控制方法

（1）ABC分类法

如果一个企业把精力和资金全部都放在所有品种的库存上，势必使库存管理的效益低下。因此有必要对库存的品种进行分类，以便对不同的库存物品实施不同的库存管理方法。ABC分类法（Activity Based Classification）的全称为ABC分类库存控制法，又称为帕累托分析法或主次因素分析法，是物流仓储管理控制的一种常用的方法。

① ABC分类法的基本原则。ABC分类法是由意大利经济学家维尔弗雷多·帕累托首创，来源于帕累托定律的"80/20"现象。帕累托定律指出：样本总体中大多数事件的发生源于为数不多的关键因素。例如，美国80%的人只掌握了20%的财富，而另外20%的人却掌握了全国80%的财富，而且很多事情都符合该规律。1951年，管理学家戴克将这个规律应用于库存管理上，命名为ABC法。ABC分类管理法就是将仓储物品按重要程度分为A类（重点管理）、B类（一般管理）和C类（不太重要的管理）3个等级，然后针对不同等级的物品，分别进行不同的管理和控制，见表3-1。

表3-1 ABC分类管理表

分类	库存品种数占总库存品种数（%）	年耗用金额占总库存金额（%）	管理方式	订货方式
A	15~20	75~80	最严格的管理，适当增加订购次数，防止缺货，采用连续库存管理系统，尽可能减少库存积压	计算每种物品的订货量，采用定期订货方式
B	20~25	10~15	严格程度介于A类和C类之间，将若干B类物品合并订购，采用非强制库存系统	采用定量订货方式
C	60~65	5~10	不需要花费太多精力进行管理，集中订货	每半年或一年集中大量订货

② ABC分类法的实施步骤。

首先，收集数据和处理数据。企业需要收集各种库存商品的数据，包括销售品种数目、每种商品的单价和年耗用金额等。时间段可以根据企业实际的需要，定义在月或一段时间，计算出各库存品种的年度库存总金额和相关库存管理参数。

其次，编制ABC分析表。将各库存品种占用资金按大小顺序排列，分别计算库存金额累计百分比和品种数累计百分比。根据已计算的年库存金额的累计百分比，按照ABC库存分类法的基本原则，对库存进行分类。

最后，绘制分析图。根据以上数据绘制ABC库存分析图。将各库存品种占用资金按大小顺序排列，分别计算库存金额累计百分比和品种数累计百分比。

ABC分类管理的优点是减轻了仓储管理的工作量。它把"重要的少数"与"不重要的多数"区别开来，使企业把管理的重点放在重要的少数上，既加强了管理，实现了控制，又节约了成本。

【拓展案例】

(2) 经济订货批量

大部分开展网上业务的电子商务企业都需要储存一些商品。当交易发生时，仓库的商品减少，所以到一定的时候必须补充，才能维持继续经营。库存因为客户需求而减少，又因为再次补货而增加。

每次订购多少数量的货才最合适呢？这个问题主要从仓储的成本来考虑。每次订货数量过多，商品销售速度慢，造成积压会占用企业大部分资金，造成资金周转困难，同时还要支付大量的储存成本；每次订货数量过少，又容易造成缺货，缺货势必会影响客户服务水平，并进一步影响企业的效益。因此必须得使每次订购数量合理，才能使企业在仓储管理这一环节中，尽可能用最低的成本满足客户的需求。

经济订货批量（Economic Order Quantity，EOQ）是指能够使一定时期购、存库存商品的相关总成本最低的每批订货数量，如图 3.9 所示。企业购、存库存商品的相关总成本包括购买成本、相关订货成本和库存持有成本（储存成本）之和。当企业按照经济订货批量来订货时，可实现订货成本和库存持有成本之和的最小化。经济订货批量是固定订货批量模型的一种，可以用来确定电子商务企业一次订货（外购或自制）的数量。

【拓展视频】

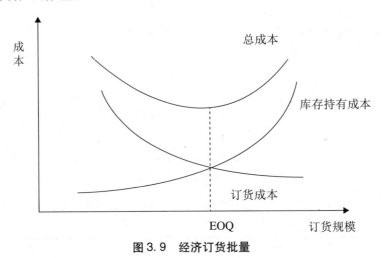

图 3.9　经济订货批量

3.3 运输

在物流系统中，运输实现了商品的位置移动，解决了商品的供给者和需求者之间在空间上的背离，创造了商品的空间效用。企业为了使商品的实体转移能够顺利进行，就必须了解各种运输方式的特征及组织管理商品运输的具体内容。

3.3.1 运输概述

1. 运输的基本概念

运输是指在现有的运输基础设施上利用各种运输设备和工具，将物品从一个地点移动到另一个地点改变其空间位置的物流活动，其中包含集货、分配、搬运、中转、装入、卸下、分散等一系列操作。

从运输的对象来分类，可分为货物运输和旅客运输。物流系统主要的运输对象是货物运输；从运输的范畴来分类，可分为干线运输、支线运输、二次运输和厂内运输；从运输的作用来分类，可分为集货运输和配送运输；从运输的协作程度来分类，可分为一般运输和多式联运；从运输的方式来分类，可分为铁路运输、公路运输、水路运输、航空运输和管道运输5种运输方式。

由于市场的广阔性，商品的供给和需求在同一个地方进行的数量越来越少，更多的是商品集中生产，然后分散消费，特别是在电子商务中，这一现象更加突出。因此为了实现商品的价值和使用价值，使商品的交易过程能够顺利完成，必须经过运输这一环节，把商品从生产地运到消费地，以满足社会消费的需要和进行商品的再生产。如果将各级供应商、生产商、仓库以及客户看作是物流系统的固定节点，那么商品的运输正是连接这些节点的纽带，是商品在系统中流动的载体。由此，可以把运输称为物流系统的动脉。

2. 运输的原理

指导运输管理和运输营运的两条基本原理是规模经济和距离经济。

（1）规模经济

规模经济的特点是随着运输规模的增长，使每单位重量的运输成本下降。这是由于运输规模越大，分摊到单位重量商品的固定成本（固定成本包括接收运输订单的行政管理费用、运输设备和工具的购置费用、装卸的时间、开票等产生的费用以及管理设备费用等）越少，而单位重量商品的变动成本则保持不变，从而使每单位的运输成本越低。例如，在火车装载的铁路运输中，货物整车装运（车辆满载装运）的每单位重量成本低于零担装运（也即利用部分车辆能力进行装运）；铁路、水路运输的每单位重量运输成本低于航空、公路运输的每单位重量运输成本。

（2）距离经济

距离经济的特点是指每单位距离的运输成本随距离的增加而减少。距离经济的合理性类似于规模经济。尤其是在铁路或水路的直达运输中，运输设备装卸所发生的费用是相对固定的，而这一费用又分摊到每单位距离的费用。因此运输的距离越长，可以使固定费用平均分摊给更多的千米，导致每千米支付的总费用越低。

3. 运输的关键因素

电子商务企业面对客户可提供多种运输服务，最终客户选择何种运输方式，取决于运输服务的关键因素：运输成本、运输时间、货物的损耗。

（1）运输成本

运输成本就是指物品在两个地理位置之间的运输所支付的所有费用。如果是自有运输，运输成本主要包含燃油成本、人工成本、维修成本、运输设备和工具的折旧费用以及相应的管理成本等项目。如果是雇用第三方物流公司实现运输，运输成本则包含物品在两点之间运输产生的运费、保险费或货物备用费等。不同的运输服务成本相差很大，电子商务物流系统的设计，应该采用能最大限度地降低系统总成本的运输方式。

（2）运输时间

运输时间是评价运输服务最重要的指标之一。运输时间指标主要包含平均运送时间和运送时间的变化率。平均运送时间是指货物从起始地运送到目的地所花费的平均时间。从平均运送时间可以衡量货物运输的快慢程度。

运送时间的变化率，指各种运输方式下多次运输出现的时间变化。即便是运输任务相同、起始地和目的地相同、运输方式相同，也可能造成每次运输的时间耗费不同，这是因为货物在运输途中可能受到天气、交通拥挤、中途经停次数、装卸搬运工具等的影响。通过运送时间的变化率可以衡量运输服务的不确定性。

运输速度和运输成本之间也符合效益背反说，运输速度是属于服务性的指标，运输服务越是快速，实际支付的运输成本也就越高。因此，选择何种运输方式最合理，主要考虑的是如何平衡其服务的速度和成本。

（3）货物的损耗

每个运输公司、每种运输方式安全运输货物的能力都各不相同，所以运输中是否对货物有损坏或灭失的记录，就成为选择运输公司或运输方式的重要因素，这是评价运输服务可靠性的重要指标。

3.3.2 运输的功能

1. 物品的转移

无论物品处于哪种形式，是原材料、零部件、装配件、半成品，还是制成品；也不管是在制造过程中将被转移到下一阶段，还是更接近最终的顾客，运输都是必不可少的。运输的主要功能就是物品的位置移动，创造产品的空间效用（或称场所效用）。运输的主要目的就是要以最短的时间、最低的运输和坏境资源成本，将产品从供给地转移到需求地。此外，产品灭失损耗也必须是最低的，同时，产品转移所采用的方式必须能满足顾客有关交付履行和装运信息的可得性等方面的要求。总之，运输工作要遵循"及时、准确、安全、经济"的原则，做到加速流通，降低流通费用，提高货运质量，多快好省地完成运输任务。

2. 物品的储存

对物品进行临时储存是一项特殊的运输功能，也就是将运输车辆临时作为储存设施，使之具有一定的时间效用。如果转移中的物品需要储存，但在短时间内（如几天后）又将重新转移的话，那么，该物品的装卸成本，也许会超过储存在运输工具中每天支付的费用。在仓库空间有限的情况下，利用运输车辆储存也许不失为一种可行的选择。在本质上，这种运输车辆被用作一种临时储存设施，但它是移动的，而不是处于闲置状态。

3.3.3 运输的方式

运输方式是客、货运输所赖以完成的手段、方法与形式，是为完成客货运输任务而采取一定性质、类别的技术装备（运输线路和运输工具）和一定的管理手段。运输设备主要有火车、汽车、轮船、飞机、管道等，相应的运输方式有铁路运输、公路运输、水路运输、航空运输及管道运输。每一种运输方式的运输成本、运输速度和货物损耗也各不相同。采用何种运输方式应根据自身的需求综合各方面因素考虑。

1. 铁路运输

铁路运输是利用铁路进行旅客或货物运输的方式，是利用铁路设施、设备运送旅客或货物的一种运输方式。铁路运输最显著的特点是载运质量大、运行成本低、能源消耗少。不仅在大宗、大流量的中长以上距离的客货运输方面具有绝对优势，而且在大流量、高密度的城际中短途旅客运输中具有很强的竞争优势,是现代化运输中的主要运输方式,也是最适合中国经济地理特征和人民收入水平的区域骨干运输方式。目前,中国已拥有仅次于美国的全球第二大铁路网,和全球最大规模的高铁铁路网和快速铁路线。图3.10、图3.11为铁路运输及装箱。

【拓展视频】

图3.10　铁路运输

图3.11　装箱

铁路运输的优势体现在以下4个方面。

(1) 运输的准确性和连续性强

铁路运输是在钢轨上运行,受气候影响小,一年四季可以不分昼夜地进行定期的、有规律的、准确的运转,保证运输的正常进行。

(2) 运输速度比较快

铁路货运速度每昼夜可达几千千米,一般货车可达100km/h左右,远高于水路运输。2007年4月12日我国铁道部举行新闻发布会介绍全国铁路第六次大提速的相关情况,货运列车的速度提高到了120km/h。京沪高铁最高时速可达300km以上。

（3）运输能力强

铁路一列货物列车一般能运送3000～5000吨货物，我国生产的6000马力内燃机车，在非电气化区段可以牵引5000吨的货物列车；生产的"和谐号"电力机车，牵引能达到5000～5500吨，远远高于航空运输和汽车运输。

（4）运输成本较低

在整个铁路运输成本中，投资到设备、站点、轨道等方面的固定成本高，占运输总成本的50%～60%，但这部分成本随着运输量和运输距离的增加，其单位重量的运输固定成本会逐渐降低。另一部分则是可变成本，包含人员工资、燃油、润滑油和维护成本，这部分成本会随着运输量和运输距离比例变化，占运输总成本的30%～40%。因此铁路运输适合大批量货物的中长距离运输。铁路运输费用仅为汽车运输费用的几分之一到十几分之一；运输耗油大约是汽车运输的1/20。

铁路运输的劣势体现在以下3个方面。

（1）初期投资大

铁路运输需要铺设轨道、建造桥梁和隧道；需要消耗大量钢材、木材；需要占用土地，其初期投资高于其他运输方式。据统计，我国目前每修建1km铁路，需要投资400万元以上。高速铁路的千米造价甚至上亿元。

（2）建设周期和投资回收期长

据统计，修建1000km的铁路，建设周期需要3～5年，而投资回收期需要30年左右。

（3）线路固定，灵活性差

铁路运输是固定的线路和站点，货物运输必须按照既定的线路行驶，不能实现"门到门"服务。

从目前来看，随着高速公路运输业的发展，铁路运输在运输行业中所占比例有下降的趋势，但是铁路运输仍然是中长距离、大批量货物运输的主力。

2. 公路运输

公路运输是在公路上运送旅客和货物的运输方式，是交通运输系统的组成部分之一，主要承担短途客货运输。公路运输所用的工具主要是汽车，因此，公路运输一般即指汽车运输。在地势崎岖、人烟稀少、铁路和水运不发达的边远地区和经济落后地区，公路为主要运输方式，起着运输干线作用。如图3.12所示的是集装箱运输，如图3.13所示的是一般货运。

【拓展视频】

图3.12 集装箱运输

图 3.13　一般货运

公路运输的优势体现在以下 5 个方面。

(1) 适应性强

由于公路运输网一般比铁路、水路网的密度要大，分布面也广，因此公路运输车辆可以"无处不到、无时不有"。一般汽车都能在山区及高原地带、严寒酷暑季节运行，受地理条件、天时气候、洪旱灾害等限制较小，较之铁路、水路、航空有适应性强、运行范围广的特性。

(2) 机动灵活

公路运输在时间方面的机动性比较大，车辆可随时调度、装运，各环节之间的衔接时间较短。公路的灵活性体现在汽车的载重吨位有小（0.25～1 吨）有大（200～300 吨），既可以单个车辆独立运输，也可以由若干车辆组成车队同时运输，满足多种运输的需要。

(3) 可实现"门到门""库到库"运输

由于汽车容载货物的体积较小，中途可以不需要换装，除了可以沿分布较广的路网运行外，还可以使运输深入工厂企业、码头港口、农村乡间、城市居民住宅等地，即可以把旅客或货物从始发地门口直接运送到目的地门口，实现"门到门""库到库"的直达运输。这是其他 4 种运输方式无法比拟的优点。

(4) 在中、短距离运输中，运送速度较快

在中、短距离运输中，由于公路运输可以实现"门到门""库到库"直达运输，中途不需要倒运、转乘就可以直接将客货运达目的地。因此，与其他运输方式相比，其客货在途时间较短，运送速度较快。

(5) 可为铁路、水路、航空等运输方式集散客货

公路运输在地区公路运输网的基础上与铁路、水路和航空路线相配合，构成了全国综合运输体系。在这个运输体系中，公路运输担负着铁路、水路和航空运输的起始地和目的地的客货集散任务。同时对于一些铁路、水路尚不发达的地区，公路运输还承担着长途运输的任务。

公路运输的劣势主要体现在以下两个方面。

（1）运量较小，运输成本较高

货车一般的运量为几吨到几十吨，相比火车、轮船少得多。公路运输尽管在设施、站点等投入的固定成本相对较少，但其产生的人员工资，燃油燃料费用、车辆、轮胎的维修费用，过路过桥费用等可变成本较高，加之运输量较小，因此，除了航空运输，就是汽车运输成本最高了。

（2）安全性较低，环境污染较大

全球每年约有124万人因道路交通事故而死亡，另有2000万～5000万人遭受非致命伤害，许多人因伤致残。我国每年因道路交通安全事故伤亡的人数接近20万人。公路运输的安全性亟待提升。同时，汽车所排出的尾气和引起的噪声也严重地威胁着人类的健康，是城市环境污染的最大污染源之一。

3. 水路运输

水路运输是以船舶为运输工具，以港口或港站为运输基地，以水域（海洋、河流或湖泊）为运输活动范围的客货运输方式。水路运输通常又可以分为海洋运输和内河运输。水路运输是许多国家重要的运输方式之一，大批产品如谷物、煤炭、石油、钢铁矿石等的运输适合成本较低的水路运输。水路运输主要用于大宗、低值、笨重货物和各种散装货物的中长距离运输，特别是海运，更适合于承担各种外贸货物的进出口运输。如图3.14所示的是集装箱船，如图3.15所示的是水路运输中的油轮。

【拓展视频】

图3.14　集装箱船

图3.15　水路运输中的油轮

水路运输的优势主要体现在以下 3 个方面。

（1）运输能力强

集装箱的载重量为 0.7 万～5 万吨；散装船的载重量为 5 万～10 万吨；油船的载重量为 20 万～30 万吨；大型油船的载重量可达 50 万吨。一条万吨级船舶的载重量可相当于 250～300 辆 50 吨重的货车或 5～6 列火车的载重量。

（2）运输成本低

水路运输主要利用江、河、湖泊和海洋的"天然航道"来进行。水上航道四通八达，通航能力几乎不受限制，投入的船舶、设备、站点等固定成本较低，单位变动成本也很低，因此水路运输的运输成本最低。

（3）国际贸易的主要方式

水路运输是开展国际贸易的主要方式，是发展经济和友好往来最主要的交通工具。远洋运输在我国对外经济贸易方面占有重要的地位，我国大约有 90% 的外贸货物采用远洋运输，是发展国际贸易的强大支柱。

水路运输的劣势体现在以下两个方面。

（1）受自然条件限制大

水路运输受海洋与河流的地理分布及其地质、地貌、水文与气象等条件和因素的明显制约与影响，难以保证全年顺利通航。

（2）运输速度慢

货物在途时间长，待运时间长，增加货主的流动资金占有量。一般来说，水路运输速度要比铁路运输慢 1～2 倍。

4. 航空运输

航空运输是使用飞机、直升机及其他航空器运送人员、货物、邮件的一种运输方式。航空运输是最新的、发展最快的运输方式。航空运输具有快速、机动的特点，是现代旅客运输尤其是远程旅客运输的重要方式，也为国际贸易中的贵重物品、鲜活货物和精密仪器提供不可或缺的运输服务。在我国运输业中，航空运输的货运量目前在全国总运输量中占比还较小，主要承担长途客运任务，但随着物流的快速发展，航空运输在货运方面也将扮演重要角色。目前，中国顺丰航空有限公司已拥有 40 架自有全货机。如图 3.16 所示是顺丰航空波音 757 全货机。

【拓展视频】

图 3.16　顺丰航空波音 757 全货机

航空运输的优势主要体现在以下3个方面。

(1) 运送速度快

从航空运输开始之日起，其就以快速而著称。到目前为止，飞机仍然是最快捷的交通工具，常见的喷气式飞机的经济巡航速度大都在850～900km/h。快捷的交通工具大大缩短了货物的在途时间，对于那些易腐烂、变质的鲜活商品，时效性较强的报刊，以及抢险、救急物资的运输，快捷性显得尤为重要。可以说，快速加上全球密集的航空运输网络，才有可能为鲜活商品开辟远距离市场，使消费者享有更多的利益。运送速度快，在途时间短，也使货物的在途风险降低，因此许多贵重物品、精密仪器也往往采用航空运输的形式。

(2) 不受地面条件影响

航空运输利用天空这一自然通道，不受地理条件的限制，对于地面条件恶劣交通不便的内陆地区非常合适，有利于当地资源的流通，促进当地经济的发展。航空运输使本地与世界相连，对外的辐射面广，而且航空运输相比较公路运输与铁路运输占用土地少，对寸土寸金、地域狭小的地区发展对外交通无疑是十分适合的。

(3) 安全性较高

世界各航空公司发生严重事故的风险率约为三百万分之一。航空公司的运输管理制度也比较完善，货物的破损率较低，如果采用空运集装箱的方式运送货物，则更为安全。

航空运输的劣势主要体现在以下3个方面。

(1) 运输成本高

航空运输的运输成本比公路运输高2～3倍，比铁路运输高12～15倍。在5种运输方式中其运输费用是最高的，不适合运输低价值货物。

(2) 运载能力弱

【拓展视频】

飞机的舱容有限，对大件货物或大批量货物的运输有一定的限制。

(3) 飞机飞行的安全性容易受恶劣气候的影响

威胁航空安全的极端天气主要有雷击、风暴、下沉气流、积冰、气流颠簸和火山灰等。

5. 管道运输

管道运输是用管道作为运输工具的一种长距离输送液体和气体物资的运输方式，是一种专门由生产地向市场输送石油、煤和化学产品的运输方式，是统一运输网中干线运输的特殊组成部分。管道运输所运货物大多属于燃料一类，主要有石油（包括原油、成品油、液化烃等），天然气，二氧化碳气体，煤浆及其他矿浆等。管道运输与其他运输方式最大的不同是：管道既是运输工具（但并不移动），又是运输通道，驱动方式是用机泵给货物施加压能，使货物本身连续不断地被运送。如图3.17所示为中东石油管道运输，如图3.18所示为液化石油气管道运输。

管道运输的优势主要体现在以下3个方面。

(1) 运输能力大，连续性强

一条输油管道可以源源不断地完成输送任务。根据其管径的大小不同，其每年的运输量可达数百万吨到几千万吨。例如，一条直径为630mm的油管道，年运输能力可达1500万吨，相当于一条单线铁路的运输能力，并且管道能够每周7天，每天24小时不受外界影响连续地输送。

图 3.17　中东石油管道运输

图 3.18　液化石油气管道运输

(2) 运输工程量小，占地少

管道运输只需要铺设管线，修建泵站，土石方工程量比修建铁路小得多，而且在平原地区管道大多埋在地下，不占农田。

(3) 安全可靠、成本低

由于石油天然气易燃、易爆、易挥发、易泄漏，采用管道运输方式，既安全，又可以大大减少挥发损耗。采用管道运输石油，每吨千米的能耗不足铁路的1/7，在大量运输时，其运输成本与水运接近，因此在无水运的条件下，采用管道运输是一种最节能的运输方式。以运输石油为例，管道运输、水路运输、铁路运输的运输成本之比为1∶1∶1.7。

管道运输的劣势主要体现在以下两个方面。

(1) 专用性强

运输对象受到限制，承运的货物比较单一，只适合运输诸如石油、天然气、化学品、碎煤浆等气体和液体货物。

(2) 灵活性差

管道运输不如其他运输方式（如汽车运输）灵活，除承运的货物比较单一外，它也不能随便扩展管道线路。管道运输常常要与铁路运输或汽车运输、水路运输配合，才能完成全程输送。

3.3.4 运输合理化

运输合理化是指从物流系统的总体目标出发，按照货物流通规律，运用系统理论和系统工程原理和方法，选择合理的运输路线和运输工具，以最短的路径、最少的环节、最快的速度和最少的劳动消耗，组织好货物的运输与配送，以获取最大的经济效益。

运输合理化是一个系统分析过程，常采用定性与定量相结合的方法，对运输的各个环节和总体进行分析研究，研究的内容和方法主要有以下几点。

1. 减少动力投入，增加运输能力

在运输过程中做到少投入、多产出，走高效益之路。运输的投入体现在能耗和基础设施的建设上，在基础设施建设已定型和完成的情况下，应尽量减少能源投入，从而大大节约运费，降低单位货物的运输成本，达到合理化的目的。例如，在铁路运输中，在机车能力允许的情况下，应多加挂车皮；在水路运输中，将驳船编成队行，由机运船顶推前进；在公路运输中，实行汽车挂车运输，以增加运输能力等。

2. 提高实载率

所谓实载率：一是指单车实际载重与运距之乘积和标定载重与行程里程之乘积的比率，是安排单车、单船运输时判断装载合理与否的重要指标；二是指车船的统计指标，即在一定时期内车船实际完成的货物周转量（以吨千米计）占车船载重吨位与行驶千米之乘积的百分比。在计算车船行驶的里程数时，不但包括载货行驶，也包括空驶。例如，进行配载运输时，可以充分利用运输工具的额定能力，减少空驶和不满载行驶的时间，减少浪费，从而提高实载率。

3. 实行铁路运输、公路运输分流

它要求在公路运输经济里程范围内，或者经过论证，超出通常平均经济里程范围，也尽量利用公路运输。其合理化程度表现在两方面：第一，用公路运输分流后，可以使比较紧张的铁路运输得到某种程度的缓解，从而使这一区段的运输能力增强；第二，充分利用公路运输"门到门"和在中途运输中速度快且灵活机动的优势，实现铁路运输难以达到的高水平服务。

4. 尽量发展直达运输

直达运输是追求运输合理化的重要形式，其对合理化的追求要点是通过减少中转过载换载，从而提高运输速度，节省装卸费用，降低中转货损。直达运输的优势在一次运输批量货物或用户一次需求量达到了一整车时表现得最明显。此外，在生产资料、生活资料运输中，通过直达运输建立稳定的产销关系和运输系统，也有利于提高运输的计划水平，从而大大提高运输效率。

5. 发展社会化的运输系统

运输社会化的含义是发展运输的大生产优势，实行专业化分工，打破物流企业自成运输体系的状况。单个物流公司车辆自有，自我服务，不成规模，且运量需求有限，难以自我调剂，因而经常容易出现运力选择不当、不能满载等浪费现象，且配套的接、发货设施，装卸搬运设施也很难有效地运行，所以浪费较大。实行运输社会化，可以统一安排运输工具，避免迂回、倒流、空驶、运力选择不当等不合理形式，不但可以追求组织效益，而且可以追求规模效益，所以发展社会化的运输体系是运输合理化的重要措施。

6. 配载运输

配载运输是指充分利用运输工具载重量和容积，合理安排装载的货物及运载方式，以求得合理化的一种运输方式。配载运输也是提高运输工具实载率的一种有效形式。配载运输往往是轻重货物混合配载，在以重质货物运输为主的情况下，同时搭载一些轻泡货物，如海运矿石、黄沙等重质货物，搭运木材、毛竹等货物。在基本不增加运力投入，基本不减少重质货物运输的情况下，解决了轻泡货物的搭运，因而效果显著。

7. 发展特殊运输技术和运输工具

依靠科技进步是运输合理化的重要途径。例如，专用散装及罐车，解决了粉状、液状物运输损耗大、安全性差等问题；袋鼠式车皮、大型半挂车解决了大型设备的整体运输问题；"滚装船"解决了车载货的运输问题；集装箱船比一般船能容纳更多的箱体，集装箱高速直达车船加快了运输速度等，都是通过采用先进的科学技术来实现合理化。

8. 通过流通加工，使运输合理化

有不少产品，由于产品本身形态及特性问题，很难实现运输的合理化，如果进行适当加工，就能够有效地解决合理运输的问题。例如，将造纸材料在产地预先加工成干纸浆，然后压缩体积后再运输，就能解决造纸材料运输不满载的问题；轻泡产品预先捆紧包装成规定尺寸后装车，就容易提高装载量；水产品及肉类预先冷冻，就可提高车辆装载率并降低运输损耗。

3.4 配送

配送是实现电子商务的重要保障，配送中心是开展配送活动的物质技术基础，掌握配送及配送中心的作用、目标及管理，对于从事电子商务物流的人员来说是十分必要的。

3.4.1 配送概述

我国《物流术语》对配送下的定义是：在经济合理区域范围内，根据顾客要求对物品进行必要的拣选、加工、包装、分割、组配等一系列作业，并按时送达顾客指定地点的物流活动。配送是物流中一种特殊的、综合的活动形式，是商流与物流的紧密结合，是既包含商流活动和物流活动，也包含物流中若干功能要素的一种形式。配送概念的内涵主要体现在以下几点。

（1）满足顾客对物流服务的需求是配送的前提

在买方市场条件下，由于顾客的需求是灵活多变的，消费特点是多品种、小批量的，因此从这个意义上说，配送活动绝不是简单的送货活动，而应该是建立在市场营销策划基础上的企业经营活动。配送活动已经成为多项物流活动的统一体。

（2）配送是"配"与"送"的有机结合

所谓"合理的配"是指在送货活动之前必须依据顾客需求对其进行合理的组织与计划。只有"有组织有计划"的"配"才能实现现代物流管理中所谓的"低成本、快速度"地"送"，进而有效地满足顾客的需求。

（3）配送是在经济合理区域范围内的送货

配送不宜在大范围内实施，通常仅局限在一个城市或地区范围内进行。

在很长一段时间，人们认为配送就是送货，属于运输范畴。但从性质上来讲，配送与运输是有明显区别的。日本1991年版的《物流手册》认为，生产厂到配送中心之间的物品空间移动叫"运输"，从配送中心到顾客之间的物品空间移动叫"配送"。两者之间的区别主要表现在以下几个方面。

① 从活动过程来看，配送并不是简单地把货物送达顾客，其中还包括对货物进行仓储、拣选、包装或加工、组配等一系列工作，几乎包括了所有的物流活动要素，比单纯的运输要复杂得多。

② 从技术水平来看，配送需要现代化的信息技术和装备作为保障。配送在规模、水平、效率、速度、质量等方面也区别于旧的送货形式。条形码、电子代码、GPS、GIS等相关技术及支撑这些技术的设备的应用，大大提高了现代企业的配送质量。

③ 从活动距离来看，配送的距离短、批量小、品种多、时间要求高，因而送货的主要运输工具是汽车，形式单一。而一般货物的运输由于不限距离，因此形式多样，甚至还可以采用联运的方式。

3.4.2 配送的种类

为满足不同产品、不同企业、不同流通环境的要求，可以采用各种形式的配送。根据不同的划分标准，配送的种类也不同。

1. 按配送商品的种类和数量分类

（1）少品种大批量配送

这种配送适用于需求量较大的商品，单独一种或少数品种就可以达到较大运输量，可实行整车运输，这种商品往往不需要再与其他商品进行搭配，可由专业性很强的公司实行这种配送。这种配送形式主要适用于大宗货物，如煤炭等。

（2）多品种少批量配送

按用户要求，将所需的各种商品（每种商品需要量不大）配备齐全，凑成整车后由配送中心送达用户手中。日用商品的配送多采用这种方式。多品种、少批量的配送，适应了现代消费多样化、需求多样化的新观念。

2. 按配送时间及数量分类

（1）定时配送

定时配送是指按规定时间间隔进行配送，如数天或数小时一次等，每次配送的品种及数量可按计划执行，也可在配送之前以商定的联络方式（如电话、计算机终端输入等）通知配送品种及数量。这种方式时间固定，易于安排工作计划、易于安排配送车辆，对客户来讲，也易于安排接货力量（如人员、设备等）。但是，由于配送物品种类经常变化，配货、装货难度较大，在要求配送数量变化较大时，也会使配送运力安排出现困难。定时配送包括日配送、隔日配送、周配送、旬配送、月配送、准时配送等。

(2) 定量配送

定量配送是指按规定的批量在一个指定的时间范围内进行配送。这种方式数量固定，备货工作较为简单，可以按托盘、集装箱及车辆的装载能力规定配送的定量，能有效利用托盘、集装箱等集装方式，也可做到整车配送，配送效率较高。由于时间不严格限定，可以将不同客户所需物品凑成整车后配送，运力利用也较好。对客户来讲，每次接货都处理同等数量的货物，有利于人力、物力的调配。

(3) 定时定量配送

定时定量配送是指按照规定配送时间和配送数量进行配送。这种方式兼有定时、定量两种方式的优点，但特殊性强，计划难度大，适合采用的对象不多，不是一种普遍采用的方式。

(4) 即时配送

即时配送是完全按客户突然提出的配送要求的时间和数量随即进行配送的方式，有很高的灵活性。

3. 按配送的组织形式分类

(1) 集中配送

集中配送就是由专门从事配送业务的配送中心对多个用户开展配送业务。集中配送的品种多、数量大，一次可同时对同一线路中几家用户进行配送，其配送的经济效益明显，是配送的主要形式。

(2) 共同配送

共同配送是由几个物流据点共同协作制订计划，共同组织车辆设备，对某一地区的用户进行配送。在具体执行配送作业计划时，可以共同使用配送车辆，提高车辆的实载率，提高配送的经济效益和效率，有利于降低配送成本。

(3) 分散配送

分散配送是由商业零售网点对小量、零星商品或临时需要的商品进行的配送业务。这种配送适合于近距离、多品种、少批量的商品的配送。

(4) 加工配送

加工配送就是在配送中心进行必要的加工后再进行配送。它将流通加工和配送一体化，使加工更有计划性，使配送服务更趋完善。

4. 按配送的职能形式分类

(1) 销售配送

批发企业建立的配送中心多开展销售配送业务。批发企业通过配送中心把商品批发给各零售商店的同时，也可与生产企业联合，生产企业可委托配送中心储存商品，按厂家指定的时间、地点进行配送。若生产厂家是外地的，则可以采取代理的方式，促进厂家的商品销售，还可以为零售商店提供代存代供配送服务。

(2) 供应配送

供应配送是大型企业集团或连锁店企业为自己的零售店所开展的配送业务。它们通过自己的配送中心或与消费品配送中心联合进行配送，零售店与供方由同一配送中心提供配送服务，从而减少了许多手续，缓和了许多业务矛盾，各零售店在订货、退货、增加经营品种上也得到更多的便利。

（3）销售与供应相结合的配送

配送中心与生产厂家及企业集团签订合同，负责一些生产厂家的销售配送，又负责一些企业集团的供应配送。配送中心具有上连生产企业的销售配送、下接用户的供应配送两种职能，实现配送中心与生产企业及用户的联合。

（4）代存代供配送

用户将属于自己的商品委托配送中心代存、代供，有时还委托代订，然后组织配送，这种配送在实施前不发生商品所有权的转移，配送中心只是用户的代理人，商品在配送前后都属于用户所有。配送中心仅从代存、代供中获取收益。

3.4.3 配送的方法

1. 配货作业的形式

配货是配送工作的第一步，根据用户的需求情况，首先确定需要配送货物的种类和数量，然后在配送中心将所需货物挑选出来，即所谓的分拣。分拣工作既可采用自动化的分拣设备，也可以采用手工方式，这主要取决于配送中心的规模及其现代化的程度。配货作业有两种基本形式：分货方式和拣选方式。

（1）分货方式（又叫播种方式）

分货方式是将需配送的同一种货物，从配送中心集中搬运到发货场地，然后根据用户对该种货物的需求量进行二次分配。这种方式适用于货物易于集中移动且对同一种货物需求量较大的情况。

（2）拣选方式（又叫摘取方式）

拣选方式是在配送中心分别为不同用户拣选其所需货物，这种方法的特点是配送中心的每种货物的位置是固定的，对于货物类型多、数量少的情况，这种配货方式便于管理。

2. 配送车辆的配装

（1）车辆配装

由于配送作业本身的特点，配送工作所需车辆一般为汽车。在装车时，既要考虑车辆的载重量，又要考虑车辆的容积，使车辆的载重和容积都能得到有效的利用。配送车辆配装技术要解决的主要问题就是在充分保证货物质量和数量完好的前提下，尽可能提高车辆在容积和载货两方面的装载量。

（2）车辆配装的原则

① 为了减少或避免差错，尽量把外观相近、容易混淆的货物分开装载。

② 重不压轻，大不压小，轻货应放在重货上面，包装强度差的应放在包装强度好的上面。

③ 尽量做到"后送先装"。由于配送车辆大多是后开门的厢式货车，故先卸车的货物应装在车厢后部，靠近车厢门，后卸车的货物装在前部。

④ 货与货之间、货与车辆之间应留有空隙并适当衬垫，防止货损。

⑤ 不将散发臭味的货物与具有吸臭性的食品混装。
⑥ 不将散发粉尘的货物与清洁货物混装。
⑦ 切勿将渗水货物与易受潮货物一同存放。
⑧ 包装不同的货物应分开装载，如板条箱货物不要与纸箱、袋装货物堆放在一起。
⑨ 具有尖角或其他突出物的货物应和其他货物分开装载或用木板隔离，以免损伤其他货物。
⑩ 装载易滚动的卷状、桶状货物，要垂直摆放。
⑪ 装货完毕，应在门端处采取适当的稳固措施，以防开门卸货时，货物倾倒造成货损或人身伤亡。

3. 配送路线的选择

配送路线是指各送货车辆向各个用户送货时所要经过的线路。配送路线合理与否，对配送速度、车辆的合理利用和配送费用都有直接影响，因此配送线路的优化问题是配送工作的主要问题之一。以下是配送线路优化的目标选择和约束条件。

（1）确定目标

目标是根据配送的具体要求、配送中心的实力及客观条件来定的，可以有以下多种选择方案。

① 以效益最高为目标。指计算时以利润的数值最大化为目标值。
② 以成本最低为目标。以节约、资源消耗最低为目的。
③ 以路程最短为目标。指如果成本与路程相关性较强，而和其他因素是微相关时，可以选以路程最短为目标值。
④ 以吨千米数最小为目标。
⑤ 以准确性最高为目标。是指准时和数量、品种的准确，这是配送中心重要的服务指标。

（2）确定配送路线的约束条件

配送的约束条件一般有以下几项。

① 满足所有收货人对货物品种、规格、数量的要求。
② 满足收货人对货物送达时间范围的要求。
③ 在允许通行的时间段内进行配送。
④ 各配送路线的货物量不得超过车辆载重量的限制。
⑤ 在配送中心现有运力允许的范围内。

（3）选择配送路线的方法

选择配送路线的方法有多种，其中最常见的是经验判断法和综合评价法。

① 经验判断法。经验判断法是指利用行车人员的经验来选择配送路线的一种主观判断方法。一般是以驾驶员习惯行驶路线和道路行驶规定等为基本标准，拟定出几个不同的方案，通过倾听有经验的驾驶员和送货人员的意见，或者直接由配送管理人员凭经验做出判断。这种方法尽管缺乏科学性，易受掌握信息详尽程度的限制，但运作方式简单、快速、方便。这种方法通常在配送路线的影响因素较多，难以用某种确定的数学关系表达时，或难以以某种单项依据评定时采用。

② 综合评价法。综合评价法是指能够拟定出多种配送路线方案，并且评价指标明确，只是

部分指标难以量化，或对某一项指标有突出的强调与要求，而采用加权评分的方式来确定配送路线。综合评价法的步骤为拟定配送路线方案、确定评价指标以及对方案进行综合评分。

3.4.4 配送管理

由于配送中心的类型不同，因此各个配送中心作业的管理侧重点也有所不同。大部分配送中心执行的作业流程如图 3.19 所示。

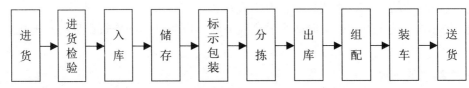

图 3.19　大部分配送中心执行的作业流程

总的来说，配送中心的作业管理主要有入库作业管理、在库保管作业管理、加工作业管理、理货作业管理和配货作业管理。

1. 入库作业管理

入库作业主要包括收货、检验和入库 3 个流程。收货是指连锁店总部的进货指令向供货厂商发出后，配送中心对运送的货物进行接收。检验活动包括核对采购订单与供货商发货单是否相符、开包检查商品有无损坏、商品分类、所购商品的品质与数量比较等。经检查准确无误后方，可在厂商发货单上签字将商品入库，并及时登记有关入库信息，转达采购部，经采购部确认后开具收货单，从而使已入库的商品及时进入可配送状态。

2. 在库保管作业管理

商品在库保管的主要目的是加强商品养护，确保商品质量安全。同时还要加强储位合理化工作和储存商品的数量管理工作。商品储位可根据商品属性、周转率、理货单位等因素来确定。储存商品的数量管理，则需依靠健全的商品账务制度和盘点制度。商品储位合理与否、商品数量管理精确与否，将直接影响商品配送作业效率。

3. 加工作业管理

加工作业主要是指对即将配送的产品或半成品按销售要求进行再加工，包括 5 个方面的内容：①分割加工，如对大尺寸产品按不同用途进行切割；②分装加工，如将散装或大包装的产品按零售要求进行重新包装；③分选加工，如对农副产品按质量、规格进行分选，并分别包装；④促销包装，如促销赠品搭配；⑤贴标加工，如粘贴价格标签，打制条形码。加工作业完成后，商品即进入可配送状态。

4. 理货作业管理

理货作业是配货作业最主要的前置工作，即配送中心接到配送指示后，及时组织理货作业人员，按照出货优先顺序、储位区域、配送车辆趟次、门店号、先进先出等原则，把配货商品整理出来，经复核人员确认无误后，放置到暂存区，准备装车配送。

5. 配货作业管理

配货作业过程主要包括计划、实施。

（1）制订配送计划。配送计划是根据配送的要求，事先做好全局筹划并对有关职能部门的任务进行安排和布置。全局筹划主要包括：制订配送中心计划、规划配送区域、规定配送服务水平等。制订具体的配送计划时应考虑几个因素：连锁企业各门店的远近及订货要求，如品种、规格、数量及送货时间、地点等；配送的性质和特点以及由此决定的运输方式、车辆种类；现有库存的保证能力；现实的交通条件。根据以上几个因素决定配送时间，选定配送车辆，规定装车货物的比例和最佳配送路线、配送频率。

（2）配送计划的实施。制订配送计划后，需要进一步组织落实，完成配送任务。首先应做好准备工作。配送计划确定后，将到货时间、到货品种、规格、数量以及车辆型号通知各门店做好接车准备；同时向各职能部门，如仓储、分货包装、运输部门下达配送任务，各部门做好配送准备，然后组织配送发运。理货部门按要求将各门店所需的各种货物进行分货及配货，然后进行适当的包装，并详细标明门店名称、地址、送达时间及货物明细。按计划将各门店货物组合、装车，运输部门按指定的路线运送到各门店，完成配送工作。如果门店有退货、调货的要求，则应将退、调货物随车带回，并完成有关单证手续。

3.5 产品包装

随着我国包装工业的快速发展，包装生产在促进国民经济建设、改善人民群众物质文化生活方面的作用日益明显。本节主要论述包装的概述、包装的基本功能、包装的类型和包装器材。

3.5.1 包装概述

包装是所用包装材料以及包装技术操作方法的总称，是为了在流通过程中保护商品、方便储运和促进销售，而按照一定的技术方法使用容器、材料以及辅助物等将物品包封并予以适当的装饰和标志工作的总和。

在社会的再生产过程中，商品包装处于生产过程的末端和物流过程的开端。传统的生产观念认为，商品包装是生产过程的最后一个环节，所以在实际的生产过程中，商品包装的设计都是从生产的角度来考虑的，但是这样却不能满足物流的需要。在电子商务下的现代物流领域中，包装在物流过程中所起的作用随着客户个性化需求的出现而显得更为重要。现在一般都把商品包装看作物流过程的起点。

3.5.2 包装的基本功能

包装有以下几种功能：保护商品、方便物流、促进销售。

（1）保护商品（无声的卫士）

保护商品是包装最基本的功能。包装不能简单地理解为是给商品一个防止外力入侵的外壳，实际上，这里的保护商品具有多重的意义。

① 包装不仅要防止商品物理性的损坏，如防冲击、防震动、耐压等，也包括各种化学性及其他方式的损坏。例如，啤酒瓶的深色可以避免啤酒受到太多光线的照射而变质；还有各种复合膜的包装，可以在防潮、防光线照射等几方面同时发挥作用。

② 包装不仅要防止由外到内的损伤，也要防止由内到外产生的破坏。例如，化学品的包装如果达不到要求而渗漏，就会对环境造成破坏。

③ 包装对产品的保护还有一个时间的问题，有的包装需要提供长时间甚至几十年不变的保护，如红酒。而有的包装可以用简单的方式设计制作，以便废弃处理或回收再利用。

（2）方便物流（无声的助手）

包装后的商品便于运输和装卸，便于保管与储藏，便于携带与使用，便于废弃处理或回收再利用。

① 时间方便性。科学的包装能为人们的活动节约宝贵的时间，如快餐、易开包装等。

② 空间方便性。包装的空间方便性对降低流通费用至关重要，尤其对于商品种类繁多、周转快的超市来说，十分重视货架的利用率，因而更加讲究包装的空间方便性。规格标准化包装、挂式包装、大型组合产品拆卸分装等，这些类型的包装都能比较合理地利用物流空间。

③ 省力方便性。按照人体工程学原理，结合实践经验设计的合理包装，能够节省体力，使人产生一种现代生活的舒适感。

（3）促进销售（无声的推销员）

这是包装设计最主要的功能之一。在超市中，标准化生产的产品云集在货架上，不同厂家的商品只有依靠产品的包装展现自己的特色，这些包装都以精巧的造型、醒目的商标、得体的文字和明快的色彩等艺术语言宣传自己。

促销功能以美感为基础，现代包装要求将"美化"的内涵具体化。包装设计不仅体现出生产企业的性质与经营特点，而且体现出商品的内在品质，能够反映不同消费者的审美情趣，满足他们的心理与生理需求。

3.5.3 包装的类型

现代商品的种类繁多，功能和用途也是多种多样，以下是包装常用的几种分类方法。

1. 按包装在整个物流中的功能来划分

按包装在整个物流中的功能来划分，可以将包装分为运输包装和销售包装。

（1）运输包装

运输包装又称商品的大包装或外包装，主要以满足保护和方便功能为目的，是运输、装卸、搬运和储存过程中常采用的包装方法，具有保障商品安全、方便储运装卸和加速交接与点验等作用。

由于运输包装以实用和费用低廉为主，因此具有容积大、结构坚固、标志清晰、搬运方便等特点。在B2B的商务模式中，运输包装是很重要的。合理的运输包装方法应做到：在不影响质量的前提下，压缩轻泡商品的体积，拆装大型货物，形状相似的商品组合为套装，并衬垫缓冲材料等。

（2）销售包装

销售包装又称小包装或内包装，是采用各种材料和包装技术包装商品后，并同商品一起销售给消费者的包装。

销售包装主要以保护和促进销售功能为目的。其特点是：能够保护商品，美化商品，宣传商品，便于商品陈列展销，便于消费者识别、选购、携带和使用，是增加商品附加价值的一种手段。在B2C的商务模式中，销售包装应该是最重要的，企业在进行网上销售时，不仅需要展示商品，同时也需要展示该商品的包装，从而激起消费者的购买欲望。

2. 按包装材料来划分

商品包装必然会用到各式各样的包装材料，不同的包装材料达到的包装效果也是有所差别的。因此在选择包装材料时应遵循质优、体轻、面广、合理、节约、无毒、无害、无污染的原则。包装材料很多，常用的包装材料有纸及纸制品、塑料、木材、金属、玻璃、纤维织物以及其他材料。各种形式的包装箱如图3.20所示，集装箱如图3.21所示。

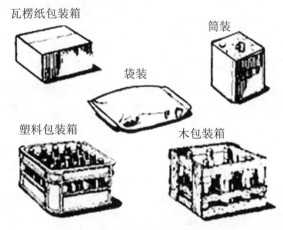

图 3.20　各种形式的包装箱

图 3.21　集装箱

（1）纸及纸制品包装

现代社会中大部分包装材料是纸及纸制品，其用量占整个包装材料的40%左右。常用的有牛皮纸、玻璃纸、植物羊皮纸、沥青纸、油纸、蜡纸、板纸以及瓦楞纸箱等。其最大的优点是轻便、无味无毒、卫生性好、强度适宜、易于黏合和印刷、便于机械化生产、不会造成公害、取材容易、价格低廉等。缺点是撕破强度低、易变形。纸制品包装的形式有纸板箱、瓦楞纸箱、纸盒、纸袋、纸筒、纸杯、纸盘及纸浆模制包装等。

（2）塑料包装

塑料包装是各种以塑料为材料制成的包装的统称。常用的塑料包装材料有聚乙烯、聚丙烯、聚氯乙烯、聚苯乙烯、聚酯等。塑料包装具有质轻、透明、不同的强度和弹性、折叠及封合方便、防水防潮、防渗漏、易于成型、可塑性与气密性好、防震、防压、防碰撞、耐冲击、化学稳定性能好、易着色、可印刷、成本低等优点。但塑料难以降解，易造成环境污染。塑料包装的主要形式有：塑料桶、塑料软管、塑料盒、塑料瓶、塑料薄膜、塑料编织袋等。

（3）木材包装

木材是较早被采用的包装材料。其特点是强度高、坚固、耐压、耐冲击、化学及物理性能稳定、易于加工、不污染环境等，是大型和重型商品常用的包装材料。木材包装的形式主要有木箱、木桶、木匣、木轴和木夹板、纤维板箱、胶合板箱、托盘等。现在由于木材来源较少，所以包装尽可能采用其他材料替代。

（4）金属包装

常用的金属有黑白铁皮、马口铁、钢板、铝板、铝合金、铝箔等。其特点是结实牢固、耐碰撞、不透气、不透光、不透水、抗压、机械强度优良。金属包装的形式主要有金属桶、金属盒、金属软管、油罐、钢瓶等，多用于机器、液体、粉状、糊状等商品的包装。

（5）玻璃包装

玻璃属无机硅酸盐制品，主要指利用耐酸玻璃瓶和耐酸陶瓷瓶对商品进行包装。其特点是透明、清洁、美观、有良好的机械性能和化学稳定性、易封闭、价格较便宜、可多次周转使用、资源丰富。玻璃包装容器常见的有瓶、罐、缸等。玻璃包装广泛用于酒类、饮料、罐头、药品、化妆品、化学试剂等商品的销售包装。

（6）纤维织物包装

纤维织物包装主要有麻袋、维纶袋、布袋、布包等，适合盛装颗粒状和粉状商品。其优点是强度大、轻便、耐腐蚀、易清洗、便于回收利用等。

（7）其他材料包装

其他材料包装主要包括树条、竹条、柳条编的筐、篓、箱，以及草编的蒲包、草袋等，具有可就地取材、成本低廉、透气性好的优点，适宜包装生鲜商品、部分土特产品和陶瓷产品等。

3. 按包装保护操作来划分

按照商品的包装保护操作来划分，可将包装分为防震包装、防破损包装、防锈包装、防霉包装、防虫包装和危险品包装。

3.5.4 包装器材

1. 对包装器材的基本要求

由于受到被包装商品的性能、流通方式及环境条件的影响，所以对包装的器材就提出了基本要求，即应有足够的安全、保护性能、适宜的加工和方便性能。

用做包装的容器与材料应对水分、气体、光线和热量等有一定的阻隔能力，并应对被包装商品有一定的机械保护能力，即可抗冲击、震动、压力等。在安全方面，包装器材应具有防静电、防虫、防鼠害的能力，包装材料本身的化学性质应稳定，并且毒性小。包装材料应易于加工，可以通过大规模生产制成包装容器，并易于实现包装作业的机械化、自动化。包装容器应满足一定的要求，如便于装卸搬运、运输、储存及回收，容器规格应标准化。

2. 包装器材的发展趋势

材料科学、工业技术和文化艺术的发展决定了包装器材是不断发展的。复合材料、复塑材料和新材料将是包装材料发展的大趋势。新包装技术、新包装材料和新包装方法，将使包装容器从形式到功能进一步科学化、系列化、适用化，尤其是组合包装方法的运用，将使包装容器在追求降低成本的同时，向力求节省材料、节省空间、构造简单、大小适当、重视安全的方向发展。随着人们环境保护意识的加强，开发环保包装材料以及制造可再生利用的包装容器成为一项重要的课题。

实例 3-1

节省资金、降低成本——宝洁公司包装案例

（1）将洗发水瓶设计成方型，这样减少了包装空间的占用，使每个包装箱可以节约2角钱。

（2）对洗衣粉包装重新进行设计，在不减少每袋重量的同时缩小了袋子的尺寸，每箱中可装的洗衣粉由原来的12袋变为24袋，从而减少了搬运和运输费用。后来该公司引进了一种更小的包装，使同样尺寸的箱子里可以装更多数量的洗衣粉。

3.6 装卸搬运

装卸搬运在物流活动中起着承上启下的作用。装卸活动把物流各个阶段连接起来，使之成为连续而且流动的过程。本节主要论述装卸搬运的概述、装卸搬运的作用、装卸搬运的分类和装卸搬运的合理化。

3.6.1 装卸搬运概述

装卸是指在同一地域范围内（如车站周围、工厂周围、仓库内部等）改变货物的存放、支承状态的活动，搬运是在同一地域范围内改变"物"的空间位置的活动，两者全称为装卸搬运。在特定场合，单称"装卸"或单称"搬运"也包含了"装卸搬运"的完整含义。

在习惯使用中，物流领域（如铁路运输）常将装卸搬运这一整体活动称为"货物装卸"；在生产领域中常将这一整体活动称作"物料搬运"。实际上，活动内容都是一样的，只是领域不同而已。在实际操作中，装卸与搬运是密不可分的，两者是相伴发生的。搬运的"运"与运输的"运"的区别之处在于，搬运是在同一地域的小范围内发生的，而运输则是在较大范围内发生的，两者是量变到质变的关系，中间并无绝对的界限。

3.6.2 装卸搬运的作用

装卸搬运活动在整个物流过程中占有很重要的地位。一方面，物流过程各环节之间以及同一环节的不同活动之间，都是以装卸作业有机结合起来的，从而使货物在各环节、各种活动中处于连续运动状态；另一方面，各种不同的运输方式之所以能联合运输，也是由于装卸搬运才使其实现。由此可见，装卸搬运是物流活动得以进行的必要条件，在全部物流活动中占有重要的地位，发挥着重要的作用。

1. 装卸搬运直接影响物流质量

因为装卸搬运是使货物产生垂直和水平方向上的位移,货物在移动过程中受到各种外力作用,如震动、撞击、挤压等,容易使货物包装和货物本身受损,如损坏、变形、破碎、散失、流溢等。装卸搬运损失在物流费用中占有一定的比重。

2. 装卸搬运直接影响物流效率

物流效率主要表现为运输效率和仓储效率。在货物运输过程中,完成一次运输循环所需的时间,即在发运地的装车时间和在目的地的卸车时间占有不小的比重,特别是在短途运输中,装卸车时间所占比重更大,有时甚至超过运输工具运行的时间,所以缩短装卸搬运时间,对加速车船和货物周转具有重要作用。在仓储活动中,装卸搬运效率对货物的收发速度和货物周转速度产生直接影响。

3. 装卸搬运直接影响物流安全

由于物流活动是货物实体的流动,在物流活动中确保劳动者、劳动手段和劳动对象的安全非常重要。装卸搬运特别是装卸作业,货物要发生垂直位移,不安全因素比较多。实践表明,物流活动中发生的各种货物破损事故、设备损坏事故、人身伤亡事故等,有相当一部分是在装卸过程中发生的。特别是一些危险品,如果在装卸过程中违反操作规程进行野蛮装卸,很容易造成燃烧、爆炸等重大事故。

4. 装卸搬运直接影响物流成本

装卸搬运是劳动力借助劳动手段作用于劳动对象的生产活动。为了进行此项活动,必须配备足够的装卸搬运人员和装卸搬运设备。由于装卸搬运作业量较大,它往往是货物运量和库存量的若干倍,所以所需的装卸搬运人员和设备数量也比较大,即要有较多的物化劳动的投入,这些劳动消耗要记入物流成本,如能减少用于装卸搬运的劳动消耗,就可以降低物流成本。

3.6.3 装卸搬运的分类

1. 按装卸搬运实行的物流设施、设备对象分类

按装卸搬运实行的物流设施、设备对象分类,装卸搬运可分为仓库装卸、铁路装卸、港口装卸、汽车装卸等。

① 仓库装卸配合入/出库、维护保养等活动进行,并且以堆垛、上架、取货等操作为主。

② 铁路装卸是对火车车皮的装进及卸出,特点是一次作业就实现一车皮的装进或卸出,很少有像仓库装卸时出现的整装零卸或零装整卸的情况。

③ 港口装卸包括码头前沿的装船,也包括后方的支持性装卸运,有的港口装卸还采用小船在码头与大船之间"过驳"的办法,因而其装卸流程较为复杂,往往经过几次的装卸及搬运作业才能实现船与陆地之间货物过渡的目的。

④ 汽车装卸通常一次装卸批量不大,由于汽车的灵活性,可以减少搬运活动,而直接、单纯利用装卸作业达到车与物流设施之间货物过渡的目的。

2. 按装卸搬运的机械及机械作业方式分类

按装卸搬运的机械及机械作业方式分类,装卸搬运可分成使用吊车的吊上吊下方式、使

用叉车的叉上叉下方式、使用半挂车或叉车的滚上滚下方式、移上移下方式和散装散卸方式。

① 吊上吊下方式：采用各种起重机械从货物上部起吊，依靠起吊装置的垂直移动实现装卸，并在吊车运行的范围内或回转的范围内实现搬运或依靠搬运车辆实现小搬运。由于吊起及放下属于垂直运动，故这种装卸方式属于垂直装卸。

② 叉上叉下方式：采用叉车从货物底部托起货物，并依靠叉车的运动进行货物位移，搬运完全靠叉车本身，货物可不经中途落地直接放置到目的地。这种方式垂直运动不大，主要是水平运动，故属于水平装卸方式。

③ 滚上滚下方式：主要指港口装卸的一种水平装卸方式。利用叉车或半挂车、汽车承载货物，连同车辆一起开上船，到达目的地后再从船上开下，称滚上滚下方式。滚上滚下方式需要有专门的船舶，对码头也有不同要求，这种专门的船舶称滚装船。

④ 移上移下方式：是在两车之间（如火车及汽车）进行靠接，然后利用各种方式，不让货物垂直运动，而靠水平移动从这一辆车上推移到另一辆车上。移上移下方式需要使两辆车水平靠接，因此，站台或车辆货台需进行改变，并配合移动工具实现这种装卸。

⑤ 散装散卸方式：是指对散装物进行装卸。一般从装点直到卸点，中间不再落地，这是一种集装卸与搬运于一体的装卸方式。

3. 按装卸搬运的作业特点分类

按装卸搬运的作业特点分类，装卸搬运可分成连续装卸与间歇装卸两类。

① 连续装卸：主要是同种大批量散装或小件杂货通过连续输送机械，连续不断地进行作业，中间无停顿，货间无间隔。在装卸量较大、装卸对象固定、货物对象不易形成大包装的情况下可采用这种方式。

② 间歇装卸：有较强的机动性，装卸地点可在较大范围内变动，主要适用于货流不固定的各种货物，尤其适用于包装货物、大件货物的装卸，散粒货物也可采用这种方式。

4. 其他分类方式

按被装物的主要运动形式分类，可分为垂直装卸、水平装卸。

按装卸搬运对象分类，可分为散装货物装卸、单件货物装卸、集装货物装卸等。

3.6.4 装卸搬运合理化

1. 减少无效装卸

无效装卸是指在装卸搬运中，消耗在有用货物之外的多余劳动力。在常见的装卸搬运操作中，无效装卸具体反映在以下几方面。

（1）反复过多的装卸次数

在货物的整个物流过程中，货损发生的主要环节是装卸环节。在物流过程中，过多的装卸次数必然导致成本的增加。每增加一次装卸，就会增加一次成本。此外，装卸又会大大减缓整个物流的速度。

（2）过重、过大的包装装卸

如果货物的包装过重、过大，在装卸时势必会消耗较多的劳动，这种消耗不是必需的，属于无效劳动。

(3) 无效物质的装卸

进入物流过程的货物，有时混杂着没有使用价值或对客户来讲使用价值不符的各种掺杂物，如煤炭中的矸石、矿石中的表面水分、石灰中的未烧熟石灰及过烧石灰等。在反复装卸时，这些无效物质会反复消耗劳动力，因而形成无效装卸。

由此可见，装卸搬运如能减少上述无效物质的装卸，则可以大大节约装卸劳动，使装卸合理化。

2. 充分利用重力和消除重力影响，进行节能装卸

利用重力是指利用货物本身的重量，进行有一定落差的装卸，以减少或根本不消耗装卸的动力，这是合理化装卸的重要方式。例如，从卡车、铁路货车卸货时，利用卡车与地面或小搬运车之间的高度差，使用溜槽、溜板之类的简单工具，可以依靠货物本身的重量，使货物从高处自动滑到低处，这就无须消耗动力。如果采用吊车、叉车将货物从高处卸到低处，其动力消耗虽然比从低处装到高处小，但是仍需消耗动力。两者比较后，利用重力进行无动力消耗的装卸显然是合理的。消除或削弱重力的影响，也可求得减轻体力劳动及其他劳动消耗的合理性。

3. 充分利用设备实现规模装卸

装卸也存在规模效益问题，主要表现在一次装卸量或连续装卸量要达到充分发挥机械最优效率的水准。为了降低单位装卸工作量的成本，只有达到一定规模，才会有最优效果。因此，在追求规模效益的方法中，主要是通过各种集装实现间断装卸时一次操作的最合理装卸量，从而使单位装卸成本降低，也通过散装实现连续装卸的规模效益。

4. 提高货物的装卸活性

装卸搬运中货物的活性含义是指从货物的静止状态转变为装卸搬运活动状态的难易程度。如果其很容易转变为下一步的装卸搬运，而不需过多做装卸搬运前的准备工作，则活性就高；如果其难以转变为下一步的装卸搬运，则活性低。为了对活性有所区别，对于不同放置状态的货物做了不同的活性规定，这就是"活性指数"，分为0~4级，共5个等级。从理论上讲，活性指数越高越好，但也必须考虑到实施的可能性。装卸搬运活性指数与物流作业难度之间的关系见表3-2。

表3-2 装卸搬运活性指数与物流作业难度之间的关系

活性指数	0	1	2	3	4
货物状态	散放于地的货物	存放在普通容器中的货物	存放在托盘或集装箱上的货物	放置在车辆上的货物	放置在输送机上的货物
作业难度	由大到小				

5. 提高货物的运输活性

装卸搬运操作有时直接为运输服务，下一步直接转入运输状态，因此只有进行合理的装卸操作，将货物预置成容易转入运输的状态，装卸搬运才称得上合理。对这种活性的质量用货物的运输活性指数表示。很明显，运输活性越高，货物越容易进入运输状态，从而缩短运输时间。

实例 3-2

"六无改善法"

在日本,物流界为了改善商品装卸搬运和整个物流过程的效率,提出了一项"六无改善法"的物流原则,具体内容如下。

(1) 不让等——要求通过合理的安排,使作业人员和作业机械闲置的时间为零,实现连续地工作,发挥最大的效用。

(2) 不让碰——通过机械化、自动化设备的利用,使作业人员在进行各项物流作业的时候,不直接接触商品,减轻作业人员的劳动强度。

(3) 不让动——通过优化仓库内的物品摆放位置和自动化工具的应用,减少物品和作业人员移动的距离和次数。

(4) 不让想——通过对于作业的分解和分析,实现作业的简单化、专业化和标准化,从而使得作业过程更为简化,减少作业人员思考的时间,提高作业效率。

(5) 不让找——通过详细的规划,把作业现场的工具和物品摆放在最明显的地方,使作业人员在需要利用设备的时候,很方便地找到。

(6) 不让写——通过信息技术、条形码技术的广泛应用,真正地实现无纸化办公,降低作业的成本,提高作业效率。

3.7 流通加工

流通加工不仅是大工业的产物,也是网络经济时代服务社会的产物。流通加工已经成为现代物流的重要利润来源。本节主要论述流通加工的概念、流通加工的地位和作用、流通加工的类型、流通加工的合理化。

3.7.1 流通加工概述

流通加工是在货物从生产地到使用地的流通过程中,为了满足客户需求、促进销售、维护产品质量和提高物流效率,而施加的包装、分割、计量、分拣、刷标志、拴标签、组装等简单作业的总称。

流通加工与一般的商品流通、生产加工相比,在加工方法、加工组织、生产管理方面并无显著区别,但在加工对象、加工程度方面差别非常大,主要体现在以下几个方面。

1. 加工对象的差别

流通加工的对象是进入流通过程的商品,具有商品的属性,以此来区别多环节生产加工中的一环。流通加工的对象是商品,而生产加工的对象是原材料、零配件、半成品,不是最终产品。

2. 加工程度的差别

流通加工所进行的一般都是简单加工,而不是复杂加工。一般来讲,如果必须进行复杂加工才能形成人们所需的商品,那么这种复杂加工应专设生产加工过程。特别需要指出的是,流通加工对生产加工只是一种辅助及补充,绝不是对生产加工的取消或代替。

3. 创造价值的差别

从价值观点看，生产加工的目的在于创造价值及使用价值，而流通加工则是在完善其使用价值的条件下提高商品的附加价值。

4. 加工责任人的差别

流通加工的组织者是从事流通工作的人，能密切结合流通的需要进行这种加工活动。从加工单位来看，流通加工由商业或物资流通企业完成，而生产加工则由生产企业完成。

5. 加工目的的差别

商品生产以交换和消费为目的，流通加工的重要目的也是消费（或再生产），这一点是两者的共同之处。但是流通加工有时候以自身流通为目的，纯粹是为流通创造条件，这是它不同于一般生产的特殊之处。

随着经济的增长和国民收入的增加，顾客的需求出现多样化，这就促使流通领域必须开展流通加工。目前，美国、欧洲各国、日本等经济发达国家的物流中心、配送中心或仓库经营中，都普遍存在流通加工业务。

3.7.2 流通加工的地位和作用

1. 流通加工在物流中的地位

流通加工在物流中的地位体现在以下几个方面。

（1）有效地完善了流通

流通加工在实现时间效用和场所效用这两个重要功能方面，确实不能与运输和保管相比，因此，流通加工不是物流的主要功能要素。另外，流通加工的普遍性也不能与运输、保管相比，流通加工不是对所有物流活动都是必需的。但这绝不是说流通加工不重要，实际上，它具有补充、完善、提高与增强的作用。所以，流通加工的地位可以描述为：提高物流水平，促进流通向现代化发展。

（2）是一种重要利润来源

流通加工是一种低投入、高产出的加工方式，往往通过简单加工解决大问题。实践中，有的流通加工通过改变商品包装，使商品档次升级而充分实现其价值；有的流通加工可将产品利用率大幅度提高。这些都是采取一般方法以期提高生产率所难以做到的。实践证明，流通加工提供的利润并不亚于从运输和保管中挖掘的利润，因此流通加工是物流业的重要利润来源之一。

（3）是一种重要的加工形式

流通加工在整个国民经济的组织和运行方面是一种重要的加工形式，对推动国民经济的发展、完善国民经济的产业结构具有重要的意义。

2. 流通加工的作用

（1）提高原材料利用率

通过流通加工进行集中下料，将生产厂商直接运来的简单规格产品，按用户的要求进行下料。集中下料可以优材优用、小材大用、合理套裁，明显地提高原材料的利用率，有很好的技术经济效果。例如，将钢板进行剪板、切裁；将木材加工成各种长度及大小的板、方等。

（2）方便用户

流通加工可以使用户省去进行初级加工所需的投资、设备、人力，方便了用户。目前发展较快的初级加工有：将水泥加工成混凝土，将原木或板、方材加工成门窗，将钢板预处理、整形等。

（3）提高加工效率及设备利用率

在分散加工的情况下，由于生产周期和生产节奏的限制，加工设备利用时松时紧，使得加工过程不均衡，设备加工能力不能得到充分发挥。而流通加工面向全社会，加工数量大，加工范围广，加工任务多。这样可以通过建立集中加工点，采用一些效率高、技术先进、加工量大的专门机具和设备，一方面提高了加工效率和加工质量，另一方面还提高了设备的利用率。

3.7.3 流通加工的类型

根据不同的目的，流通加工可分为不同的类型。

1. 为适应多样化需要的流通加工

生产部门为了实现高效率、大批量的生产，其产品往往不能完全满足用户的要求。这样，为了满足用户对产品多样化的需要，同时又要保证高效率的大生产，可将生产出来的单一化、标准化的产品进行多样化的改制加工。例如，对钢材卷板的舒展、剪切加工；将平板玻璃按需要的规格开片加工；将木材改制成枕木、板材、方材等。

2. 为方便消费的流通加工

根据下游生产的需要将商品加工成生产直接可用的状态。例如，根据需要将钢材定尺、定型，按要求下料；将木材制成可直接投入使用的各种型材；将水泥制成混凝土，使用时只需稍加搅拌即可使用等。

3. 为保护产品所进行的流通加工

在物流过程中，为了保护商品的使用价值，延长商品在生产和使用期间的寿命，防止商品在运输、储存、装卸搬运、包装等过程中遭受损失，可以采取稳固、改装、保鲜、冷冻、涂油等方式。例如，水产品、肉类、蛋类的保鲜、保质的冷冻加工、防腐加工等；丝、麻、棉织品的防虫、防霉加工等；为防止金属材料的锈蚀而进行的喷漆、涂防锈油等措施，或运用手工、机械或化学方法除锈；木材的防腐朽、防干裂加工；煤炭的防高温自燃加工；水泥的防潮、防湿加工等。

4. 为弥补生产领域加工不足的流通加工

由于受到各种因素的限制，许多产品在生产领域的加工只能到一定程度，而不能完全实现终极的加工。例如，木材如果在产地完成初加工或制成木制品的话，就会给运输带来极大的困难，所以，在生产领域只能加工到圆木、板、方材这个程度，进一步的下料、切裁、处理等加工则由流通加工完成；钢铁厂大规模的生产只能按规格生产，以使产品有较强的通用性。

5. 为促进销售的流通加工

流通加工也可以起到促进销售的作用。例如，将过大包装或散装物分装成适合销售的小包装的分装加工；将以保护商品为主的运输包装改换成以促进销售为主的销售包装，以吸引消费者，促进销售；将蔬菜、肉类洗净切块，以满足消费者要求。

6. 为提高加工效率的流通加工

许多生产企业的初级加工数量有限，加工效率不高。而流通加工以集中加工的形式，解决了单个企业加工效率不高的问题。它以一家流通加工企业的集中加工代替了若干家生产企业的初级加工，提高了加工效率。

7. 为提高物流效率、降低损失的流通加工

有些商品本身的形态使之难以进行物流操作，而且商品在运输、装卸搬运过程中极易受损，因此需要进行适当的流通加工，从而使物流各环节易于操作，提高物流效率，降低物流损失。例如，造纸用的木材磨成木屑的流通加工，可以提高运输工具的装载效率；自行车在消费地区的装配加工可以提高运输效率，降低损失；石油气的液化加工，使很难输送的气态物质转变为容易输送的液态物质，也可以提高物流效率。

8. 为衔接不同运输方式的流通加工

在干线运输和支线运输的节点设置流通加工环节，可以有效地解决大批量、低成本、长距离的干线运输与多品种、少批量、多批次的末端运输和集货运输之间的衔接问题。在流通加工点与大生产企业之间形成大批量、定点运输的渠道，以流通加工中心为核心，组织对多个用户的配送，也可以在流通加工点将运输包装转换为销售包装，从而有效地衔接不同目的的运输方式。例如，散装水泥中转仓库把散装水泥装袋、将大规模散装水泥转化为小规模散装水泥的流通加工，就衔接了水泥厂大批量运输和工地小批量装运的需要。

9. "生产－流通"一体化的流通加工

依靠生产企业和流通企业的联合，或者生产企业涉足流通，或者流通企业涉足生产，形成对生产与流通加工进行合理分工、合理规划、合理组织，统筹进行生产与流通加工的安排，这就是"生产－流通"一体化的流通加工形式。这种形式可以促成产品结构及产业结构的调整，充分发挥企业集团的经济技术优势，是目前流通加工领域的新形式。

10. 为实施配送进行的流通加工

这种流通加工形式是配送中心为了实现配送活动，满足客户的需要而对物资进行的加工。例如，混凝土搅拌车可以根据客户的要求，把沙子、水泥、石子、水等各种不同材料按要求的比例装入可旋转的罐中。在配送路途中，汽车边行驶边搅拌，到达施工现场后，混凝土已经均匀搅拌好，可以直接投入使用。

3.7.4 流通加工合理化

流通加工合理化的含义是实现流通加工的最优配置，不仅要做到避免各种不合理加工，使流通加工有存在的价值，而且要做到选择最优。实现流通加工合理化主要应考虑以下几方面。

1. 加工与配送相结合

这是将流通加工设置在配送点中，一方面按配送的需要进行加工，另一方面加工又是配送业务流程中分货、拣货、配货的一环，加工后的产品直接投入配货作业，这就无须单独设

置一个加工的中间环节，使流通加工有别于独立的生产，而使流通加工与中转流通巧妙结合在一起。同时，由于配送之前有加工，可使配送服务水平大大提高。这是当前对流通加工做合理选择的重要形式，在煤炭、水泥等产品的流通中，这种方式已表现出较大的优势。

2. 加工与配套相结合

在对配套要求较高的流通中，配套的主体来自各个生产单位，但是，完全配套有时无法全部依靠现有的生产单位，进行适当流通加工，可以有效地促成配套，极大地发挥流通的桥梁与纽带作用。

3. 加工与合理运输相结合

流通加工能有效衔接干线运输与支线运输，促进两种运输方式的合理化。利用流通加工，在支线运输转干线运输或干线运输转支线运输这个本来就必须停顿的环节，不进行一般的支转干或干转支，而是按干线或支线运输合理的要求进行适当加工，从而大大提高运输及运输转载水平。

4. 加工与合理商流相结合

通过加工有效促进销售，使商流合理化，也是流通加工合理化的考虑方向之一。通过加工和配送的结合，提高了配送水平，强化了销售，是加工与合理商流相结合的一个成功的案例。此外，通过简单地改变包装形态，方便用户购买，通过组装加工解决用户使用前进行组装、调试的困难，都可以有效地促进商流。

5. 加工与节约资源相结合

节约能源、节约设备、节约人力、节约耗费是流通加工合理化的重要因素，也是目前我国设置流通加工、考虑其合理化的较普遍形式。

实现社会和企业的最优效益，是对于流通加工合理化的最终判断。对流通加工企业而言，它更应树立社会效益第一的观念，从事生产加工之外的补充完善性质的加工活动，实现自身价值。

思考与练习

1. 填空题

（1）物流系统与一般系统一样，具有输入、_____和输出三大功能。

（2）运输方式有铁路运输、_____、水路运输、航空运输及_____。

（3）运输具有规模经济，规模经济的特点是随着_____的增长，使每单位重量的运输成本下降。

（4）仓储活动的性质是指仓储活动具有_____和_____两方面。

（5）ABC 分类法全称为_____，是由意大利经济学家_____首创，来源于帕累托定律的_____现象。

（6）铁路运输适合大批量货物的_____距离运输。

（7）在 5 种运输方式中_____运输费用是最高的，不适合运输_____价值货物。

（8）日本 1991 年版的《物流手册》认为：生产厂到配送中心之间的物品空间移动叫"_____"，从配送中心到顾客之间的物品空间移动叫"_____"。

(9) 经济订货批量的英文是_____,简称_____。

(10) 包装的功能有保护商品、_____、_____。

(11) 按包装在整个物流中的功能来划分,可以将包装分为_____和_____。

(12) 物流效率主要表现为_____和_____。

(13) 装卸搬运按照机械作业方式分为吊上吊下、_____、滚上滚下、_____。

(14) _____是指充分利用运输工具载重量和容积,合理安排装载的货物及运载方法以求得合理化的一种运输方式。

2. 选择题

(1) 用黑白铁、马口铁制成的包装容器对商品进行包装属于( )。
    A. 纤维容器包装   B. 复合材料包装   C. 木制包装   D. 金属容器包装

(2) 水路运输最大的优点是( )。
    A. 机动、灵活   B. 运输能力大   C. 可靠性高   D. 运输单一

(3) 以下属于按照货物形态进行装卸的是( )。
    A. 卡车装卸   B. 散装装卸   C. 叉车装卸   D. 间隔装卸

(4) 以下不属于加工合理化的是( )。
    A. 加工与配送相结合   B. 加工与节约资源相结合
    C. 加工与合理运输相结合   D. 加工与库存成本相结合

(5) 包装技术的选择应遵循科学、经济、牢固、美观和( )的原则。
    A. 高技术   B. 适用   C. 标准化   D. 一次性

(6) 下列包装属于按包装技术分的有( )。
    A. 防湿包装   B. 硬包装   C. 运输包装   D. 出口包装

(7) ABC库存分类法就是根据库存品的年耗用金额的大小,把库存品划分为A、B、C三类。其中B类库存品其年耗用金额占总库存金额的( )。
    A. 5%~10%   B. 10%~15%   C. 15%~20%   D. 20%~25%

(8) ( )长期以来被看作物流活动的两大支柱。
    A. 仓储和配送   B. 运输和装卸   C. 仓储和运输   D. 运输和配送

(9) 生产商品的目的是创造价值,流通加工是在生产的基础上增加商品的( )。
    A. 质量价值   B. 销售价值   C. 附加价值   D. 使用价值

(10) 包装按功能分为( )(多选)。
    A. 运输包装   B. 防湿包装   C. 储藏包装   D. 销售包装
    E. 外包装

3. 判断题

(1) 现代商品包装是实现现代物流、加速商品流通的必要条件及手段。( )

(2) 从运费来看,运费在全部物流费中占最高的比例,一般综合分析计算社会物流费用,运输费在其中占接近25%的比例。( )

(3) 装卸和搬运是等同的。( )

(4) 铁路运输的主要优点是灵活性强,铁路建设周期短,投资较低,易于因地制宜,对车站设施要求不高。( )

(5) 流通加工大多是复杂加工,而生产加工多数是简单加工。( )

(6) 联合运输是指由两家以上运输企业或用两种以上运输方式共同将某一批物品运送到目的地的运输方式。( )

(7) 在物流中不合理运输是完全可以避免的。( )

(8) 现代观念中，仓库被看作是一种储存设施，仅仅负担着储存产品的功能，它增加了整个物品的配送成本，并产生了额外的仓库作业成本。（ ）

(9) 为了保证商品供应，生产企业应在销地建立自有仓库。（ ）

(10) 装卸搬运是指在一定地域范围内进行的，以改变货物存放状态和空间位置为主要内容和目的的物流活动。通常情况下，货物存放状态和空间位置密不可分。（ ）

(11) 装卸搬运是物流系统中最基本的功能要素之一，存在于货物运输、储存、包装、流通加工和配送等过程中，贯穿于物流作业的始末。（ ）

(12) 包装的目的就是保护产品，便于储存和运输。（ ）

(13) 按包装功能可分为工业包装和商业包装。工业包装也称为运输包装，其目是保证商品在运输、保管、装卸搬运过程中保持商品的完好。（ ）

(14) 产品包装处于生产的始点，又是进入流通领域商品物流链的终点。（ ）

4. 名词解释

(1) SOP 模式

(2) 经济订货批量

(3) 运输

(4) 配送

(5) 仓储

(6) 包装

(7) 装卸活性

(8) 流通加工

5. 简答题

(1) 简述京东物流 FBP、LBP、SOP、SOPL 这 4 种模式的含义。

(2) 简述京东 ERP 系统订单处理过程。

(3) 简述 ABC 分类法的实施步骤。

(4) 简述仓储的功能。

(5) 简述配货作业的方法。

(6) 简述配送与运输的区别。

(7) 简述选择配送路线的方法。

(8) 简述配送的种类。

(9) 简述仓储的功能。

(10) 简述公路运输的优势及劣势。

(11) 简述包装器材应遵循的原则。

(12) 简述包装的基本类型。

(13) 简述实现装卸搬运合理化的措施。

第 4 章

生鲜电子商务物流

教学提示

"得生鲜者得天下"。生鲜已成为各大电商和各路资本纷纷觊觎的对象。据艾瑞咨询公布的数据,2016年国内生鲜电商的整体交易额约 871.3 亿元,比 2015 年的 497.1 亿元增长了 75.3%,2017 年市场规模达到 1391.3 亿元,同比增长 59.7%。生鲜电商市场渗透率非常低,发展空间巨大,但由于生鲜的属性,物流成为制约生鲜电商发展的重要瓶颈,如何让生鲜快速到达网购消费者手中,成为各大生鲜电商未来必须要解决的问题。

教学要求

通过本章节的学习,学生应掌握生鲜电商物流的几种模式以及代表性企业,对国内外案例能够进行综合评述,了解新零售、无界零售概念下未来生鲜电商物流的发展趋势。

第 4 章　生鲜电子商务物流

开篇案例

生鲜电商倒闭潮

2016 年 4 月初，生鲜电商平台美味七七因资金链断裂宣告倒闭，美味七七于 2013 年 5 月正式上线，是沪上及周边地区的生鲜电商领跑者。"美味七七"音同江南乡音"美味吃吃"，服务区域以上海区域为中心点向外围辐射。2014 年 5 月，美味七七获得大型电商亚马逊的 B 轮 2000 万美元投资，成为亚马逊中国自成立以来在中国内地的首笔投资，而美味七七的估值一度高达一亿美元。2014 年各大互联网巨头纷纷布局生鲜市场：阿里巴巴投资易果生鲜、百度投资我买网、腾讯千万美元投资每日优鲜、京东 7000 万美元投资天天果园。而亚马逊投资美味七七被看作亚马逊布局生鲜市场的一步重要棋局。作为上海本地的明星企业，美味七七在上海建立了自己的中央仓储和冷链配送体系，2015 年年底曾在上海地铁站铺设了大量广告。

那么，当"生鲜电商"作为电商的最后一片蓝海，正在成为投资新风口时，美味七七却为什么因资金链断裂而倒闭呢？除了美味七七，还有 13 家知名生鲜电商也已倒闭，分别是：吉哆生鲜、菜管家、鲜品会、花样生活、正源食派果蔬帮、后厨网、青年菜君、特土网、果食帮、采购兄弟、抢鲜购、壹桌、本来便利。除了以上企业，倒闭的生鲜电商还在不断增加中。

业内人士分析，美味七七之所以倒闭，主要是较重的自建网点运营模式拖垮了自己。而它的投资方亚马逊战略重点也不在生鲜，而是在境外直购上，导致美味七七没有进一步获得帮助。生鲜电商作为一个新生事物，先行的企业们都付出了惨痛的代价，资本、供应链、冷链物流、市场定位都成为影响生鲜电商的致命因素。

【拓展视频】

4.1　生鲜电商的发展背景

4.1.1　消费升级

随着电子商务的不断发展，人们深刻体验到了电商渠道商品的种类丰富与送货上门的便捷。与此同时，人们对生鲜商品也产生了同样的需求，生鲜电商应运而生。更多消费者不再热衷于去菜市场、超市，而是更加乐于接受生鲜电商这样的购物方式，生鲜的品质、原产地、农药残留、是否有机、是否品牌等因素，在生鲜网站更容易货比三家。

【拓展视频】

4.1.2　竞争驱动

各大电商纷纷推出生鲜业务，以此来提高顾客黏性。我国最早的生鲜品类电商易果生鲜成立于 2005 年，此后各种类型的生鲜电商纷纷涌现。据艾瑞咨询《2018 年中国生鲜电商行业消费洞察报告》显示，中国生鲜电商市场发展迅速，平均每年保持 50% 以上的增长率，2017 年市场规模约为 1391.3 亿元。

4.1.3　国家政策支持

2016 年 4 月 21 日，国务院办公厅印发《关于深入实施"互联网+流通"行动计划的意见》，把冷链物流作为七大任务之一。

2017年4月21日，国务院办公厅印发《关于加快发展冷链物流保障食品安全促进消费升级的意见》，立足于推动冷链物流发展，保障生鲜农产品和食品消费安全，带动上下游产业协同发展，以"创新、协调、绿色、开放、共享"的发展理念，构建"全链条、网络化、严标准、可追溯、新模式、高效率"的现代化冷链物流体系，聚焦于发掘和培育经济增长新动能这一系统性目标。

4.2 生鲜电商行业的痛点

1. 安全之痛

生鲜电商平台为了快速抢占市场，都陷入了一个误区：以为生鲜电商的核心竞争力是速度，但比速度更重要的是产品的品质和食品安全。编者曾在某电商平台购买猪肉，该平台宣传猪肉中没有任何激素残留，可是该平台又提供不出任何检测报告，后通过多方面了解，该平台根本没有相关检测设备。

2. 体验之痛

为了吸引用户，生鲜产品同样要求用高质量图片展现产品的高自然感、高新鲜度，而实际用户收到的产品却不可能像图片展示的那样，密封的包装、层层的节点运输这些都会使生鲜产品的品质、新鲜度等大打折扣，实际产品和图片的差距很容易影响用户体验。

3. 非标之痛

除此之外，生鲜产品和化妆品、服装等电商产品不同，比如同一种水果，因为产地和季节的不同，就会造成口感的不同，而消费者无法通过线上购买的过程获得充分的感知和认可，相反，线下购买时是可以很仔细地去挑选的。

4. 冷链之痛

【拓展视频】

生鲜需要严格的全程冷链控制，即冷藏冷冻类食品在生产、运输、销售过程的各个环节中始终需要处于低温环境。食品的新鲜程度直接取决于配送的时间，如果配送不及时，就会影响食品的新鲜度。新鲜度是生鲜电商赢得市场份额、增强自身竞争力的关键因素。

5. 成本之痛

【拓展视频】

如果自建全程冷链，意味着数倍于常温物流的投入，冷库的建设或租赁、冷藏车辆的购置等需要大笔资金，众多生鲜电商倒闭的原因之一就是没有后续资金支持。在社会化冷链体系不完善的情况下，生鲜电商冷链成本会一直居高不下。

4.3 生鲜电商物流模式

生鲜电商经过十多年的发展，优胜劣汰，形成了目前以京东生鲜和阿里巴巴生鲜为主的平台第一梯队，以每日优鲜、我买网、本来生活、顺丰优选为主的垂直第二梯队。当前，不同的生鲜电商企业采用了不同的运作模式，生鲜电商物流主要存在以下几种模式。

4.3.1 自建物流模式

为了更好地提高顾客体验,部分生鲜电商企业斥巨资自建冷链物流系统,包括自建冷链仓库和自建配送队伍,开展仓配一体化的冷链配送服务。典型的企业有京东生鲜、易果生鲜、顺丰优选等,易果生鲜、京东生鲜因其独特的发展、较好的顾客体验,已经成为生鲜行业的标杆,自建物流模式也堪称行业典范。

1. 易果生鲜自建冷链模式

(1) 易果生鲜发展简介

易果生鲜创立于 2005 年,是中国第一家生鲜电商。从 2013 年 A 轮融资到 2017 年的 D 轮融资,形成了目前的易果集团。易果集团的生鲜体系目前包括三大部分:易果生鲜电商平台、云象供应链、安鲜达冷链物流。易果生鲜的发展优势主要有以下 3 点:一是与阿里巴巴的深度合作,易果生鲜是天猫超市生鲜频道的独家运营商,阿里巴巴为易果集团带来亿级流量和平台支持;二是全渠道的建设,向生鲜综合运营商转变,联手国内外优质生鲜公司,提升供应链能力;三是安鲜达冷链体系的建设,安鲜达目前每日处理全国订单的能力达到 20 万单。易果生鲜目前的网络入口主要有易果生鲜网站和 APP、天猫易果生鲜旗舰店、天猫超市生鲜频道、苏宁生鲜。

(2) 易果生鲜冷链网络建设

经过十多年的积累,易果生鲜成立了自己的生鲜冷链管理公司——上海安鲜达物流科技有限公司,安鲜达前身为易果生鲜的物流部门,于 2015 年独立成为易果集团旗下全资子公司。安鲜达具有全国生鲜冷链配送行业领先技术的仓配物流服务,为生鲜食品行业客户提供冷库仓储、冷链干线、冷链短驳、安全质检、货物包装、分拣加工、冷链宅配、门店配送等一体化冷链仓储物流服务。安鲜达依靠易果集团多年生鲜行业积累,建立了一套严格的质检标准体系,同时搭建了业内最专业的、规模最大的质检团队,成为其冷链物流服务的亮点。安鲜达冷链仓库内部如图 4.1 所示。

【拓展视频】

图 4.1 安鲜达冷链仓库内部

安鲜达独立运营后,经过多轮融资,先后引进阿里巴巴、KKR 集团、苏宁投资集团、高盛等公司的资本,重点放在了冷链体系的建设和配送人员的招募上,截至 2018 年 5 月已完成了北京、上海、广州、深圳、天津、武汉、成都、济南、福州、南京、杭州、沈阳、西安、青岛、重庆共15地24仓的全国战略布局，并建有华东调拨中心、华南调拨中心、华北调拨中心和一个阳澄湖大闸蟹产地仓库，目前有一线专职配送员工近3000人，实现了三大温区冷链仓储配送体系，配送范围覆盖310多个城市；同时在上海地区开始前置仓的试点，用户下单后能够在1小时内收到商品。安鲜达上海宝山仓库如图4.2所示。安鲜达物流网络结构图如图4.3所示。

图4.2　安鲜达上海宝山仓库

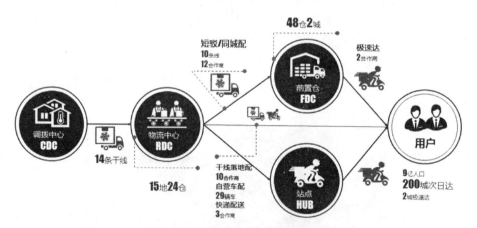

图4.3　安鲜达物流网络结构图

2018年5月16日，易果集团旗下"驯鹿冷链"（图4.4）品牌正式发布，不同于安鲜达的专注生鲜冷链的宅配，驯鹿冷链成立后，将专注于干支线的冷链物流运输配送，依托冷链仓储和运输技术、完整的干支线网络布局及创新的数据实时分析体系，为客户提供可追溯、智慧温控的全链路、全场景生鲜服务解决方案。

驯鹿冷链将在中国建立50个以上大中型专业生鲜冷链仓库，布局100条以上生鲜冷链运输干线、1000条以上运输支线及冷链短驳，并整合各大生鲜进出口港口资源，携手天猫超市生鲜店、易果生鲜等知名生鲜电商企业，建设完成辐射全国的冷链网络及专业的冷链运营平台，与合伙人及客户共建绿色、创新、可持续发展的生鲜冷链核心生态圈。

【拓展视频】

图 4.4　驯鹿冷链品牌形象

2. 京东自建冷链模式

（1）京东生鲜发展简介

2012 年 8 月 15 日，京东生鲜频道上线，以开放平台模式为主，邀请品牌商家入驻，涉及的品类包括蔬菜、水果、海鲜水产品、半成品、冻品、禽蛋、鲜肉等。2015 年 1 月，京东生鲜正式成立生鲜冷链的项目组，同年 11 月推出生鲜冷链物流解决方案，冷链业务面向京东平台卖家、生鲜垂直电商全面开放。经过几年的酝酿和准备，2016 年 1 月，京东正式成立生鲜事业部，宣称投资 100 亿元进行冷链网络的建设。另外，京东与永辉超市、沃尔玛等线下零售企业达成战略合作，投资天天果园等生鲜企业，多方布局，进行全渠道销售，增强生鲜供应链的把控能力。流量优势和供应链优势助力京东生鲜飞速发展，后来居上，成为生鲜电商市场的领头羊之一。京东大数据显示，与 2016 年相比，2017 年京东生鲜销量同比增长接近 330%，销售额同比增长则接近 240%。

（2）京东生鲜冷链网络建设

依托京东自营物流体系，通过标准化的配送流程，京东生鲜可以实现生鲜产品在产地运输、干线运输、仓储、终端配送四大环节的全程冷链无缝链接。截至 2018 年 5 月 31 日，京东生鲜建有全国七大区域（东北区、华北区、华中区、西北区、西南区、华东区、华南区）一级冷链仓储中心，10 个城市共计 13 个生鲜冷链仓，覆盖深冷（−30℃）、冷冻（−18℃）、冷藏（0～4℃）和控温（10～15℃）、常温五大温区，覆盖北京、上海、广州、深圳等 300 多个大中城市，其中 220 个城市实现了当日达和次日达，并提供京准达和夜间配等增值服务。图 4.5 为京东拣货员在生鲜仓库拣货。

【拓展视频】

图 4.5　京东拣货员在生鲜仓库拣货

与国内多数生鲜电商配送采用"冰块＋泡沫箱"的冷藏形式不同，京东的生鲜冷链配送采用的是广泛应用于疫苗等医疗药品保存、运输的材料，同时实时保持对商品、冷媒温度的监测，实现了真正的全程"冷链"物流。图4.6为京东生鲜保温箱。

【拓展视频】

图4.6 京东生鲜保温箱

（3）京东生鲜标准化

2018年5月28日京东生鲜发布了涉及产品分级和包装规范两个大类的首批京东生鲜标准。这是京东生鲜首次明确将严格执行全产业链标准制度，并发布可量化的标准考核指标。具体标准包括：《京东生鲜小龙虾加工品标准》《京东生鲜苹果分级标准》《京东生鲜安全鸡蛋标准》《京东生鲜樱桃/车厘子分级标准》《京东生鲜水果品品相－蓝莓包装标准》《京东生鲜水果品品相－樱桃/车厘子包装标准》《京东生鲜水果品品相－奇异果包装标准》《京东生鲜阳澄湖大闸蟹规格标准》《京东生鲜阳澄湖大闸蟹绑蟹绳标准》《京东＆中冷委联盟之丸类调理食品等级标准》。

（4）创新业务模式——协同仓模式

协同仓模式下，京东把自己的仓储功能和合作伙伴的仓储功能进行合并，纳入京东整个分拣配送体系。举例来说，就是将京东的仓库直接建到优质大型合作商的库房内，做到产地直发、一地发全国，减少中间环节，降低运营成本。京东协同仓模式最具代表性的产品是阳澄湖大闸蟹、山东大樱桃等。图4.7所示为京东阳澄湖大闸蟹协同仓。

图4.7 京东阳澄湖大闸蟹协同仓

4.3.2 第三方物流模式

生鲜电商物流的另一种模式是第三方物流模式,部分垂直生鲜电商企业,如每日优鲜,就把次日达配送服务外包给了京东物流等公司,易果生鲜在发展初期,配送网络达不到的地方,也采用第三方物流模式,把配送环节外包给顺丰、三通一达、晟邦物流等快递公司。许多天猫平台上的品牌生鲜,如獐子岛、果郡王、恒都牛肉、蒙羊卖家等,以及其他中小规模的生鲜类卖家,在配送环节基本上以第三方快递为主,顺丰以速度快、特有冷链体系占有更多市场份额,其他快递公司在冷链建设上也在逐步加快步伐,以期争夺更大的冷链市场。与此同时,市场上也出现了专业的冷链服务企业,如九曳供应链、众萃冷链、快行线等,为生鲜电商企业提供专业化的第三方冷链服务。京东冷链物流、安鲜达、驯鹿冷链除了满足自营生鲜电商物流的需求外,同时也面向第三方企业开放。图4.8为顺丰冷运冷藏车。

图4.8 顺丰冷运冷藏车

4.3.3 线上与线下融合(O2O)模式

1. 线上线下融合模式发展背景

网络购物发展迅速,但问题也逐渐显现,无论是百货类产品,还是生鲜类产品,消费者都没有办法直观感觉。遇到特殊的需求,电商在时效性上也没有办法满足。因而消费场景由单一的实体店消费或者网络购物向多元体验转变,线上与线下融合成为零售行业的未来趋势。在2016年10月的阿里云栖大会上,阿里巴巴创始人马云在演讲中第一次提出新零售的概念,"未来的十年、二十年,没有电子商务这一说,只有新零售",旨在促进线上与线下的融合。

2. 融合模式案例

(1) 每日优鲜介绍

每日优鲜是专注于优质生鲜的移动电商,腾讯投资成员企业,致力于重构供应链,连接优质生鲜生产者和消费者,为用户提供极致的生鲜电商服务体验。2014年11月成立至2018年6月,每日优鲜已完成在水果、肉蛋、水产品、蔬菜、乳品、饮品、零食、轻食、粮油、酒饮、日百、熟食共12个品类的布局。

每日优鲜的主要特色是前置仓的建设，线上与线下进行融合，截至2018年6月，每日优鲜在北京、上海、广州、深圳、杭州、天津、南京、苏州、无锡、合肥、济南、石家庄、青岛、太原、宁波、南通共16个核心城市建立了近千个社区配送中心，站点辐射"三公里"内的用户。它依托"城市分选中心＋社区配送中心"的极速达冷链物流体系，为全国数百万客户提供1小时送货上门的极速达冷链配送服务。如图4.9所示为每日优鲜创始人徐正。

图4.9　每日优鲜创始人徐正

（2）盒马鲜生

盒马鲜生是由原京东物流负责人侯毅创办，阿里巴巴投资，盒马鲜生是阿里巴巴对线下超市完全重构的新零售业态，用互联网技术和思维去重新构架人、货、场的关系。2016年1月，阿里巴巴旗下盒马鲜生第一家店在上海金桥开业，在"三公里"的配送范围内推出了最快30分钟送达的服务。盒马鲜生作为中国原创商业模式，受到了业内的极大关注，截至2017年年底，盒马鲜生已在全国开出35家店。随着盒马鲜生的发展和重新定位，"盒马鲜生"改名，去除了名称中的"鲜生"二字，只保留了"盒马"。同时改变的还有盒马的宣传口号：从之前的"有盒马购新鲜"改为"鲜美生活"，强调盒马从生鲜新零售品牌升级为社区生活服务品牌。上海盒马鲜生金桥店如图4.10所示。

【拓展视频】

图4.10　上海盒马鲜生金桥店

（3）超级物种

2017年年初，永辉超市的最新业态——超级物种（图4.11）第一家店温泉店在福州开业，其业态直接与阿里巴巴旗下的盒马鲜生展开了竞争。截至 2017 年 11 月 25 日，超级物种在上海五角场万达广场开出了第 17 家店。

【拓展视频】

图 4.11　永辉超市超级物种

（4）京东 7FRESH

2017 年年底，京东旗下线上与线下一体化生鲜超市 7FRESH（图 4.12）在北京亦庄大族广场试运营。作为京东零售生态开放赋能的首个"样板"，7FRESH 和京东物流一样，是独立于京东商城体系的子公司。之所以命名为 7FRESH，意为"一周 7 天，每天新鲜"，以门店为中心周围"三公里"范围内半小时送达，实现线上与线下融合。

【拓展视频】

图 4.12　京东 7FRESH 超市

 4.4　国外案例研究——英国 Ocado 生鲜电商

4.4.1　Ocado 简介

Ocado 是英国最大的 B2C 电商平台，也是英国最大的纯线上食品杂货零售商（图 4.13）。2017 年，Ocado 的零售业务销售总额为 13.17 亿英镑。Ocado 成立于 2000 年，总部设在英国赫特福德郡的哈特菲尔德，除了销售生鲜之外，也销售玩具、医药和家居用品等。旗下品牌有 Ocado 线上商城、Ocado 智能平台、Sizzle 厨房用品网站和 Fetch 宠物用品网站。2002 年 1 月，公司在哈特菲尔德建立第一个物流仓储中心，开始正式运营。2010 年，其配送服务已覆盖至70%的英国家庭。公司凭借优质高效的冷链物流技术，形成了一套独特的线上零售运营模式。截至2017年年底，Ocado的活跃用户数达645000人，SKU数量近50000个，平均周订单量达263000单，每小时人均处理订单164件，订单送达准时率达95.0%，订单正确率高达98.8%，所有客户订单均能够在次日送达。

【拓展视频】

图4.13 Ocado宣传图片

4.4.2 Ocado供应链运营模式

Ocado通过自建物流体系形成了扁平化的供应链模式，相比传统模式可缩短配送时间，提升物流运输效率。传统模式下，供货商和批发商将商品供应到各地区的分销中心，然后配送到各个门店，通过门店到达客户手中。Ocado采用的扁平化供应链模式并不依赖线下门店配货，而是由供应商和批发商直接供货到客户履约中心，在客户履约中心完成线上订单的拣选包装等工作，最后直接送达或者通过转运仓转运送达客户手中。Ocado的供应链模式，与京东的短链模式基本一致，通过创新供应链模式，提升了企业的运营效率和质量。Ocado供应链运营模型如图4.14所示。

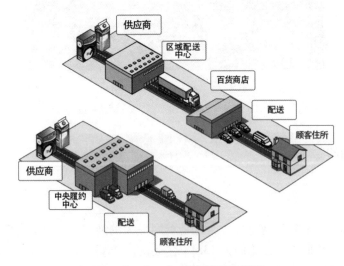

图4.14 Ocado供应链运营模型

4.4.3 Ocado 物流体系建设和运营

1. Ocado 物流运营网络布局

Ocado 物流体系采用自营物流模式，目前有 3 个单体仓储物流中心 CFC，分别位于英国的 Hatfield、Dordon 和 Andover。其中前两个是运营已经比较成熟的物流中心，位于 Andover 的第三个物流中心于 2014 年开始建设，配备有 Ocado 最新研发的智能化仓储管理系统，按照常温、冷藏、冷冻 3 类控温体系实现高精准的全品类自动化管理，2016 年年底正式投入运营。据统计，CFC3 满负荷状态下每周可处理超 6.5 万个的订单量，相当于约 3.5 亿英镑的销售额。位于 Erith 的第四个运营中心于 2015 年上半年开始建设，同样采用了新一代智能化仓储管理系统，每周可处理接近 20 万个订单。Ocado 配送中心分布如图 4.15 所示。

图 4.15 Ocado 配送中心分布

配送方面，Ocado 围绕 3 个仓储物流中心和 17 个前置仓建立起轴辐式（Hub-and-Spoke）物流网络，所有的订单都在物流中心集中处理出库。其中，大约 1/3 的订单直接从 CFC 配送到当地客户家里，剩下 2/3 订单由大型货车运输到周边的前置仓，再由当地的运输车队进行配送。Ocado 的配送采用的是其自有定制的冷藏型货车，能够实现不同温区食品的精准温控。配送时间从早上 6 点到晚上 11 点半，1 小时为时间窗口，以次日送达为主，目前 Ocado 的配送服务已覆盖 70% 的英国家庭。

冷链物流技术是影响生鲜电商发展的重要因素。凭借多年线上零售运营经验，Ocado 掌握了一套行业领先的仓储物流解决方案。自 2014 年起，公司以 Ocado 智能平台形式将已成熟的物流技术服务开放给其他零售商并收取服务费，Morrisons 成为公司电商运营平台的第一家合作伙伴，目前拥有 Morrisons、Sobeys、Casino 这 3 家合作伙伴。后台供应链的贡献为公司带来了额外收入，使得资产利用率维持较高水平，帮助 Ocado 实现了盈利。

2. Ocado 智慧物流技术

由于高昂的人力资源成本以及物流作业效率的要求，Ocado 自公司成立起，就非常重视物流技术的研发和投入，不断研发自动化拣货和分拣系统，逐渐优化软硬件设备。Ocado 自动化传送设备如图 4.16 所示。

【拓展视频】

图4.16　Ocado自动化传送设备

（1）硬件技术

硬件上，Ocado与Tharsus公司合作研发"货到人"仓储机器人，如图4.17所示。这种机器人被分配在长方形网格上，网格下的多层储存箱包含着50000多种Ocado的商品。机器人以每秒4米的移动速度工作，由软件控制，按照指令，机器人把要拣选的商品送到拣货员面前。目前这种机器人主要应用到常温区和冷藏区，适合零度以下温区工作的机器人，Ocado公司正在研发之中。除此之外，Ocado公司目前还在积极研发自动拣货手臂，用于拣选水果等，并且保证不会对水果造成损伤。

【拓展视频】

图4.17　"货到人"仓储机器人

（2）软件技术

软件上，随着仓库数量的增多和消费人群的增多，Ocado也在积极布局大数据，使用先进的数据分析来收集和处理客户的信息、仓库的数据、配送车辆的数据等，通过大数据来优化整个供应链，以此达到加快决策、降低成本、提高服务水平的目的。Ocado公司正在变成一家由市场和技术双引擎驱动发展的线上零售企业。

思考与练习

1. 填空题

(1) 生鲜电商的两大痛点是_____和_____冷链。

(2) 京东生鲜创新业务模式是_____模式。

(3) 生鲜冷链的4个温层分别是_____、_____、_____、_____。

(4) 每日优鲜的物流特色是_____。

(5) 盒马鲜生在"三公里"配送半径范围内,最快_____分钟送达。

2. 选择题

(1) 下列哪家生鲜超市不是O2O模式?(　　)
　　A. 盒马　　　　　B. 7FRESH　　　　C. 超级物种　　　　D. 永辉超市

(2) 下列哪家生鲜电商企业采用第三方物流模式?(　　)
　　A. 每日优鲜　　　B. 京东生鲜　　　　C. 易果生鲜　　　　D. 顺丰优选

(3) 驯鹿冷链主要为生鲜电商提供(　　)。
　　A. 仓储服务　　　B. 宅配服务　　　　C. 冷链干线物流　　D. 信息服务

(4) 以下生鲜电商企业,(　　)比较早开展自营物流业务。
　　A. 易果生鲜　　　B. 每日优鲜　　　　C. 京东生鲜　　　　D. 中粮我买网

(5) 截至2017年年底,Ocado完全建设好并投入运营的物流中心有(　　)个。
　　A. 2　　　　　　B. 3　　　　　　　　C. 4　　　　　　　　D. 5

3. 判断题

(1) 京东生鲜自营物流网络可以覆盖全国所有大中城市。(　　)

(2) 天猫超市生鲜业务由易果生鲜负责运营。(　　)

(3) 京东生鲜在部分城市可以实现京准达。(　　)

(4) 易果生鲜在北京、上海、广州、深圳等大城市都有前置仓。(　　)

(5) 盒马鲜生是中国第一家O2O模式的大型连锁生鲜超市。(　　)

4. 简答题

(1) 众多生鲜电商倒闭的原因是什么?

(2) 简述京东生鲜冷链建设和运营情况。

(3) 简述易果生鲜冷链建设和运营情况。

(4) 简述生鲜电商的前置仓模式。

(5) 英国Ocado生鲜物流对中国生鲜电商企业有哪些借鉴意义?

第 5 章

跨境电商物流

教学提示

近年来,我国互联网经济正在领跑全球,作为电子商务一部分的跨境电商正在迅猛发展,跨境电商突破了地域的限制,以跨境小额交易为代表的在线零售表现出明显的竞争优势,"买全球、卖全球"逐渐成为可能。国家相继出台各种政策,支持跨境电商的发展,用"互联网+外贸"实现优进优出,对内促进消费升级,对外促进外贸转型升级。

教学要求

通过本章内容的学习,学生应掌握跨境电商的物流模式,能够分析各种模式的优、缺点,了解各跨境电商平台的物流布局和运营,了解知名的跨境电商物流企业。

第 5 章 跨境电商物流

郑州——中国跨境电商之都

郑州作为全国最早的 5 个跨境电子商务试点城市之一，试点业务量连续 5 年居全国第一，占全国的 30% 以上，网购保税进口业务量约占全国的 1/4。2013 年 7 月 15 日，郑州海关创新监管模式，在全国首先以"1210 模式"（即保税备货模式）开展跨境电商进口业务，现在"1210 模式"已被海关总署推广至全国其他城市。"秒通关"已成为郑州吸引跨境电商纷纷入驻的"法宝"之一，唯品会、聚美优品、网易考拉、京东全球购、小红书纷纷落户郑州，并带动了上下游产业的发展。2015 年 11 月 27 日，郑州试点顺利通过了海关总署、国家发改委专家组的验收，并得到了专家组的高度评价。2016 年 1 月 12 日，国家正式批复同意设立中国（郑州）跨境电子商务综合试验区，河南保税物流中心作为郑州跨境电子商务综合试验区核心区，率先开启了探索独具郑州特色的跨境电子商务发展之路。2017 年，河南跨境电商交易额达到 1024.7 亿元人民币，同比增长 33.3%，其中出口 762.5 亿元，进口 262.2 亿元，"买全球、卖全球"的目标初步实现。

在商业模式创新方面，郑州创新跨境零售商品展示展销政策，支持在流程可追溯、风险可控的前提下，开展"一馆多模式""一馆多业态"的跨境电商 O2O 新零售商业模式，允许保税状态商品担保出区，通过"秒通关"和"前店后仓"，实现跨境商品"现场下单、现场提货"，优化消费体验，引导消费回流。中大门保税直购体验中心作为全国首个跨境电商 O2O 项目，开业以来受到了众多消费者的喜爱，河南人在家门口就可以买到心仪的进口商品。郑州中大门保税直购体验中心如图 5.1 所示。

【拓展视频】

图 5.1　郑州中大门保税直购体验中心

5.1　跨境电子商务的定义和产生的背景

5.1.1　跨境电商的定义

跨境电子商务是指分属不同关境的交易主体，通过电子商务平台达成交易、进行支付结算，并通过跨境物流送达商品、完成交易的一种国际商业活动。本章节涉及的跨境电商以 B2C 模式为主，广义的跨境电商也包含 B2B 模式。

5.1.2 跨境电商产生的背景

1. 技术进步导致的必然

进入以互联网为代表的数字经济时代，跨境电子商务正在改变传统贸易方式。全球跨境电子商务平台的发展降低了国际贸易的成本和门槛，为中小企业发展创造了历史性机遇，促进了世界经济普惠发展。

2. 商业模式的颠覆

B2C 贸易的大时代已经到来，与过去由跨国大企业主导的 B2B 贸易相比，全球 90% 的中小企业将引领自由贸易的新规则，全球贸易主体、贸易形态、商业模式、组织方式都将发生重大变革。

3. 生态圈日益成熟

跨境电商在全球贸易中所占的比例正在快速提高，大量企业从线下贸易转变为线上贸易，电商平台、互联网金融、智能物流、网络信用等电商服务生态日益繁荣。

4. 生产模式的转变

跨境电商时代，中国制造商通过在线模式直接面对终端客户，通过跟客户的密切交流，挖掘客户的需求，再结合大数据生产出满足客户特定需求的产品，这样的模式在互联网时代被称为 C2B 模式，在 C2B 模式下，终端消费者成为主导。通过互联网，生产制造企业完全根据客户的需求打造产品，使利润达到最大化。

5.2 发展跨境电商的意义

1. 打造新的经济增长点

跨境电商是互联网时代的产物，是"互联网＋外贸"的具体体现，必将成为新的经济增长热点。由于信息技术的快速发展，规模不再是外贸的决定性因素，多批次、小批量外贸订单需求正逐渐代替传统外贸大额交易，为促进外贸稳定和便利化注入了新的发展动力。随着相关政策性红利的不断释放，在移动互联网、智能物流等相关技术快速提升的背景下，围绕跨境电商产业将诞生新的庞大经济链，带动国内产业转型升级，并催生出一系列新的经济增长点。

2. 提高我国对外开放水平

跨境电商是全球化时代的产物，是在世界市场范围内配置资源的重要载体，必将提高我国全方位对外开放水平。跨境电商平台进一步破除全球大市场障碍，推动无国界商业流通。对企业而言，跨境电商加快了各国企业的全球化运营进程，有助于树立全球化的品牌定位，形成数字化的销售网络，大大降低了生产者与全球消费者的交易成本，企业可以直接与全球供应商和消费者互动交易，降低了广大中小企业"零距离"加入全球大市场的成本，使企业享受到全球化红利，有助于推动更加平等和普惠的全球贸易。

3. 提高国内消费者福利水平

跨境电商是消费时代的产物，回应了国内消费人群追求更高质量生活的需求，必将提高消费者福利水平。2017年，我国人均国内生产总值已经接近9000美元，居民收入持续增长，购买力增强，国内消费者对更高质量、更安全、更多样化商品的需求更加旺盛，消费对经济增长的促进作用日趋明显，我国的消费时代已经悄然来临。

跨境电商进口以扁平化的线上交易模式减少了多个中间环节，使得海外产品的价格下降。跨境电商通过大量引入品质较好、种类丰富的海外产品，用进口海外产品培育国内市场，以消费升级引领产业加快转型升级，最终惠及国内消费者。

5.3 中国跨境电商的发展现状

中国在全球跨境电商中扮演着非常重要的角色，一是中国物美价廉的产品受到世界各地网络用户的欢迎；此外，在消费升级和供给侧改革的背景下，中国消费者也越来喜欢尝试国外高品质的产品。2018年全国"两会"期间，中国商务部部长钟山在人民大会堂"部长通道"接受媒体采访时谈到，2017年中国进出口总额增幅创6年新高，成为世界第一贸易大国。中国跨境电商规模已稳居世界第一，覆盖全球绝大部分国家和地区，深受广大消费者欢迎。

5.3.1 出口跨境电商分析

1. 出口跨境电商整体情况

电子商务研究中心（www.100ec.cn）发布的《2017年度中国出口跨境电商发展报告》显示，中国跨境电商发展势头迅猛，出口仍占主导地位。2017年，中国出口跨境电商交易规模为6.3万亿元人民币，同比增长14.5%，其中中国出口跨境电商网络零售市场交易规模为1.2万亿元，占比19.1%，同比增长21.2%。商品品类主要分布在3C电子产品、服装服饰、家居园艺、户外用品、健康美容、鞋帽箱包、母婴玩具、汽车配件、灯光照明等。

出口电商面向全球200余个国家和地区，既有美国、英国等发达国家，又有巴西、印度、俄罗斯等新兴国家。

2. 典型出口跨境电商企业

① 出口跨境电商平台：敦煌网、出口时代网、eBay、世界工厂网、环球市场集团、大龙网、京东国际站、阿里巴巴国际站、全球速卖通。

② 出口跨境电商大卖家：云动力、南讯、ANKER（海翼）、久邦数码、环球易购、傲基国际、通拓、跨境通、有棵树。

③ 出口跨境电商服务商：小笨鸟、科捷物流、易客满、华宇股份、心怡科技、宝尊电商、焦点科技、纵腾网络、盈拓、新华锦、懒猫、EMS跨境易、卓志、顺丰、递四方、斑马物联网。

5.3.2 进口跨境电商分析

1. 进口跨境电商整体情况

艾瑞发布的《2018 年中国跨境进口零售电商行业发展研究报告》指出，2017 年，中国进口贸易回暖，同比增长 18.8%。未来，随着国际经济形势的变化，以及国内经济结构性调整的进一步加强，我国进口贸易将保持相对稳定的增长，为跨境电商创造良好的市场环境。2017 年，中国跨境进口零售电商市场的规模约为 1113.4 亿元人民币，增长率为 49.6%。未来几年，在政策基本面保持利好的情况下，进口电商零售市场仍将保持平稳增长，预计 2021 年，中国进口跨境电商的市场规模将突破 3000 亿元。

2017 年中国跨境电商市场的集中度较高，且行业梯队格局基本稳定。正品保障和物流资源是跨境电商行业发展的关键能力。

2. 典型进口跨境电商企业

① 进口跨境电商平台：网易考拉、天猫国际、唯品会国际、京东全球购、小红书、亚马逊海外购。

② 物流服务商：京东物流、品骏物流、菜鸟网络、斑马物联网。

③ 支付服务商：支付宝、财务通、京东支付。

5.4 跨境电商物流模式

【拓展视频】

5.4.1 出口跨境电商物流模式

目前中国的外贸企业选择的跨境电子商务平台主要有速卖通、Amazon、eBay、Wish 等，不同的平台，其物流模式有所差异。出口跨境电商物流模式主要有以下几种。

1. 邮政包裹模式

统计显示，2015 年，我国跨境电商出口轻小件包裹约 10 亿件，其中通过中国邮政渠道的约 6.8 亿件，占据出口轻小件包裹市场近 70% 的份额。作为中国跨境电商从业最早、市场份额最大的物流服务商，中国邮政积极贴近跨境电商卖家需求，结合"互联网+"的发展趋势，开展国际 E 邮宝和国际小包业务，凭借时限、价格、信息化跟踪查询等优势，快速获得市场认可。不过，中国邮政的渠道虽然比较多，但也很杂，在选择中国邮政包裹发货时，必须注意出货口岸、时效、稳定性等。

【拓展视频】

2. 国际商业快递模式

目前的国际四大商业快递巨头是 DHL、TNT、FEDEX 和 UPS。这些国际快递企业通过自建的全球网络，利用强大的 IT 系统和遍布世界各地的本地化服务，为网购中国产品的海外用户带来极好的物流体验。例如，通过 UPS 寄送到美国的包裹，最快可在 48 小时内到达。然而，优质的服务伴随着昂贵的价格，所以一般中国商户只有在客户时效性要求很高的情况下，才使用国际商业快递来发货。

3. 国内商业快递模式

国内快递主要指 EMS、顺丰和"三通一达"等。跨境电商物流市场潜力巨大，国内各家快递企业纷纷开展跨境电商物流业务，在时效性和价格上都有一定优势。在国内快递中，EMS 的国际化业务是最完善的。依托邮政渠道，EMS 可以直达全球 60 多个国家，费用相对四大快递巨头要低。此外，EMS 在中国境内的出关能力很强，到达亚洲国家只需 2~3 天，到达欧美国家需要 5~7 天。

4. 专线物流模式

专线物流模式一般是先把产品运输到国外，再通过当地合作快递公司进行目的国的派送。专线物流服务主要依托收件国的业务量规模，通过规模效应降低物流成本，因此，其价格一般比商业快递低。在时效上，专线物流稍慢于商业快递，但比邮政包裹快很多。市面上最普遍的专线物流产品有美国专线、西班牙专线、澳大利亚专线、俄罗斯专线、中东专线、南美专线等。在业内比较有名的企业有递四方、燕文物流等，国内各家快递公司都设有针对不同国家的专线产品。

递四方是一家致力于为跨境电商提供全球物流和全球仓储领先服务的专业物流方案提供商，递四方全球专线服务通过整合全球的速递资源，将货物在国内集中分拣，配载直飞航班，由递四方的海外代理在当地完成清关和本地派送。递四方全球专线服务覆盖范围广、时效性强、操作灵活，适合运送高价值、高时效性要求的物品，且大部分地区不收取偏远地区附加费。

5. 海外仓模式

（1）海外仓的含义

海外仓是指跨境电商卖家按照一般贸易方式，将商品批量出口到境外仓库，待顾客网上下单后，将商品直接从海外仓发出，直接送达消费者手中。通过海外仓模式，能够极大地改善国外消费者的购物体验，提高中国商家的信誉。

2015 年，商务部发布《"互联网+流通"行动计划》，将推动建设 100 个电子商务海外仓。2016 年的《政府工作报告》明确提出"扩大跨境电子商务试点，支持企业建设一批出口产品'海外仓'"。我国政府这几年为了鼓励跨境电商的发展，在海外仓的建设上投入了非常多的资源，通过自身投入、基金、定向扶持等政策，鼓励优质的跨境电商企业进行海外仓建设。

（2）海外仓的种类

海外仓目前主要有以下 3 类。第一类是亚马逊海外仓（Fulfillment by Amazon，FBA）。在此模式下，众多在亚马逊网站上开展第三方业务的中国卖家，先把产品预发到亚马逊仓库，亚马逊提供包括商品检验、商品标志、包装标准化等服务。顾客下单后，发货、配送、售后服务全部由亚马逊完成，最终达到高效、优质的配送和客户体验。第二类是自建仓库，对于大的出口卖家，订单量比较大，有条件单独自建海外仓，如大的出口电商卖家——环球易购，就在美国、英国、法国、日本、澳大利亚等多个国家建有海外仓。第三类是利用第三方仓库，国内万邑通、中国邮政、递四方都较早涉足海外仓业务。此外，部分华人利用自身闲置的仓库和车库资源，也可以开展海外仓业务。

(3) 海外仓流程

海外仓运作流程一般分为3段：头程，国内集货发运至海外仓；库内，订单操作及库存管理；尾程，出仓配送及售后服务。

(4) 中邮海外仓案例

中邮海外仓（图5.2）为中国邮政速递物流股份有限公司开设的境外仓配一体化服务项目，服务内容包括国内仓库接发操作、国际段运输、仓储目的国进口清关/仓储/配送，以及个性化增值服务等。中邮海外仓是整合国际邮政渠道资源、专业运营团队和信息系统而推出的安全、稳定、高效的海外仓产品，为客户优化跨境电商物流提供解决方案。

【拓展视频】

图5.2 中邮海外仓

5.4.2 进口跨境电商物流模式

进口跨境电商物流模式主要有两种：海外直邮模式和保税备货模式。

1. 海外直邮模式

海外直邮指的是消费者从境内外电商网站下单后，商品以个人包裹形式入境直邮到消费者手中。

(1) 海外直邮购物流程

网上下单→境外备货→境外出口报关→跨境运输→进口通关→国内配送。

(2) 海外直邮物流模式

国内消费者从境外网站（如美国亚马逊网站）购物，对于支持直邮的商品可以直邮，否则需要转运。

亚马逊海外购网站上，在商品详细页面中，凡标有海外购＋美国国旗、海外购＋英国国旗、海外购＋日本国旗或海外购＋德国国旗图标的商品，均属于亚马逊海外购直邮商品。

亚马逊海外站点通过与多家国际商业快递公司合作来配送商品，见表5-1。

表 5-1 亚马逊海外购国际配送及清关公司

亚马逊海外购站点	支持的国际配送及清关公司
海外购-美国	ECMS（易客满）、HSCODE（通关网）、DHL 和 UPS
海外购-英国	ECMS（易客满）、DHL 和 UPS
海外购-日本	ECMS（易客满）和 DHL
海外购-德国	ECMS（易客满）、DHL 和 UPS

国内消费者从其他途径，如天猫国际、京东全球购、网易考拉等网站购买的海外直邮商品，基本上都是由邮政渠道、商业快递公司、海外集货仓企业来承担集货、快递等相关业务，目前国内几家主流快递公司在国外都有跨境业务。

【拓展视频】

2. 保税备货模式

保税备货是指跨境电商企业通过集中海外采购，统一由海外发至国内保税仓库，当消费者在网上下单后，由快递公司直接从保税仓库配送至消费者。

（1）保税进口购物流程

国外供应商→跨境运输→到港→进口通关→保税区储存→用户下单→清关→国内配送。

（2）保税备货物流模式

目前国内几大跨境电商平台和企业，如天猫国际、京东全球购、网易考拉、唯品会等基本以保税备货物流模式为主，通过保税模式，相关跨境电商企业进行批量采购，降低产品价格。此外，当消费者在网上下单后，保税仓库直接发货，能够使货物较快到达消费者手中，与直邮相比，速度大大提升。图 5.3 所示为河南保税物流中心。

图 5.3 河南保税物流中心

5.5 跨境电商物流的痛点

对于中国跨境电商的发展，国家不断从政策层面提供扶持，电商平台持续优化平台政策，整个业界都在努力推动跨境电商的发展，但目前中国跨境电商最大的痛点就是跨境电商的物流体验。进口跨境电商越来越完善，虽然还存在部分问题，但消费者体验越来越好，本节探讨的重点是出口跨境电商物流存在的问题，相比较，多数国家的快递网络和信息化水平不如中国成熟。

1. 跨境物流成本高

即使选择邮政物流渠道，物流成本占整个商品的价格比例还是很高。部分工艺品由于体积大，跨境物流成本甚至超过产品销售价格的1/2，这对于跨境电商的卖家和买家来说都不合算。

2. 配送时间长

根据速卖通的统计，通过中国邮政小包发到新兴市场，需要的时间大约为40～60天，使用跨境物流专线的时间虽然短一些，但也需要2周时间。

3. 包裹无法全程追踪

在跨境电商物流系统中，很多包裹出境，到了其他国家，特别是新兴市场国家，通过物流单号很难查询到实时的物流动态，或者物流动态更新非常缓慢。跨境电商物流线长、环节多，不同国家的物流信息对接不顺畅。

4. 丢件率和破损率高

跨境出口的包裹，虽然在国内都经过精心的包装和检查，但经过层层转发，到了目的国境内又要经历不同形式的派件过程，再加上包裹追踪困难，丢失和破损的情况时有发生。

5.6 跨境电商物流典型案例

5.6.1 菜鸟网络物流案例

1. 菜鸟网络搭建平台、大数据赋能

为了推动天猫国际、全球速卖通平台业务的发展，依靠菜鸟网络的大数据开放平台政策，菜鸟网络为跨境电商提供了针对进口业务的无忧保税、无忧直邮业务，针对出口业务的无忧物流、无忧仓配和线上发货服务。其主要的做法是通过从物流端为跨境商家提供有针对性的整体打包解决方案，在降低商家物流费用的同时，还可以提升跨境商品整体的运送效率和稳定性，并扩大及提高出口商品的销售范围和供应链周转效率。通过提供简单高效的跨境物流解决方案，跨境商家得以将其主要精力投入前期消费者导购环节的服务和对商品质量的把控中。

2. 菜鸟网络与万国邮政联盟的合作

2013年10月，刚成立5个月的菜鸟网络就与中国邮政展开合作进行全球配

【拓展视频】

送,随后在 2014 年 6 月与新加坡邮政展开合作进行全球配送,紧跟其后,芬兰邮政、英国皇家邮政、澳大利亚邮政、巴西邮政等,也先后成为其合作伙伴。2015 年 9 月,菜鸟网络与美国邮政在杭州签署合作备忘录,双方宣布达成战略合作。通过与各国邮政的对接,菜鸟网络可获得邮政企业在多个国家的丰富的网点资源、"最后一公里"的配送能力、当地的仓储设施及邮政清关的快速便捷性。

3. 菜鸟网络与知名跨境物流企业的合作

燕文物流、递四方、斑马物联网等知名物流企业纷纷加入菜鸟合作伙伴队列,菜鸟网站介绍,在全球范围内已有 49 家知名物流企业成为菜鸟的跨境物流合作伙伴,其运送能力覆盖全球 224 个国家和地区,包括北极圈的冰岛,以及索马里、叙利亚等国家。菜鸟全球跨境物流日处理能力超过 400 万单,拥有遍布全球范围的 74 个跨境仓库并开辟跨境专线 16 条。进口通过保税备货、设立专机专线等措施,在国内部分城市最快可实现次日达。出口则通过采取打通电子清关、出口专线等措施,使多个国家的送达时效持续大幅提升,俄罗斯、英国、西班牙等国家最快 7 天可达。

4. 菜鸟网络全球履约中心 GFC 的建立

截至 2018 年 5 月,菜鸟网络已经在洛杉矶、马德里、法兰克福、悉尼、奥克兰、首尔、大阪等地布局了 10 个全球订单履约中心。菜鸟网络 GFC 仓与初级的海外集货仓不同,海外商家可以通过 GFC 仓就近补货,消费者可以向 GFC 仓直接下单。GFC 仓整合了消费者的交易、支付和物流信息,能够将进口商品配送时间从两周缩减为 5 天。并且,消费者可以实时查看 GFC 仓发出的货物的订单揽货、入/出库、干线航班、转关清关等信息。菜鸟网络通过技术打通了 GFC 仓背后的语言、贸易和清关等障碍,提升了跨境电商的购物体验和物流效率。图 5.4 所示为菜鸟网络在悉尼的 GFC 仓。

图 5.4 菜鸟网络在悉尼的 GFC 仓

5. 菜鸟全球物流枢纽的建设

在 2018 年 5 月的全球智慧物流峰会上,阿里巴巴集团董事局主席马云表示,菜鸟网络将在全球多地建立世界级物流枢纽,首批纳入计划的城市有杭州、吉隆坡、迪拜、莫斯科、列日,这将为东南亚、西欧、俄罗斯等地带来物流大提速。

5.6.2 京东跨境物流案例

1. 京东跨境物流体系建设

京东跨境物流为全球品牌提供一站式跨境物流解决方案，致力于为商家整合提货、运输、仓储、清关、配送及客服服务，打通保税备货和海外直邮两种形式的跨境电商供应链信息，形成跨境物流领域的全链条服务产品。整个过程实现信息共享，全程透明，从而打造一个"新链路、高品质、全透明"的跨境生态服务体系。真正做到海外商品从生产线下来，就可"一步"送达国内消费者手中。

截至 2016 年年底，京东全球购在上海、杭州、广州、宁波、郑州设立保税仓，在美国、欧盟各国、韩国、日本、澳大利亚、加拿大等国家设立了海外集货仓，实现多仓直发。京东全球购自营商品借助京东物流网络，可以在多数国内一二线城市实现次日达或当日达。京东广州南沙跨境电商仓库如图 5.5 所示。

图 5.5 京东广州南沙跨境电商仓库

2. 京东跨境物流增值服务

（1）供应链金融

京东物流与京东金融共同打造的供应链金融服务，解决跨境渠道周期长、资金量大、跨境政策变化快等给商家带来的资金周转难题。

（2）智慧供应链

通过京东物流系统的管控，可以实时管理在途库存、不可售库存等，提高供应链的精准化。

（3）跨境溯源

京东物流联合 Y 事业部推出的跨境溯源增值服务，帮助商家把最真实可信的数据传达给消费者，同时也大大促进消费者对于品牌和商品的认知和理解。

（4）无界赋能

在互联网上解决不了消费者的味觉、体感等感官体验，尤其是进口商品"新、奇、特"的特性无法得以体现，这些问题可以通过京东线下渠道 7FRESH 或者全球购跨境体验店来解决。

5.6.3 网易考拉海购案例

网易考拉海购自成立之初就一直坚持自营为主的运作模式,网易考拉海购作为独立的电商平台,更容易实现对商品品质的把控,商品质量保障程度较高,在消费者中建立了良好的口碑,具有较高的知名度。目前,网易考拉海购在中国跨境电商零售进口市场中占据较高的市场份额。

1. 网易考拉海购物流布局

网易考拉海购共有杭州、宁波、郑州、重庆4地共计超过20万平方米的保税仓储中心,截至2017年第三季度,网易考拉海购先后在欧洲、美洲、澳大利亚、东南亚、日韩,以及我国香港和台湾地区建立了18个境外直邮仓和集货仓,并与法国乔达、德铁、德迅、美国康捷空、中外运等国际领先的物流集团密切合作,不间断地将境外高品质的商品引进来。网易考拉海购杭州下沙保税仓库如图5.6所示。

【拓展视频】

图5.6 网易考拉海购杭州下沙保税仓库

2. 网易考拉海购跨境物流云平台的建设

2016年8月11日,网易考拉海购上线国内首个跨境物流云平台——网易考拉物流云。网易考拉海购联合科箭软件与海仓科技,共同开发了智能化管理系统"祥龙"与云TMS系统"瑞麟",将跨境物流供应链各环节进行一体式打通,极大地提高了跨境物流作业的效率。网易考拉目前可以做到保税商品全国3天必达,偏远地区5天必达,在浙江、上海地区则推出"次日达"服务,未来24小时生活圈概念也将逐步实现。

"祥龙"系统集成了三维测量仪、智能机器人AGV、红外线称重仪、仓储管理手持终端RFID等硬件设备,借助"祥龙"系统,网易考拉海购将整个仓库进行了物联网化改造,对仓库与商品信息进行了数字化转换。"祥龙"系统通过仓库与商品的三维体积匹配、商品销售频率、AGV仓内智能机器人的路线规划等多个维度的数据,对入仓货物的储存进行自动化调度管理,直接将入仓商品摆放到最佳位置。而在订单产生后,除AGV仓内智能机器人的拣货作业外,部分通过人工进行拣货的商品,也实现了无纸化运作,通过手中的RFID终端,工作人员可以快速拣选出消费者在网上下单的商品。图5.7所示为网易杭州下沙保税仓库机器人。

图5.7 网易杭州下沙保税仓库机器人

通过智能化仓储管理系统"祥龙",网易考拉海购的配送服务得到了有力的保障,网易考拉海购的仓内作业效率有数个指标已经创造出跨境物流业界的新纪录,订单生产及时率达99.99%,通关及时率达99.86%,次日达服务的兑现率达99.36%,保税商品常规配送准时率超过96.51%。

云TMS系统"瑞麟"将通过互联网云计算,直接打通物流企业、消费者、品牌商之间的链路。在"瑞麟"系统中,可以查看到包裹的实时动态并对运力进行智能配置,此外还将原本物流企业、品牌商、消费者三者之间的复杂链路形成直接对接。同时"瑞麟"系统能够解决原有传统结算模式依赖线下人工的问题,大大缩短跨境物流行业的账单周转期,减少了人力消耗,提升了物流合作伙伴的积极性。

5.6.4 斑马物联网案例

1. 斑马物联网简介

【拓展视频】

随着跨境电商的兴起和发展,更多的贸易企业、中小制造企业在跨境电商中寻求新的机会,跨境综合物流业应运而生。斑马物联网作为全球跨境综合物流的知名品牌,深耕市场多年,积累了丰富的跨境物流经验和实力。它为跨境电商、电商平台、外贸进出口商家和广大海淘用户,提供海外仓储、集货转运、保税备货、VMI库存管理、跨境干线运输、进出口通关、全球落地配送、退换货管理、供应链金融、采购、支付、物流等服务,是一系列综合服务的"跨境物流运营平台"。

2. 斑马物联网业务介绍

针对跨境出口,斑马物联网提供一系列物流解决方案,对客户的不同业务模式,分别提供相配套的前端跨境联运服务和后端海外仓储配送服务,以及落地配送服务。

针对跨境进口,斑马物联网提供海外集货、仓储分拣、报关、航空运输、清关和末端派送等全链路的库到门服务。

3. 斑马物联网的核心竞争优势

斑马物联网在世界众多经济发达城市设有现代化的物流中心,如美国洛杉矶、特拉华、芝加哥和俄勒冈，加拿大温哥华，德国法兰克福，英国伦敦，意大利佛罗伦萨，澳大利亚悉尼，日本大阪，韩国仁川，以及中国上海、青岛、广州、深圳和香港，为用户提供多元化和量身定制的物流配套服务。图5.8所示为斑马物联网法兰克福物流中心。

【拓展视频】

图5.8　斑马物联网法兰克福物流中心

（1）全自动操作系统

斑马物联网物流中心配备的现代化设备可在动态中进行各项操作，包括读码、照相、三维称重、贴标分拣等，每一个环节的进行都快速高效。斑马物联网自动化分拣设备如图5.9所示。

图5.9　斑马物联网的自动化分拣设备

（2）自主研发GLS系统

斑马物联网自主研发GLS全球物流系统，包含WMS、TMS和OMS功能。斑马物联网提供标准API数据端口，支持各种电商平台的API对接。图5.10所示为斑马物联网的作业现场。

（3）7×24h×365天中英文客服

斑马物联网提供7×24h×365天年终无休的中英文客户服务、VIP专属客服及专业物流顾问。图5.11所示为斑马物联网供应链办公环境。

（4）运营管理

斑马物联网的各项标准操作流程都经过ISO 9001质量管理体系认证。它通过和众多电商平台系统对接合作，积累了大量跨境电商物流经验。图5.12所示为斑马物联网的仓库。

图5.10 斑马物联网的作业现场

图5.11 斑马物联网供应链办公环境

图5.12 斑马物联网的仓库

5.6.5 国内商业快递企业的跨境物流业务

1. 顺丰国际

顺丰控股致力于为国内外制造企业、贸易企业、跨境电商,以及消费者提供便捷可靠的国际快递与物流解决方案,包括国际标快、国际特惠、国际小包、保税仓储、海外仓储、转运等不同类型及时效标准的进出口服务,并可根据客户需求量身定制包括市场准入、运输、清关、派送在内的一体化的进出口解决方案，旨在帮助中国优秀企业/商品"走出去"，也将海外优质企业/商品"引进来"。截至 2017 年 12 月 31 日，顺丰国际的快递服务已覆盖全球 53 个国家，其中，南亚片区网络覆盖范围已达 90%；国际小包服务网络已覆盖全球 225 个国家及地区。伴随跨境电商物流发展蓝海大趋势，顺丰控股不断丰富跨境服务的一站式行业解决方案。比如，在海外建立海外仓，为中国商家使用海外仓提供头程物流服务，对重点流向打造包机服务保障，整合海外资源与国内优质冷运服务能力，为客户打造"一站式"跨境生鲜冷链服务，同时在集报散派（Break-bulk Direct）新型服务上获得了突破，赢得了一批重要的跨境贸易客户。2017 年，顺丰国际业务净收入 20.43 亿元，较上年增长 43.70%。

【拓展视频】

2. 中通国际

2012 年，中通快递开始布局跨境物流，成立了以跨境电商业务为核心的"中通国际"。近年来，中通国际先后在美国、法国、德国、日本、韩国、新西兰、俄罗斯、迪拜、马来西亚等国家设立十多个中转仓。同时推出欧盟专线、美国专线、日韩专线、新澳专线、东盟专线、中东专线、非洲专线，以及全球其他国家专线的包裹寄递业务、国际快递配送、仓储业务、邮政小包、代取件业务等。

依托中通快递庞大的寄递网络，中通国际业务日处理量高达 50000 单。在资本助力下，中通国际大规模上线信息化和全自动分拣系统，大力扩充运力，进一步抢占国际市场，力争在进出口业务领域中保持行业领先地位。

2016 年 8 月 26 日，中通国际正式推出全新的、开放型国际物流在线下单平台，旨在为广大合作伙伴提供流量支持、信息支持、散户揽件支持等一站式综合服务。该平台的上线，也将改变传统国际物流运营模式，让合作伙伴直接面对客户，省去中间代理环节，降低了物流和营销成本，同时也给广大消费者提供了一个公开透明、经济便捷的国际物流服务平台。图 5.13 所示为中通国际美国海外仓。

图 5.13 中通国际美国海外仓

3. 申通国际

申通快递国际事业部成立于 2013 年，致力于为全球跨境电商提供专业的跨境物流供应链服务，申通国际业务体系以海外区域转运中心为纽带，以国际干线为链接，发展申通国际业务全球加盟网络体系。截至 2016 年 12 月，申通国际业务已经拓展至美国、俄罗斯、澳大利亚、加拿大、韩国、日本、新西兰、印度尼西亚、尼泊尔、英国、荷兰、马来西亚、泰国、孟加拉国等国家，开通了中欧、中美、中韩、中日等进出口专线。

与此同时，申通国际积极投入建设全球海外仓服务体系，为全球跨境电商提供头程运输、清关、仓储管理、库存管控、订单处理、物流配送和信息反馈等一条龙供应链服务，并实现与全球主流平台的系统对接，实现了多销售平台的多账号订单信息自动抓取、处理和反馈。

未来，申通快递国际事业部将秉承"申令天下，通达全球"的理念，积极整合其全球网络资源，打造跨境电商综合服务平台，进一步完善全球供应链服务体系，为实现其"买全球，卖全球"的战略目标而不断努力。图5.14所示为申通快递国际全货机首航启动仪式。

图5.14　申通快递国际全货机首航启动仪式

思考与练习

1. 填空题

（1）进口跨境电商物流主要有_____和_____两种模式。

（2）全国首批跨境电商试点城市有_____、_____、_____、_____、_____。

（3）出口跨境电商物流模式有_____、_____、_____、_____、_____。

（4）郑州海关首创跨境电商_____模式。

（5）阿里巴巴旗下出口跨境电商平台是_____。

2. 选择题

（1）进口跨境电商市场中，占有市场份额最大的是（　　）。

　　A. 网易考拉　　　B. 天猫国际　　　C. 京东全球购　　　D. 唯品会

（2）出口跨境电商物流模式中，速度相对最快的是（　　）。

　　A. E邮宝　　　　B. EMS　　　　　C. 国际四大商业快递　　D. 专线物流

（3）出口跨境电商中，选择（　　）发货方式的占绝大多数。

　　A. 邮政渠道　　　B. EMS　　　　　C. 四大商业快递　　　D. 专线物流

（4）菜鸟跨境物流体系中，截至2018年5月，共有（　　）个GFC仓。

　　A. 10　　　　　　B. 9　　　　　　 C. 8　　　　　　　　 D. 7

(5) 菜鸟的愿景是搭建（　　）小时全球必达的智慧物流全球网络。
   A. 56　　　　　　B. 48　　　　　　C. 64　　　　　　D. 72

3. 判断题

(1) 一般我们所说的跨境电商是指广义的跨境电商，不仅包含 B2C，还包括 B2B 部分。（　　）

(2) 跨境电商交易环节复杂，涉及中间商众多。（　　）

(3) 跨境电商缩短了对外贸易的中间环节，提升了进出口贸易的效率，为小微企业提供了新的机会。
（　　）

(4) 消费者在美国亚马逊网站上购物，所有商品都可以直邮中国。（　　）

(5) 网易考拉海购在长江三角洲地区的所有城市都可以实现次日达。（　　）

4. 简答题

(1) 跨境电商产生的背景是什么？
(2) 简述出口跨境电商的几种物流模式。
(3) 简述京东跨境物流体系建设情况。
(4) 简述菜鸟 GFC 建设情况。
(5) 简述出口跨境电商的保税备货模式。

第 6 章

电子商务物流信息技术

教学提示

在电子商务时代，物流信息化是电子商务的必然要求，也是现代物流区别于传统物流的根本标志。电子商务物流信息技术的不断进步为信息的及时大规模传递创造了条件，把物流活动的各个环节整合起来进行管理，促进了物流能力和效率的显著提升。最具代表性的物流信息技术有条形码技术、RFID 技术、GIS 技术和 GPS 技术等。以上新技术的结合，对现代物流的发展起着巨大的推动作用。

教学要求

通过本章的学习，学生应了解各种物流信息技术的概念，物流信息技术工作原理和实现的功能，同时通过介绍相关的物流信息技术在物流行业中应用的实际情况，帮助学生理解物流信息技术对物流行业的作用和意义。

第6章 电子商务物流信息技术

京东上海"亚洲一号"智慧物流中心

电子商务之所以取得成功,关键有两点——在线支付和物流。当物流企业不能满足电商需求时,电商跨界物流应运而生,其中典范当属京东"亚洲一号"项目。

2014年10月20日,京东宣布,其位于上海嘉定的首个"亚洲一号"现代化物流中心(一期)正式投入使用。据悉,该物流中心是目前国内最大、最先进的电商物流中心之一,规划的建筑面积为20万平方米,分两期完成,一期于2014年6月完成设备安装调试后开始试运营,总建筑面积为10万平方米,如图6.1所示。

图6.1 京东在上海的"亚洲一号"物流基地

京东"亚洲一号"分为4个区域:立体库区、多层阁楼拣货区、生产作业区和出货分拣区,均实现自动化操作。其中,"立体库区"库高24米,利用AS/RS(如图6.2所示)实现了自动化高密度的储存和高速的拣货能力;"多层阁楼拣货区"采用了各种现代化设备,实现了自动补货、快速拣货、多重复核手段、多层阁楼自动输送能力,实现了京东巨量SKU的高密度储存和快速准确的拣货和输送能力;"生产作业区"采用京东自主研发的任务分配系统和自动化输送设备,实现了每一个生产工位任务分配的自动化和合理化,保证了每一个生产岗位的满负荷运转,避免了任务分配不均的情况,极大地提高了劳动效率;"出货分拣区"采用了自动化的输送系统和代表目前全球最高水平的分拣系统,分拣处理能力达16000件/小时,分拣准确率高达99.99%,彻底解决了原先人工分拣效率和分拣准确率低的问题。京东上海"亚洲一号"现代化物流中心(一期)在2014年"双十一"大促前夕正式投入运营,大大提高了京东在"双十一"大促期间的订单处理能力,目前京东已基本实现包裹全流程无人化。

【拓展视频】

图6.2 京东"亚洲一号"AS/RS

与普通仓库相比，全自动化立体仓库的仓储效率提升了近3倍，而这归功于京东Shuttle货架穿梭车（图6.3）。Shuttle货架穿梭车负责在立体货架上移动货物，能够实现6m/s的行走，且具有每小时1600箱的吞吐量。京东在穿梭车的任务调度算法、速度规划算法、高精度定位系统和容错系统方面都做了自主创新，使得穿梭车在高速运行的过程中，车身结构所受到的冲击力最小，而且安全性能最高。

图6.3 京东"亚洲一号"货架穿梭车

自动化立体仓库的广泛应用，促进了智能搬运机器人AGV（图6.4）的产生和发展。为了提升AGV的运行速度和稳定性，京东自主研发了运动控制器。通过快速提取AGV的运动状态来驱动电机的速度，实现差速轨迹控制算法。这种算法使得AGV在运行的时候更加平稳，而且运行轨迹更加准确。AGV机器人的前后车身内嵌入了防撞传感器和无线通信模块，使它在京东仓库复杂的工况环境里能轻松自如地工作。

图6.4 京东"亚洲一号"AGV搬运机器人

在小件分拣流程，需要货架穿梭车和分拣机器人的配合。首先，货架穿梭车从两排的货架上将装有商品的货箱取下，放上传送带。一个个货箱会通过传送带，进入分拣流程。在六轴机器人分拣之前，货物会先经过内置摄像头的"黑匣子"，这个黑匣子用来识别货物，起到验货的作用。接下来，分拣机器人会将货物从货箱中取出，分到小件打包的通道。这个Delta机器人每小时可以完成3600次分拣，如图6.5所示。

图6.5 京东"亚洲一号"分拣机器人

"亚洲一号"的仓储管理系统、仓储控制系统、分拣和配送系统等整个信息系统均由京东自主研发,拥有自主知识产权。高度自动化的上海"亚洲一号"的投入运行,标志着京东的仓储建设能力和运营能力有了一个质的飞越,为日后将投入使用的广州"亚洲一号"、沈阳"亚洲一号"和武汉"亚洲一号"等奠定了基础。

6.1 条形码技术

条形码技术是目前应用较为普遍的物流信息技术。本节将通过阐述条形码的概念、构成、分类及条形码技术在物流中的具体应用,对条形码技术进行全面的介绍。

6.1.1 条形码技术概述

1. 条形码的发展历史

条形码最早出现于20世纪20年代,诞生于Westinghouse的实验室,一位名叫约翰·科芒德(John Kermode)的发明家发明了最初的条形码,对邮政单据进行自动分拣。1949年,美国乔·伍德兰德(Joe Wood Land)和伯尼·希尔沃(Berny Silver)两位工程师开始研究用代码表示食品项目及相应的自动识别设备,并获得了专利。这种代码的图案很像微型箭靶,被称为"公牛眼"代码。1969年,美国电子现金收款机的出现加速了条形码在商业领域的推广。1970年,美国超级市场AdHOC委员会制定了通用商品代码——UPC码,此后许多团体也提出了各种条形码符号方案。1970年,美国食品工业委员会认真系统地研究了条形码技术及POS的应用问题,并首先在食品杂货业上进行了条形码应用的尝试,这为以后该码制的统一和广泛使用奠定了基础。1973年,美国统一编码协会(Uniform Code Council,UCC)建立了UPC条形码系统,实现了该码制标准化。

1976年,美国和加拿大在超级市场上成功地使用了UPC系统。1977年,欧洲厂商在美国UCC的影响下,在UPC-12码的基础上,制定出了欧洲物品编码EAN码,正式成立了欧洲物品编码协会(European Article Numbering Association,EAN)。到1981年,由于EAN组织已经发展成为一个国际性组织,所以被称为"国际物品编码协会"(IAN)。但是由于历史原因和习惯,该组织至今仍旧称为EAN(后来改为EAN-international)。EAN为世界各国提供了一个唯一的编码体系和标识方法。

20世纪80年代初,人们围绕提高条形码符号的信息密度,进行了广泛研究。128码和93码就是其中的重要成果。截至1990年年底,共有40多种条形码码制,相应的识别设备和印刷技术也得到了快速发展。

我国从20世纪80年代中期开始,把条形码的研究和推广应用逐步提到议事日程。1988年12月28日,经过国务院批准,国家质量监督局成立了"中国物品编码中心"。该中心的任务是研究、推广条形码技术,同时组织、开发、协调和管理我国的条形码工作。1991年4月,中国物品编码中心加入国际物品编码协会。

2. 条形码的概念及结构

条形码是将宽度不等的多个黑条和空白,按照一定的编码规则排列,用以表达一组信息的图形标识符。常见的条形码是由反射率相差很大的黑条(简称条)和白条(简称空)排成的平行线图案。条形码可以标出物品的生产国、制造厂家、商品名称、生产日期、图书分类号、邮件起止地点、类别、日期等许多信息，因而在商品流通、图书管理、邮政管理、银行系统等许多领域都得到广泛的应用。

一个完整的一维条形码字符是由两侧静区、起始字符、数据字符、校验字符（可选）和终止字符组成的，其结构如图6.6所示。

图6.6 一维条形码字符的结构

① 静区：没有任何印刷符或条形码信息，它通常是白的，位于条形码字符的两侧。静区的作用是提示阅读器准备扫描条形码符。

② 起始字符：条形码字符的第一位字符是起始字符，它的特殊条、空结构用于识别一个条形码符号的开始。阅读器首先确认此字符的存在，然后处理由阅读器获得的一系列脉冲。

③ 数据字符：由条形码字符组成，用于代表一定的原始数据信息。

④ 校验字符：在条形码制中定义了校验字符。有些码制的校验字符是必须的，有些码制的校验字符则是可选的。校验字符是通过对数据字符进行一种算术运算而确定的。当符号中的各字符被解码时，译码器将对其进行同一种算术运算，并将结果与校验字符比较。若两者一致时，说明读入的信息有效。

⑤ 终止字符：条形码字符的最后一位字符是终止字符，它的特殊条、空结构用于识别一个条形码符号的结束。阅读器识别终止字符，便可知道条形码字符已扫描完毕。若条形码字符有效，阅读器就向计算机传送数据并向操作者提供"有效读入"的反馈。终止字符的使用，避免了不完整信息的输入。当采用校验字符时，终止字符还指示阅读器对数据字符实施校验计算。

起始字符、终止字符的条、空结构通常是不对称的二进制序列。这一非对称允许阅读器进行双向扫描。当条形码字符被反向扫描时，阅读器会在进行校验计算和传送信息前把条形码各字符重新排列成正确的顺序。

3. 条形码的分类

（1）按码制进行分类

目前使用频率最高的几种码制是：UPC 码、EAN 码、EAN – 128 码、交叉 25 码和 39 码等。

① UPC 码。1973 年，美国率先在国内的商业系统中应用 UPC 码，之后加拿大也在商业系统中采用 UPC 码。UPC 码是一种长度固定的连续型数字式码制，其字符集为数字 0～9。它采用 4 种元素宽度，每个条或空是 1、2、3 倍或 4 倍单位元素宽度。由于它应用范围广泛，所以又被称为万用条形码。UPC 码共有 UPC – A 和 UPC – E 两种版本，其中 UPC – E 为 UPC – A

的压缩版。UPC-A 由 11 位数字的通用产品代码和 1 位校验码组成。产品代码的第 1 位数字为编码系统字符；中间 5 位数字表示制造商号，后 5 位数字为产品代码。

② EAN 码。1977 年，欧洲经济共同体各国按照 UPC 码的标准制定了欧洲物品编码 EAN 码，它与 UPC 码兼容，而且两者具有相同的符号体系，字符编号结构与 UPC 码也是相同的。EAN 码有两种版本，即 EAN-13 码和 EAN-8 码，EAN-8 码为 EAN-13 码的缩短版。EAN-13 码由代表 12 位数字的产品代码和 1 位校验码组成。产品代码的前 3 位为国别码；中间 4 位数字为制造商号；后 5 位数字为产品代码。我国的通用商品条形码与其等效，日常购买的商品包装上所印的条形码就是 EAN 码。

③ EAN-128 码。EAN-128 码是根据 UCC/EAN-128 码定义标准将资料转变成条形码符号，并采用 128 码逻辑，由国际物品编码协会和美国统一代码委员会联合开发。它是一种连续型、非定长、有含义的高密度代码，具有完整性、紧密性、连接性及高可靠度，用于表示生产日期、批号、数量、规格、保质期、收货地等商品信息。

④ 交叉 25 码。交叉 25 码是一种长度可变的连续型自校验数字式码制，其字符集为数字 0~9。它采用两种元素宽度，每个条和空是宽或窄元素。如果数据编码的个数为偶数，所有奇数位置上的数据以条编码，偶数位置上的数据以空编码；如果数据编码的个数为奇数，则在数据前补一位 0，以使数据为偶数个数位。交叉 25 码主要运用在物流行业与仓储业中，主要作为储运单元的标准条形码。

⑤ 39 码。39 码是第一个字母数字式码制，于 1974 年由 Intermec 公司推出。它是长度可变的离散型自校验字母数字式码制。其字符集为数字 0~9，26 个大写字母和 7 个特殊字符（-、。、Space、/、+、%、¥），共 43 个字符。每个字符由 9 个元素组成，其中有 5 个条（2 个宽条，3 个窄条）和 4 个空（1 个宽空，3 个窄空），是一种离散码。39 码主要用于工业、图书及票证的自动化管理。

（2）按维数分类

① 一维条形码。一维条形码自出现以来，就得到了人们的普遍关注，发展十分迅速。它的使用，极大地提高了数据采集和信息处理的速度，提高了工作效率，并为管理的科学化和现代化做出了很大贡献。一维条形码只是在一个方向（一般是水平方向）表达信息，而在垂直方向则不表达任何信息。由于受信息容量的限制，一维条形码仅仅是对"物品"的标识，而不是对"物品"的描述，所以一维条形码的使用，不得不依赖数据库而存在。在没有数据库和不方便联网的地方，一维条形码的使用会受到较大的限制，有时甚至变得毫无意义。另外，要用一维条形码表示汉字或图像信息十分不方便，且效率很低。同时，一维条形码遭到损坏后便不能识读，这些都给一维条形码的广泛应用带来了限制。

② 二维条形码。现代高新技术的发展，迫切要求用条形码在有限的几何空间内表示更多的信息，从而满足千变万化的信息表示的需要。二维条形码正是为了解决一维条形码无法解决的问题而产生的。在水平和垂直方向的二维空间存储信息的条形码，称为二维条形码。二维条形码通过利用垂直方向的尺寸来提高条形码的信息密度。通常情况下，其密度是一维条形码的几十倍到几百倍，这样就可以把产品信息全部存储在一个二维条形码中，当你需要查看产品信息时，只要用识读设备扫描二维条形码即可，因此不需要事先建立数据库，真正实现了条形码对"物品"的描述。二维条形码密度高，信息含量大，保密、防伪性能好，可以将照片、指纹、掌纹、视网膜、声音、签名、文字等数字化信息进行编码。二维条形码是实

现证件、卡片、档案、照片、票据等大容量、高可靠性信息自动存储、携带并自动识读的最理想的方法。

与一维条形码相同，二维条形码也有许多不同的编码方法，或称码制。就这些码制的编码原理而言，通常可分为以下两种类型。

A. 线性堆叠式二维码。它是在一维条形码编码原理的基础上，将多个一维条形码在纵向堆叠而产生的。典型的码制如 Code 16K、Code 49、PDF417 等。

B. 矩阵式二维码。它是在一个矩形空间内通过黑、白像素在矩阵中的不同分布进行编码。典型的码制如 Aztec、Maxi Code、QR Code、Data Matrix 等。

典型的二维条形码如图 6.7 所示。

PDF417码

QR Code

图 6.7 典型的二维条形码

③ 三维条形码。二维条形码相对于一维条形码在信息容量上有了很大的提高，随着全球信息爆炸时代的到来，人们对于当前应用广泛的条形码提出了更高要求，希望其能在单位面积上存储更多的信息。三维条形码就是在二维条形码的基础上再增加一个维度，从而使其具有更多的信息容量。三维条形码主要通过两种方式获得：一是加入色彩或灰度作为第三维，得到平面三维条形码；二是增加 Z 轴层高，得到立体三维条形码。

目前世界各国已研制出了几种平面三维条形码。例如，日本公司 Content Idea of Asia 推出了 PM Code 条形码；韩国延世大学计算机学院推出了彩色条形码 Color Code，并提供其在相关多媒体领域内的应用；美国微软公司推出了高容量的彩色条形码——HCCB。图 6.8 为上述的三维彩色条形码。我国也已经在三维彩色条形码领域取得了突破。例如，由深圳市合必晖科技公司和深圳大学光电子学研究所共同研究开发的任意进制三维条形码，就是一种高质量的彩色条形码。三维条形码可在各种需要保密和防伪的重要领域中应用，如对各种证件、文字资料、图标及照片等图形资料进行编码。

【图 6.8 三维彩色条形码】

PM Code

Color Code

HCCB

【拓展知识】

图 6.8 三维彩色条形码

6.1.2 商品条形码

商业是最早应用条形码技术的领域。在商业自动化系统中，商品条形码是关键。在国家标准 GB/T 12904 中，商品条形码被定义为用于标识国际通用的商品代码的一种模块组合型条形码。EAN/UPC 码作为一种消费单元代码，被用于在全球范围内唯一标识一种商品。EAN 码有两种版本——标准版和缩短版。标准版表示 13 位数字，又称 EAN13 码；缩短版表示 8 位数字，又称 EAN8 码。

EAN 码由前缀码、厂商识别码、商品项目代码和校验码组成。

（1）标准版

EAN13 码一般由前缀码、厂商识别代码、商品项目代码和校验码组成，结构有 3 种类型，见表 6-1。

表 6-1 EAN13 码的结构

结构种类	前缀码	厂商识别代码	商品项目代码	校验码
结构一	$X_1X_2X_3$	$X_4X_5X_6X_7$	$X_8X_9X_{10}X_{11}X_{12}$	X_{13}
结构二	$X_1X_2X_3$	$X_4X_5X_6X_7X_8$	$X_9X_{10}X_{11}X_{12}$	X_{13}
结构三	$X_1X_2X_3$	$X_4X_5X_6X_7X_8X_9$	$X_{10}X_{11}X_{12}$	X_{13}

① 前缀码。前 2～3 位数字为国家或地区代码，称为前缀码。前缀码是用来标识国家或地区的代码，赋码权属于国际物品编码协会，如 00～09 代表美国、加拿大，45～49 代表日本，690～695 代表中国内地，489 代表中国香港地区，471 代表中国台湾地区。

② 厂商识别代码。前缀码后面的 4～6 位数字为厂商识别代码，用于对厂商的唯一标识，赋码权属于各个国家或地区的物品编码协会。

③ 商品项目代码。厂商识别代码后面的 3～5 位数字是商品项目代码，赋码权属于各个生产企业，编码必须遵循以下原则：对统一商品必须编制相同商品项目代码；对不同的商品项目必须编制不同商品项目代码。保证商品项目与其标识代码一一对应，即一个商品项目只有一个代码，一个代码只标识一个商品项目。

④ 校验码。用于校验厂商识别代码、商品项目代码的正确性，由前面的 12 位数字计算得出。

采用 EAN13 码制的商品条形码示意图，如图 6.9 所示。

图 6.9 EAN13 码制的商品条形码示意图

例如，听装金威啤酒的条形码为 6921837302751，其中 692 代表我国前缀码，1837 代表雪花啤酒（深圳）有限公司，30275是听装金威啤酒的商品代码。这样的编码方式就保证了无论在何时何地，6921837302751都唯一对应这种商品。

另外，图书和期刊作为特殊的商品，也采用EAN13表示ISBN和ISSN。期刊号ISSN以977为前缀，图书号ISBN以978为前缀，由于我国被分配使用以7开头的ISBN号，所以我国出版社出版的图书上的条形码全部以9787开头。

（2）缩短版

缩短版商品条形码所表示的代码由8位数字（$X_1X_2X_3X_4X_5X_6X_7X_8$）组成，前7位为商品项目代码识别代码，是EAN编码组织在EAN分配的前缀码（前3位）的基础上分配给厂商特定商品项目的代码，是用于对厂商特定商品项目的唯一标识，X_8是校验码。缩短版的商品条形码示意图如图6.10所示。

图6.10　EAN8商品条形码示意图

6.1.3　物流条形码

物流条形码是供应链中用以标识物流领域中具体实物的一种特殊代码，是整个供应链过程中，包括生产厂家、配销业、运输业、消费者等环节的共享数据。它贯穿整个贸易过程，并通过物流条形码数据的采集、反馈提高整个物流系统的经济效益。以下重点介绍在物流中广泛使用的储运单元条形码和贸易单元128条形码。

1. 储运单元条形码

储运单元条形码是专门表示储运单元编码的一种条形码，这种条形码常用于搬运、仓储、订货和运输过程中，一般由消费单元组成的商品包装单元构成。在储运单元条形码中，又分为定量储运单元（由定量消费单元组成的储运单元）和变量储运单元（由变量消费单元组成的储运单元）。

定量储运单元一般采用13位或14位数字编码，结构见表6-2。当定量储运单元同时又是定量消费单元时，应按定量消费单元进行编码。例如，电冰箱等家用电器，其定量消费单元的编码等同于通用商品编码。当由含相同种类的定量消费单元组成定量储运单元时，可给每一定量储运单元分配一个区别于它所包含的消费单元代码的13位数字代码，也可用14位数字进行编码。

第6章 电子商务物流信息技术

表6-2 定量储运单元的结构

定量储运单元包装指示符	定量消费单元代码	校验字符
V	$X_1 X_2 X_3 X_4 X_5 X_6 X_7 X_8 X_9 X_{10} X_{11} X_{12}$	C

定量储运单元包装指示符（V）用于指示定量储运单元的不同包装，取值范围为 V=1，2，…，8。

定量消费单元代码是指，包含在定量储运单元内的定量消费单元代码去掉校验字符后的12位数字代码。定量储运单元代码的条形码标识可用14位交叉二五条形码（ITF-14）标识。当定量储运单元同时又是定量消费单元时，应使用EAN13条形码表示，也可用EAN-128条形码标识定量储运单元的14位数字代码。

例如，××牌啤酒，商品条形码为6901234567892，需在大包装箱上使用条形码标识，分别标识内装12瓶啤酒和24瓶啤酒的大包装箱。那么，首先把需要标识的内容转化为标识代码，根据所标识的内容，可采用SCC-14编码结构来表示，内装12瓶啤酒的大包装箱代码为1690123456789X，其中X为校验字符；内装24瓶啤酒的大包装箱代码为2690123456789X，其中X同上。然后选择适用的物流条形码符号，根据标识代码，可采用ITF-14或EAN-128条形码符号来表示，使用EAN-128条形码时，要应用标识符（01），如图6.11和图6.12所示。

1 690123 456789 9
12瓶包装

2 690123 456789 6
24瓶包装

图6.11　IFT-14条形码示例

(01)16901234567899　　　(01)26901234567896
　　12瓶包装　　　　　　　　24瓶包装

图6.12　EAN-128条形码示例

变量储运单元编码由14位数字的主代码和6位数字的附加代码组成，见表6-3。

表6-3 变量储运单元的结构

变量储运单元包装指示符	主代码		附加代码	
	厂商识别代码与商品项目代码	校验字符	商品数量	校验字符
LI	$X_1 X_2 X_3 X_4 X_5 X_6 X_7 X_8 X_9 X_{10} X_{11} X_{12}$	C_1	$Q_1 Q_2 Q_3 Q_4 Q_5$	C_2

变量储运单元包装指示符（LI）指示在主代码后有附加代码。附加代码（$Q_1 \sim Q_5$）是指包含在变量储运单元内，按确定的基本计量单位（如千克、米等）计量取得的商品数量。

变量储运单元的主代码用 ITF-14 条形码标识，附加代码用 ITF-6（6 位交叉二五条形码）标识。变量储运单元的主代码和附加代码也可以用 EAN-128 条形码标识。

2. 贸易单元 128 条形码

贸易单元 128 条形码是物流条形码实施的关键。EAN-128 条形码是一种连续型、非定长、有含义的高密度代码。它能够更多地标识贸易单元的信息，如产品批号、数量、规格、生产日期、交货地、有效期等，使物流条形码成为贸易中的重要工具，是使信息伴随货物流动的全面、系统、通用的重要商业手段。

EAN-128 码由应用标识符和数据两部分组成。应用标识符由 2～4 位数字组成，每一组应用标识符数字的含义是预先定义好的，用来说明其后面的数字表示的内容。例如，应用标识符 01 表示贸易项目代码，10 表示批号，11 表示生产日期，13 表示包装日期，15 表示有效期等。

例如，2002 年生产，批号为：GT 1252 的 12 瓶装啤酒的 EAN-128 码，如图 6.13 所示。

图 6.13　EAN-128 条形码示例

6.1.4　条形码在物流中的应用

（1）货物的分拣运输

铁路运输、航空运输、邮政通信等许多行业都存在货物的分拣运输问题，大批量货物需要在极短时间内准确无误地分装到指定的车厢或航班上。解决这个问题的方法是：预先将物流条形码标贴在物品上，利用分拣点的条形码阅读器采集信息，使包裹或物品自动分拣到不同的运输机上，从而到达不同的目的地。

【拓展视频】

（2）货物的仓储保管

商品条形码有时不能满足仓储的需要，在仓储管理中，除了商品的生产厂家、种类、价格外，还需要产品的数量、保质期、重量、体积等诸多信息。采用物流条形码可以通过应用标识符分辨不同的信息，再经过物流管理信息系统进行后台处理，这样有利于商品的采购、保管和销售，合理保持和控制企业库存，从而促进仓储的现代化。

（3）机场行李管理

在机场自动化系统中，每件行李上都系有包含航班号和目的地等信息的条形码标签，当运输系统把行李从登记处运到分拣系统时，一组通道式阅读器（通常由 8 个阅读器组成）包围了运输机的各个侧面进行扫描，当阅读器识读到条形码时，会将数据传输到分拣控制器，再根据对照表，行李就会被自动分拣到目的航班的传送带上。对于印刷清晰、装载有序的自动分拣系统，条形码首读率可大于90%，这充分体现出了物流条形码的技术优势。

（4）货物扫描通道

包裹运输公司每天都要处理大量的包裹，借助于物流条形码可大大提高分拣速度。为了能够准确识读随机摆放在传输带上的高速传送的包裹，就需要建立货物扫描通道，该通道由一组阅读器组成，能全方位地扫描包裹，高速采集包裹上的实际尺寸、重量等信息，无须人工干预，保证了物件及时送达，提高了效率。

（5）运动中称量

运动中称量是自动化物料搬运和数据采集的组成部分，它与物流条形码技术相结合，把电子秤放在输送机上即可得到包裹的重量，不需中断运输作业或人工处理。同时，运动中称量能实时提供重量信息、计算净重、检验重量误差、验证重量范围等信息。

 实例 6-1

条形码技术在仓储配送业中的应用

仓储管理实际上是条形码应用的传统领地，其应用已经贯穿入/出库、盘点、库存管理等各个方面。在入/出库过程中，条形码可以加快入/出库的速度，也能减少入/出库操作的差错。条形码在仓储管理中带来的最大的变化是盘点业务，传统的手工方式盘点一般是利用纸笔记录，效率不高，同时存在数据失实的可能。在利用了条形码后，就有可能采用自动化技术。例如，在某仓库中使用了手持终端，现在的盘点方式只需要利用手持终端扫描箱体，所有盘点数据都会记录在手持终端中，手持终端也会自动处理盘点重复等错误。手持终端数据可以很方便地导入管理系统中。在库存管理中，条形码的重要意义在于货位保证。物流管理中常常需要引用货位信息，但是传统方式下的货架操作，难以避免货物与货位信息的脱节。往往出现这样的情况，物流管理信息系统指示在某处出库某样货物，但操作工将叉车开到货位后却发现并不存在这样的货物。条形码技术不仅可以标识所有物品，同时也可以标识货位。要求只有扫描了货位条形码和货物条形码后才能完成上下架过程，这样就可以确保货物的货位信息总是准确的。

以美国最大的百货公司沃尔玛为例，该公司在全美有25个规模很大的配送中心，一个配送中心要为100多家零售店服务，日处理量约为20多万个纸箱。每个配送中心分3个区域：收货区、拣货区、发货区。在收货区，一般用叉车卸货。先把货堆放到暂存区，工人用手持式阅读器分别识别运单上和货物上的条形码，确认匹配无误才能进一步处理，有的要入库，有的则要直接送到发货区（称为直通作业），以节省时间和空间。在拣货区，计算机在夜班打印出隔天需要向零售店发运的纸箱的条形码标签。白天，拣货员拿一叠标签打开一只只空箱，在空箱上贴上条形码标签，然后用手持式阅读器识读。根据标签上的信息，计算机随即发出拣货指令。在货架的每个货位上都有指示灯，表示哪里需要拣货以及拣货的数量。当拣货员完成该货位的拣货作业后，按一下"完成"按钮，计算机就可以更新其数据库。装满货物的纸箱经封箱后运到自动分拣机，在全方位阅读器识别纸箱上的条形码后，计算机指示拨叉机构把纸箱拨入相应的装车线，以便集中装车运往指定的零售店。

在国内，条形码在加工制造和仓储配送业中的应用已有了良好的开端。例如，在红河烟厂，成箱的香烟从生产线下来，汇总到一条运输线。在送往仓库之前，先用第一台阅读器识别其条形码，登记完成生产的情况，纸箱随即进入仓库，运到自动分拣机，再用第二台阅读器识读纸箱上的条形码。如果这种品牌的香烟正要发运，则该纸箱被拨入相应的装车线。如果需要入库，则由第三台阅读器识别其品牌。然后拨入相应的自动码托盘机，码成整托盘后通知运输机系统入库储存。条形码的功能在于极大地提高了成品流通的效率，而且提高了库存管理的及时性和准确性。

6.2 射频识别技术

射频识别（Radio Frequency Identification，RFID）技术是无线电频率识别的简称，是从 20 世纪 80 年代兴起并逐步走向成熟的一项自动识别技术。随着超大规模集成电路技术的发展，射频识别系统的体积大大缩小，从而进入了实用化阶段。

6.2.1 RFID 技术的概念及性能特点

1. RFID 技术的概念

RFID 技术起源于英国，应用于第二次世界大战中辨别敌我飞机身份，20 世纪 60 年代开始商用。自 2004 年起，全球范围内掀起了一场 RFID 技术的热潮，包括沃尔玛、宝洁、波音公司在内的商业巨头无不积极推动 RFID 在制造、物流、零售、交通等行业的应用。RFID 技术及其应用正处于迅速上升的时期，被业界公认为最具潜力的技术之一，它的发展和应用推广将是自动识别行业的一场技术革命。

射频识别技术是一种无线通信技术，可通过无线电信号识别特定目标并读写相关数据，而无须在识别系统与特定目标之间建立机械或光学接触。无线电的信号是通过调成无线电频率的电磁场，把数据从附着在物品上的标签（又称"挂签"）上传送出去，以自动辨识与追踪该物品。例如，通过在物流主体对象（如货架、汽车、自动导向车辆、动物等）上贴置电子标签，用射频技术进行电磁波射频扫描，就可以从标签上识别物流对象的有关信息，以进行直接读/写或通过计算机网络将信息传输出去，达到识别物体的目的。某些标签在识别时从阅读器发出的电磁场中就可以得到能量，并不需要电池；也有的标签本身拥有电源，并可以主动发出无线电波。标签包含了电子存储的信息，数米之内都可以识别。

2. RFID 技术的性能特点

与条形码不同的是，射频标签不需要处在阅读器视线之内，也可以嵌入被追踪物体之内，具有不局限于视线、更宽的覆盖面和低成本的优点。RFID 技术的具体性能特点如下。

（1）快速扫描

RFID 阅读器可同时辨识读取多个 RFID 标签，而条形码阅读器一般只能一次读取一个条形码。

（2）体积小型化、形状多样化

RFID 在读取上并不受尺寸大小与形状的限制，不需要为了读取精确度而刻意设计纸张的固定尺寸和印刷品质。现在 RFID 标签开始向小型化与多样化方向发展。

（3）抗污染能力和耐久性

传统条形码的载体是纸张，因此容易受到污染，但 RFID 标签对水、油和化学药品等物质具有很强的抵抗性。此外，由于条形码是附着于塑料袋或外包装纸箱上，所以特别容易受到折损。而 RFID 标签是将数据存在芯片中，因此可以免受污损。

（4）标签可重复使用，寿命较长

印刷上去的条形码通常都无法更改，RFID 标签则可以重复地新增、修改、删除 RFID 卷标内存储的数据，方便信息的更新。RFID 标签的寿命最高可以达到 10 年以上。

(5) 穿透性强，无接触读取

在被覆盖的情况下，RFID 阅读器能够穿透纸张、木材和塑料等非金属或非透明的材质，无接触读取标签内容。而条形码阅读器必须在近距离而且没有物体阻挡的情况下，才可以读取条形码。

(6) 数据的记忆容量大

一维条形码的容量是 50 字节，二维条形码最大的容量可存储 2～3000 字符，RFID 最大的容量则有数兆字节。随着记忆载体的发展，数据容量也有不断扩大的趋势。

(7) 安全性

由于 RFID 承载的是电子信息，其数据内容可经由密码保护，使其内容不易被伪造。

RFID 因其所具备的远距离读取、高存储量等特性而备受瞩目。RFID 未来将逐渐取代条形码，但仍需要较长一段时间。

6.2.2 RFID 的构成

【拓展知识】

RFID 电子标签是由标签、阅读器、数据传输和处理系统组成的。

(1) 标签

RFID 标签被称为电子标签或智能标签，由耦合元件及芯片组成，每个标签具有唯一的电子编码，存储有能够识别目标的信息。通常以电池的有无区分为有源标签、无源标签、半有源标签 3 种类型，也可分为主动式和被动式两种类型。RFID 标签具有持久性、信息接收传播穿透性强、存储信息容量大且种类多等特点。有些 RFID 标签支持读/写功能，目标物体的信息能随时被更新。标签的样式如图 6.14 所示。

图 6.14 标签的样式

(2) 阅读器

阅读器分为手持式和固定式两种，由发送器、接收仪、控制模块和收发器组成。收发器和控制计算机或可编程逻辑控制器（Programmable Logic Controller，PLC）连接，从而实现它的沟通功能。阅读器由天线接收和传输信息。利用高频电磁波传递能量与信号，电子卷标的辨识速率每秒可达 50 个以上，可以利用有线或无线通信方式，与应用系统结合使用。常见的阅读器如图 6.15 所示。

(3) 数据传输和处理系统

应用软件系统是应用层软件，主要是把收集的数据进一步处理，并为人们所使用。RFID 系统结合数据库管理系统、计算机网络与防火墙等技术，提供全自动安全便利的实时监控系统功能。

固定式读写器　　　　　　　　手持式读写器

图 6.15　常见的阅读器

6.2.3　RFID 的工作原理

在被动射频系统中，阅读器通过其天线在一个区域内发射能量形成电磁场，区域大小取决于发射功率、工作频率和天线尺寸。当存储信息编码的挂签处于此区域时，利用所吸收到的电磁场能量供电，并根据阅读器发出的指令对存储器进行相应的实时读写操作，再通过收发模块将数据发送出去。阅读器接收到返回的数据后，解码并进行错误校验以决定数据的有效性，继而通过计算机网络将采集的数据进行数据转换、处理和传输。在主动射频系统中，标签中装有电池，可在有效范围内活动，发送某一频率的信号，解读器读取信息并解码后，送至中央信息系统进行有关数据处理。RFID 的工作原理示意图如图 6.16 所示。

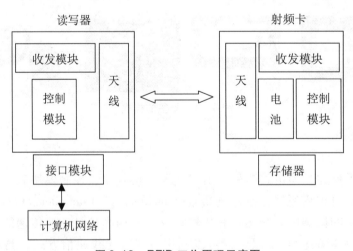

图 6.16　RFID 工作原理示意图

6.2.4　RFID 在物流管理中的应用

1. RFID 在物流各阶层中的应用

解析物流的过程，是由不同的"阶层"构成的，物流的阶层如图 6.17 所示。第 0 阶层：物品的单品；第 1 阶层：小包装；第 2 阶层：包装容器；第 3 阶层：托盘；第 4 阶层：集装箱；第 5 阶层：运输工具。由于价格原因，目前还不能对所有环节实施全程 RFID 管理。由于 RFID 目前在成本方面高于条形码，因此在物流的应用上，厂商导入 RFID 技术时会分成 4 个"阶层"来实施。

（1）单个产品阶段

在每一个产品上用 RFID 标签取代商品条形码，以识别每一个货品的唯一性。由于其可以对最小单位的货物进行控制，所以对于零售端的销售更有利，可以方便地进行促销、防窃以及消费者行为分析。

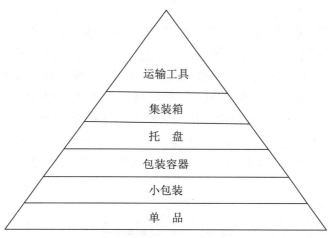

图 6.17　物流过程中的阶层

（2）包装容器阶段

单项产品成打或成箱包装，在纸箱或其包箱容器上装置 RFID，来追踪及辨识纸箱或容器的形状、位置及交接货物的数量。除了所提供的信息更细致之外，也增加了再包装的可视性，并且对于整板进货却需要以箱为单位的出货操作而言，它比小单位的拣货、包装与出货更加方便。

（3）托盘阶段

在托盘上固定 RFID 进行辨识读取，以追踪辨识物流装载工具如托盘、笼车、配送台车等。及时提供供货商的补货信息，有利于供货商做生产规划。物流中心更可加快收货作业时间，提高验货与上架的信息化，从而有效管理存货控制。

（4）集装箱阶段

在货柜上固定 RFID 进行辨识读取，以追踪辨识集装箱、空运盘柜等。RFID 目前应用于国际货柜运送货物上最多，除了有助于在全球化运作时增加对货物的掌控能力之外，通过集装箱、货柜 RFID 的追踪，对于国家安全也提供了有力的保证。

2. RFID 在物流管理中的具体应用

（1）托盘

在供应链管理时代，通过 RFID 技术实现托盘电子信息化，将为供应链管理提供强有力的支持。从发货地开始直至运送到目的地，托盘与货物同步配送。在这个过程中，凡是需要检查托盘或货物信息时，都可通过 RFID 阅读器读取托盘标签信息 ID，再从网络中检索商品信息。显然，这对于货物的正确、安全运送和提高物流效率与降低成本都具有重要意义。这主要体现在：可以防止托盘丢失；有助于解决物流管理中信息采集的自动化问题；有助于物流可视化的实施，与GPS等技术结合可更方便地追踪产品的流通过程，加强监控以保证货物在运输过程中的安全；可以对集装箱、货架、仓库、运载车船甚至货物的包装都产生巨大的波及效应，促进物流现代化水平的全面提高。因此，利用RFID技术对托盘进行电子信息化管理是提高物流管理水平的必由之路。

（2）集装箱

防止失窃与保证安全是集装箱管理的两大课题。集装箱箱号的识别和关封的可靠性是解决这两个课题的重要技术保证。

① 集装箱箱号的识别。在利用RFID对集装箱进行管理之前，通常采用OCR的方式进行监控和管理，也就是用摄像头对集装箱的箱号等进行拍照，然后通过所拍图像识别箱号，因此成本高、精度低，这也成为集装箱箱号识别的大难题。在集装箱箱体两侧安装RFID标签，可以在集装箱的通道上设置阅读器简单读取箱号信息，轻松解决箱号的识别问题。

② 关封的可靠性。目前普遍使用的机械式关封并不可靠。使用设置有RFID标签的关封，一旦被打开，就不能复原，从而可以保证货物在运输途中未被开启。RFID标签不仅具有传统集装箱锁安全防护管制的用途，且可以在芯片里存储更多集装箱数据，还可以加速货柜查验的速度和效率。

（3）供应链管理

RFID技术由于其远距离、快速、多目标同时读取等特点，可以应用在供应链中生产、仓储、运输等环节。通过对物流各环节数据的采集，能够实现增加收入和降低成本的双重效果。

RFID技术在供应链管理的应用，可以提高库存的可用性，从而增加销售；回收管理的改进将使总收入提高。另外，可以减少盗窃损失，提高送货速度，提高仓库产品的吞吐量，减少损坏率和过期商品的销账，减少丢失包裹而导致的投诉。

（4）高速公路自动收费及交通管理

高速公路自动收费系统是RFID技术最成功的应用之一（图6.18）。RFID技术应用在高速公路自动收费上能够充分体现它非接触识别的优势，让车辆高速通过收费站的同时自动完成收费，提高了车行速度，避免了拥堵，提高了收费计算效率。

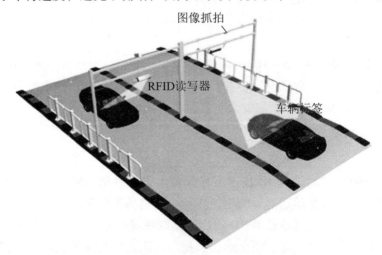

图6.18　RFID运用于高速公路自动收费

第6章 电子商务物流信息技术

（5）RFID 金融卡

RFID 系统相比磁卡、IC 卡更能适应不同的环境，且针对挂签上存储单元的不同分区采用不同的加密体制，使挂签可同时应用于不同的金融收费系统，甚至可同时作为医疗保险卡、驾驶执照、护照等使用，一卡多用是必然的趋势。

（6）加密防伪

国内市场采用的防伪技术绝大部分仍然是在纸基材料上做文章，如激光防伪、荧光防伪、磁性防伪、温变防伪、特种制版印刷等是通常使用的防伪技术手段，这些技术到目前为止还不完善，不具备唯一性和独占性，易复制，从而不能起到真正防伪的作用。与上述防伪技术相比，使用 RFID 防伪的优点在于：每个标签都有一个全球唯一的 ID 号码——UID。UID 是在制作芯片时放在 ROM 中的，无法修改，无法仿造，无机械磨损，防污损，阅读器具有保证其自身安全性等性能。

（7）生产线自动化

引入 RFID 技术对生产线进行可视化管理、生产线检测及产品监测，可以提高生产效率，改进生产方式，节约生产成本。例如，德国宝马汽车公司在装配流水线上应用 RFID 技术，实现了由用户定制产品的生产方式。他们在装配流水线上安装 RFID 系统，使用可重复使用、带有详细的汽车定制要求的挂签，在每个工作点都设有阅读器，以保证汽车在每个流水线工作点上都能按定制要求完成装配任务，从而得以在装配线上装配出上百种不同款式和风格的宝马汽车。

（8）仓储管理

在仓储管理中应用 RFID 系统，实现了实时货位查询和货位动态分配功能，大幅度减少了查找货位信息的时间，提高了查询和盘点精度，大大加快了入/出库单的流转速度，大幅度提高了仓储运作与管理的工作效率，增强了信息处理能力，满足了现代物流管理模式下仓储管理系统的需求。

实例 6-2

零售巨头——麦德龙应用 RFID 供应链管理案例

近几年来，RFID 技术的迅猛发展为零售行业的供应链管理带来了跨越式的发展机遇。随着沃尔玛、麦德龙等国际零售巨头陆续发布强制使用 RFID 供应链管理技术，成品供应链之间的抗衡已经成为决定零售行业竞争成败的关键因素。

世界 500 强之一的麦德龙股份公司是德国最大、欧洲第二、世界第三大零售批发超市集团，旗下拥有多家现购自运商场，已在三十多个国家和地区建立百货商店、超级大卖场，在全世界都有很大的影响力。

2002 年，麦德龙公布"未来商店"计划，宣布在其整个供应链采用 RFID 技术。该计划吸引了 50 多家合作公司共同携手开发并测试物联网 RFID 技术的应用程序，范围涉及库存、运输、物流、仓储等零售供应链的各个环节，甚至包含了零售店面内顾客的购买体验。

在业务量最大的乌纳配送中心，麦德龙建立了 RFID 货盘的全面跟踪系统，部署了多项 RFID 应用。货盘跟踪是配送中心 RFID 系统的基础，超过 100 家的麦德龙的供应商在仓储、物流、配送的货箱、货盘中使用了 RFID 标签。仓库的仓门上安装了固定式的智能数据采集设备，当货盘经过仓门时，货箱标签上的数据可被自动识别、采集，并通过自动整理传递到企业系统内；系统将此信息与发货通知的电子数据相核对，符合系统订单的货盘将被麦德龙批准接收，供应链的库存系统也会在商品入库时及时更新。这个过程不需要人工操作参与，极大地减少了劳动力成本。

RFID 技术保证了仓库能够准确、迅速地把商品运送至零售商店。叉车工作人员通过指令接收订单，读取 RFID 地点标签来确认货物提取的地点、种类、时间、数量等信息，将被提取的货物送至包装区域，再被装上货盘传送到指定店面。

RFID 系统还极大地改善了货物交验程序。使用 RFID 系统识别货盘、发货确认和入库处理后，每辆货车的检查及卸载任务时间平均节约 15～20 分钟；同时，供应链中不到位的发货能被及时发现，改善了库存准确度，将缺货情况降低 12% 左右。

RFID 技术无疑为零售企业的供应链管理提供了更便捷的方式和更高效的选择。基于物联网技术的供应链系统掌握商品进销存的全部资料，从商品的订货、出厂日期、保存时间、运输、收货、仓储、销售、结算到再订货，不仅保障了配送的准确率、降低了人工成本，还能根据信息系统的历史记录自动预计销售量、拟定采购计划、下发订单，把存货量控制在合理的范围之内。RFID 阅读器的准确率高，能够精确、快速地扫描货箱、货品。RFID 电子标签中的信息含量大，并且具有很强的抗干扰性，在能够反复使用的同时还具有较高的安全保密性，在节约成本的同时还更加环保。RFID 技术可以实现对货品流通各个环节的实时监控，从最初的设计、原材料的采购、半成品的生产、成品储存、运输、物流、零售到退换货处理和售后服务等信息，都能进行追踪。

基于 RFID 技术的全电子化成品供应链管理，能够将销售、库存、成本等信息与供应商实时分享。供应商可以及时了解自身产品的销售和库存状况，大幅削减了沟通成本及补货时间，对市场反应有了更准确的把握。实践证明，众多国际零售巨头正是采用了基于 RFID 技术的先进的供应链管理系统，才创造了零售领域难以撼动的竞争优势。

6.3 地理信息系统

地理信息系统（Geographic Information Systems，GIS）是集计算机科学、地理学、信息科学等学科为一体的新兴边缘科学，它可作为应用于各领域的基础平台。这种集成是对信息的各种加工、处理过程的应用、融合和交叉渗透，并且是实现各种信息数字化的过程。

6.3.1 GIS 的概念

古往今来，几乎人类所有活动都是发生在地球上，都与地球表面位置（即地理空间位置）息息相关，随着计算机技术的日益发展和普及，地理信息系统以及在此基础上发展起来的"数字地球""数字城市"在人们的生产和生活中起着越来越重要的作用。

地理信息作为一种特殊的信息，来源于地理数据。地理数据是各种地理特征和现象间关系的符号化表示，是指表征地理环境中要素的数量、质量、分布特征及其规律的数字、文字、图像等的总和。地理信息是地理数据中包含的意义，是关于地球表面特定位置的信息，是有关地理实体的性质、特征和运动状态的表征和一切有用的知识。作为一种特殊的信息，地理信息除具备一般信息的基本特征外，还具有区域性、空间层次性和动态性等特点。

地理信息系统是一种特定的十分重要的空间信息系统。它是在计算机硬、软件系统支持下，对整个或部分地球表层（包括大气层）空间中的有关地理分布数据进行采集、存储、管理、运算、分析、显示和描述的技术系统。GIS 是多种学科交叉的产物，它以地理空间数据为基础，采用地理模型分析方法，适时地提供多种空间的和动态的地理信息，是一种为地理研究和地理决策服务的计算机技术系统。其基本功能是将表格型数据转换为地理图形显示，然后对显示结果进行浏览、操作和分析。其显示范围可以从洲际地图到非常详细的街区地图，显示对象包括人口、销售情况、运输线路以及其他内容。GIS 与全球定位系统（Global Positioning System，GPS）、遥感系统（Remote Sensing，RS）合称 3S 系统。

通过上述的分析和定义，可提出 GIS 的如下基本概念。

① GIS 的物理外壳是计算机化的技术系统，它又由若干个相互关联的子系统构成，如数据采集子系统、数据管理子系统、数据处理和分析子系统、图像处理子系统、数据产品输出子系统等。这些子系统的优劣，直接影响着 GIS 的硬件平台、功能、效率、数据处理的方式和产品输出的类型。

② GIS 的操作对象是空间数据，即点、线、面、体这类有三维要素的地理实体。空间数据最根本的特点是每一个数据都按统一的地理坐标进行编码，实现对其定位、定性和定量的描述，这是 GIS 区别于其他类型信息系统的根本标志，也是其技术难点之所在。

③ GIS 的技术优势在于它的数据综合、模拟与分析评价能力，可以得到常规方法或普通信息系统难以得到的重要信息，实现地理空间过程演化的模拟和预测。

6.3.2 GIS 的发展

1. GIS 的发展简史

（1）20 世纪 60 年代 GIS 起源于北美

基于"把地图变成数字形式的地图，便于计算机处理分析"的目的，1963 年，加拿大测量学家 Tomlinson 首次提出 GIS 这一术语，并建成了世界上第一个具有实用价值的地理信息系统——加拿大地理信息系统，用于自然资源的管理和规划。同一时期，美国哈佛大学的计算机图形与空间分析实验室建立了通用的制图软件包 SYMAP，竭力发展空间分析模型和软件。

（2）20 世纪 70 年代是 GIS 发展的巩固阶段

美国、加拿大、英国、德国、瑞典和日本等国对地理信息系统的研究均投入了大量的人力、物力、财力，研究不同专题、不同规模、不同类型的各具特色的地理信息系统。计算机软硬件迅速发展，特别是具有大容量存储功能磁盘的使用，为地理空间数据的录入、存储、检索、输出提供了强有力的支持，使 GIS 向实用方向迅速发展。

（3）20 世纪 80 年代为 GIS 的大发展阶段

计算机的迅速发展和普及，使 GIS 也逐步走向成熟，并在全世界范围内全面地推向应用阶段。由于新一代高性能计算机的普及和发展，GIS 也逐步走向成熟，其应用从基础信息管理与规划转向空间决策支持分析，地理信息产业的雏形开始形成。

（4）20 世纪 90 年代至今为 GIS 的应用普及时代

由于计算机的软硬件均得到飞速的发展，网络已进入千家万户，所以 GIS 的应用也日趋广泛，它在国土资源、农业、气象、环境、城市规划等领域成为重要的支持系统，并已成为许多机构必备的工作系统。

2. GIS 在我国的发展

（1）准备阶段（1978—1980 年）

这一阶段主要是舆论准备，队伍组建，开始 GIS 的启蒙研究。

(2) 起步阶段（1981—1985 年）

这一阶段主要对 GIS 进行理论探索和区域性实验研究，制定了国家 GIS 的规范，并进行信息采集、数据库模型设计。1985 年，资源与环境信息系统国家重点实验室正式成立。

(3) 全面发展阶段（1986 年以后）

在这一阶段 GIS 取得了长足的进步：第一，以研究资源与环境信息的国家规范和标准、省市县级和区域性的规范为主体，解决了信息共享与系统兼容的问题；第二，逐步开展全国性的自然资源与环境、国土和水土保持信息系统的建立和应用模式的研究，开展结合水保、洪水预警和救灾对策、防护林生态和城市环境等方面的区域性信息研究；第三，大力研制和发展软件和专家系统，从技术上支持上述研究领域的开拓与发展。

目前，GIS 已在我国许多部门和领域得到应用，并引起了政府部门的高度重视。从应用方面看，地理信息系统已在资源开发、环境保护、城市规划建设、土地管理、农作物调查、交通、能源、通信、地图测绘、林业、房地产开发、自然灾害的监测与评估、金融、保险、石油与天然气、军事、犯罪分析、运输与导航、110 报警系统、公共汽车调度等方面得到了具体应用。目前国内建设 GIS 系统比较常用的软件有 Supermap GIS 系列、MapGIS 系列、MyGIS系列。

6.3.3　GIS 的组成和功能

1. GIS 的组成

（1）计算机硬件系统

计算机硬件系统是 GIS 的核心，是计算机系统中实际物理设备的总称，主要包括计算机主机、输入设备、存储设备和输出设备。其中输入/输出设备包括扫描仪、绘图仪、数字化仪、RS（遥感）/GPS（全球卫星定位系统）、打印机等，如图 6.19 所示。

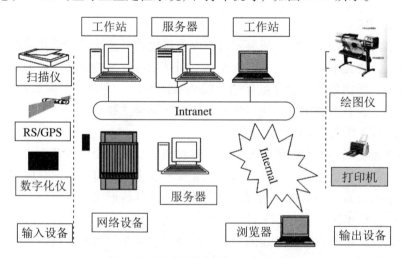

图 6.19　GIS 常见的输入/输出设备

（2）计算机软件系统

计算机软件系统也是 GIS 的核心，是地理信息系统运行时所必需的各种程序，主要包括：一是计算机系统软件；二是地理信息系统软件及其支撑软件，包括地理信息系统工具或地理信息系统实用软件程序，以完成空间数据的输入、存储、转换、输出及其用户接口功能等；三是应用程序，这是根据专题分析模型编制的特定应用任务的程序，是地理信息系统功能的扩充和延伸。

(3) 地理信息系统的空间数据库

地理信息系统的空间数据库是 GIS 应用的基础，反映了 GIS 的管理内容，是 GIS 的操作对象。空间数据库系统由数据库实体和空间数据库管理系统组成，其核心是地理数据。地理数据主要包括空间位置数据、属性特征数据和时域特征数据 3 个部分。空间位置数据描述地理对象所在的位置，这种位置既包括地理要素的绝对位置（如经度、纬度坐标），也包括地理要素之间的相对位置关系（如空间上的相邻、包含等）。属性特征数据又称非空间数据，是描述特定地理要素特征的定性或定量指标，如公路的等级、宽度、起点、终点等。时域特征数据是记录地理数据采集或地理现象发生的时刻或时段。空间位置、属性特征和时域特征构成了地理空间分析的三大基本要素。

(4) 系统管理及应用人员

系统管理及应用人员是地理信息系统应用成功的关键。计算机软硬件和数据不能构成完整的地理信息系统，需要人进行系统组织、管理、维护、数据更新、系统完善扩充、应用程序开发，并灵活采用地理分析模型提取多种信息，为研究和决策服务。

2. GIS 的功能

(1) 数据输入功能。GIS 的数据输入指的是将系统外部多种来源、多种形式的原始数据（包括空间和属性数据）传输给系统内部，并将这些数据从外部格式转换为系统能够识别、便于处理的内部格式存储于系统的地理数据库中的过程。

(2) 数据存储功能。数据存储指的是将输入的数据以某种格式记录在计算机内部或光盘、磁盘、磁带等存储介质上。

(3) 数据校验功能。数据校验是指通过观测、统计分析和逻辑分析等，对输入数据进行质量检查和纠正、建立空间拓扑结构及图形整饰等。

(4) 数据操作功能。为满足客户需求，需要对数据进行一系列的操作运算与处理。主要操作包括坐标变换、投影变换、空间数据压缩、空间数据内插、空间数据类型的转换、图幅边缘匹配、多边形叠加和数据的提取等。

(5) 数据管理功能。数据管理主要是用来构造和组织地理元素的位置、连接关系及属性数据，以便计算机能处理并构建数据库管理系统。其主要内容有数据格式的选择和转换、数据的查询、提取等。

(6) 数据输出功能。数据输出指的是将用户所需的经 GIS 处理分析过的数学数据、报表、图形、统计图、专题图等，以客户能识别的多种形式在输出设备上显示或输出。对于一些对输出精度要求较高的领域，需要某些特殊技术才能保证高质量输出，这些技术包括数据的校正编辑、图形整饰、误差消除、坐标变换和出版印刷等。

(7) 制图功能。制图功能是 GIS 最重要、用途最广的一个功能。GIS 的综合制图功能包括专题地图的制作，即在地图上显示出地理要素，并赋予数值范围，同时能够放大或缩小以表明不同的细节层次。GIS 既可以为用户输出全要素图，也可以根据用户需要分层输出各种专题地图，以显示不同要素及活动的位置或有关属性内容，如矿产分布图、城市交通图、旅游图等。

(8) 空间查询与空间分析功能。空间查询和空间分析是从 GIS 目标之间的空间关系中获取派生信息和新的知识，用以回答有关空间关系的查询和应用分析。

6.3.4 GIS 在物流领域的应用

GIS 在物流领域的应用主要是指利用 GIS 强大的地理数据功能来完善物流分析技术，合理调配和使用各种资源，提高物流经济效益和作业效率。

1. 基于 GIS 的物流配送系统模型

基于 GIS 的物流配送系统，应集成以下主要模型：设施定位模型、车辆路线模型、网络物流模型、配送区域划分模型、空间查询模型。

（1）设施定位模型

用于确定一个或多个设施的位置。在物流系统中，仓库和运输路线共同组成了物流网络，仓库处于网络的节点上，节点决定着线路。根据供求的实际需要并结合经济效益等原则，在既定区域内设立多少个仓库，每个仓库的位置，每个仓库的规模，以及仓库之间的物流关系等，运用此模型均能很容易地得到解决。

（2）车辆路线模型

用于解决一个起始点、多个终点的货物运输中，如何降低物流作业费用，并保证服务质量的问题。

（3）网络物流模型

用于解决寻求最有效的分配货物路径问题，也就是物流网点布局问题。例如，将货物从 N 个仓库运往 M 个商店，每个商店都有固定的需求量，因此需要确定从哪个仓库提货送往哪个商店，所耗的运输成本最小。此外，还包括决定使用多少辆车、每辆车的路线等。

（4）配送区域划分模型

根据各个要素的相似点，把同一层上的所有或部分要素分为几个组，用以解决确定服务范围和销售市场范围等问题。例如，某一公司要设立 X 个分销点，要求这些分销点要覆盖某一地区，而且要使每个分销点的顾客数目大致相等。

（5）空间查询模型

例如，可以查询以某一商业网点为圆心在某一半径内配送点的数目，以此判断哪一个配送中心距离最近，为安排配送做准备。

2. 基于 GIS 的物流配送系统功能

（1）车辆和货物跟踪

利用 GIS 和电子地图可以实时显示车辆或货物的实际位置，并能查询出车辆和货物的状态，以便进行合理调度和管理。

（2）提供运输路线规划和导航

规划运输线路，使显示器能够在电子地图上显示设计线路，并同时显示汽车运行路径和运行方法。

（3）监控交通运输情况

GIS 可以将各种交通流量信息、气象数据、事故定点信息、场外监控数据等各种数据有效结合，并且结合 GIS 数据，可以对各个高速公路、交警、城市紧急救援单位监控中心进行支持，动态监控道路状况及实时调度车辆、指挥交通。

（4）信息查询

对配送范围内的主要建筑、运输车辆、客户等进行查询，查询资料可以以文字、语言及图像的形式显示，并在电子地图上显示其位置。

（5）模拟与决策

例如，可利用长期客户、车辆、订单和地理数据等建立模型，来进行物流网络的布局模拟，并以此来建立决策支持系统，以提供更有效而直观的决策依据。

 实例 6—3

GIS 在物流中心选址方面的应用

物流中心选址是物流系统中具有战略意义的投资决策问题，对整个系统的物流合理化和商品流通的社会效益有着决定性的影响。

1. 传统选址方法的缺陷

物流中心选址方法已有较为成熟的模型与算法，主要有重心法、数值分析法、Kuehn – Hanburger 模型、Delphi 专家咨询法等，这些传统的选址方法均存在不同程度的令人不满意的地方。所有这些方法，都是静态的、非直观的，其结果往往与现实情况不完全相符合甚至相差非常大。GIS 技术的出现，可以很好地帮助我们克服以上缺点，较好地解决物流中心的选址问题。

2. 利用 GIS 选址的优点

首先，GIS 最大、最显著的特点是通过地图来表现数据。在 GIS 中，空间信息和属性信息是不可分割的整体，它们分别描述地理实体的两面，以地理实体为主线组织起来，除了具有管理空间数据（如物流节点的位置）外，还具有空间查询与分析功能（如查询设施的属性、分析其周围的环境状况等）。

其次，GIS 具有可视性。利用 GIS 可以以图的形式显示包含区域地理要素的背景下的整个物流网络（如现存物流节点、道路、客户等要素），规划者能够直观方便地确定位置或线路，而且 GIS 的最终评价是输出图形，既直观又便于理解。

最后，GIS 的动态交互性。GIS 是一个动态的系统，它的强大的数据库系统可以持续更新，地理空间上的任何变化，GIS 都可以更新其数据库以备调用。同时，利用 GIS 的空间查询分析功能，在物流中心选址过程中能很好地实现规划者与计算机的动态交互，使得选址结果更符合实际需要。

3. 用 GIS 进行物流中心选址的原理

GIS 是进行物流中心选址的最佳分析工具，它用于物流中心选址主要是依靠 GIS 的以下分析功能。

（1）空间查询。能够分析系统中点、线、面基本图形之间的关系，如查询物流中心周围"一公里"范围内所有配送点的情况；与某个配送中心相连的道路情况；某个需求点区域及周边的地理分布情况等。

（2）叠加分析。叠加分析是 GIS 非常重要的空间分析功能。分析某条配送路线上的需求点情况，用点与线叠加；分析某个区域内的配送中心及需求点分布情况，用点与面叠加；分析某个区域内的主要街道、道路情况，用线与面叠加。

（3）缓冲区分析。缓冲区分析是对一组或一类地物按缓冲的距离条件，建立缓冲多边形，然后将这个图层与需要进行缓冲分析的图层进行叠加分析，得到所需要的结果。设计或分析某条配送路线或者配送中心选址等空间布局问题时，要分析配送中心周边范围内的需求点、道路等数据情况，可根据数据库中的点、线、面实体建立周围一定宽度范围的缓冲多边形。

（4）网络分析。网络分析是进行物流设施选址时最重要的功能，用于分析物流网络中各节点的相互关系和内在联系，主要有路径分析、资源分配、连通分析、流分析等。路径分析可以寻求一个节点到另一个节点的最佳路径；资源分配包括目标选址和为供货中心寻找需求市场或需求资源点；连通分析用于解决与配送路径安排相关的问题，降低配送成本；流分析的问题主要是按照某种优化标准（时间最少、费用最低、路程最短或运送量最大等）设计资源的配送方案。

6.4 全球定位系统

全球定位系统（GPS）是一种以空中卫星为基础的高精度无线电导航的定位系统，它在全球任何地方以及近地空间都能够提供准确的地理位置、车行速度及精确的时间信息。GPS自问世以来，就以其高精度、全天候、全球覆盖及方便灵活的特点吸引了众多用户。GPS不仅是汽车的守护神，同时也是物流行业管理的智多星。随着物流业的快速发展，未来物流将是GPS继汽车市场后的第二大主要消费群体。

6.4.1 GPS的概念和特点

1. GPS的概念

GPS起始于1958年美国军方的一个项目，1964年投入使用。20世纪70年代，美国海、陆、空三军联合研制了新一代卫星定位系统GPS，主要目的是为海、陆、空三大领域提供实时、全天候和全球性的导航服务，并用于情报收集、核爆监测和应急通信等一些军事目的，经过20余年的研究实验，耗资200多亿美元，到1994年，全球覆盖率高达98%的24颗GPS卫星星座已布设完成，是具有在海、陆、空进行全方位实时三维导航与定位能力的新一代卫星导航与定位系统。如今，GPS已经成为当今世界上最实用，也是应用最广泛的全球精密导航、指挥和调度系统。

GPS可满足位于全球任何地方或近地空间的用户连续精确地确定三维位置、三维运动和时间的需要。该系统包括太空中的24颗GPS卫星、地面上的1个主控站、3个数据注入站和5个监测站，以及作为用户端的GPS接收机。最少只需其中4颗卫星，就能迅速确定用户端在地球上所处的位置及海拔高度，所能连接到的卫星数目越多，解码出来的位置就越精确。使用者只需拥有GPS接收机，不需要另外付费。GPS信号分为民用的标准定位服务（Standard Positioning Service，SPS）和军用的精确定位服务（Precise Positioning Service，PPS）两类。SPS不需要任何授权即可使用，可以达到大约10m的定位精度。

【拓展知识】

现有的卫星导航定位系统除了美国的全球卫星定位系统以外，还有俄罗斯的格洛纳斯全球卫星定位系统（Global Navigation Satellite System，GLONASS）、中国北斗卫星导航系统（BeiDou Navigation Satellite System，BDS）以及欧洲的伽利略卫星导航系统（Galileo Navigation Satellite System，GNSS）。

2. GPS系统的特点

GPS系统的特点包括以下几方面。

（1）定位精度高

应用实践已经证明，GPS相对定位精度在50km以内可达10^{-6}，100～500km可达10^{-7}，1000km可达10^{-9}，在300～1500m工程精密定位中，1小时以上观测的其平面位置误差小于1mm。

（2）观测时间短

随着GPS系统的不断完善及软件的不断更新，目前，20km以内相对静态定位仅需15～20分钟；快速静态相对定位测量时，当每个流动站与基准站相距在15km以内时，流动站观测时间只需1～2分钟；采取实时动态定位模式时，每站观测仅需几秒钟。

(3) 测站间无须通视

GPS 测量只要求测站上空开阔，不要求测站之间互相通视，因而不再需要建造觇标。这一优点既可大大减少测量工作的经费和时间，同时也使选点工作变得非常灵活，也可省去经典测量中的传算点、过渡点的测量工作。

(4) 可提供三维坐标

GPS 测量可同时精确测定测站平面位置和大地高程。目前 GPS 水准可满足四等水准测量的精度。另外，GPS 定位是在全球统一的 WGS-84 坐标系统中计算的，因此全球不同地点的测量成果是相互关联的。

(5) 操作简便

随着 GPS 接收机的不断改进，GPS 测量的自动化程度越来越高，有的已趋于"傻瓜化"。在观测中测量员只需安置仪器，连接电缆线，量取天线高，监视仪器的工作状态，而其他观测工作，如卫星的捕获、跟踪观测和记录等均由仪器自动完成。结束测量时，仅需关闭电源，收好接收机，便完成了野外数据采集任务。

(6) 全球全天候作业

GPS 卫星的数目较多，且分布均匀，保证了在地球上任何地方任何时间至少可以同时观测到 4 颗 GPS 卫星，确保实现全球全天候连续的导航定位服务（除打雷闪电不宜观测外）。

(7) 功能多、应用广

GPS 系统不仅可用于测量、导航，还可用于测速、测时。测速的精度可达 0.1m/s，测时的精度可达几十毫微秒。其应用领域仍在不断扩大。

6.4.2 GPS 的组成

GPS 主要有三大组成部分，即空间部分、地面控制部分和用户设备部分。

(1) 空间部分

GPS 的空间部分由 24 颗卫星组成（21 颗工作卫星，3 颗备用卫星），如图 6.20 所示。这些卫星位于距地表 20200km 的上空，均匀分布在 6 个轨道面上（每个轨道面 4 颗），轨道倾角为 55°。卫星的分布使得在全球任何地方、任何时间都可观测到 4 颗以上的卫星，并能在卫星中预存导航信息，这就提供了在时间上连续的全球导航能力。

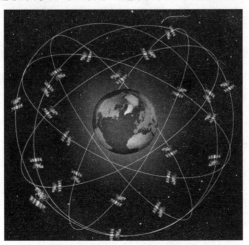

图 6.20　GPS 空间卫星示意图

(2) 地面控制部分

地面控制部分由 1 个主控站、5 个监测站和 3 个地面控制站组成。主控制站位于美国科罗拉多州春田市。主控站从各监测站收集跟踪数据，计算出卫星的轨道和时钟参数，然后将结果送到地面控制站。监测站均配装有精密的铯钟和能够连续测量到所有可见卫星的接收机，监测站将取得的卫星观测数据，包括电离层和气象数据，经过初步处理后，传送到主控站。地面控制站在每颗卫星运行至上空时，把这些导航数据及主控站指令注入卫星。这种注入针对每颗 GPS 卫星每天进行一次，并在卫星离开注入站作用范围之前进行最后的注入。如果某地面控制站发生故障，那么在卫星中预存的导航信息还可用一段时间，但导航精度会逐渐降低。

(3) 用户设备部分

用户设备部分即 GPS 接收机，由接收机硬件和机内软件及 GPS 数据的后处理软件包构成。它能够捕获到按一定卫星截止角所选择的待测卫星，并跟踪这些卫星的运行。当接收机捕获到跟踪的卫星信号后，即可测量出接收天线至卫星的伪距离和距离的变化率，解调出卫星轨道参数等数据。根据这些数据，接收机中的微处理计算机就可按定位解算方法进行定位计算，计算出用户所在地理位置的经纬度、高度、速度、时间等信息。目前各种类型的接收机体积越来越小，重量越来越轻，便于野外观测使用。常见的 GPS 接收机如图 6.21 所示。

测量型接收机

手持式接收机

图 6.21　常见的 GPS 接收机

6.4.3　GPS 导航与定位原理

GPS 的定位原理是以高速运动的卫星瞬间位置作为已知的起算数据，采用空间距离后方交会的方法，确定待测点的位置。如图 6.22 所示，假设 t 时刻在地面待测点上安置 GPS 接收机，可以测定 GPS 信号到达接收机的时间 t，再加上接收机所接收到的卫星星历等其他数据，可以确定图中的 4 个方程式。

4 个方程式中待测点坐标 x，y，z 和 V_{t0} 为未知参数，其中 $d_i = ct_i$（$i=1$，2，3，4）。d_i（$i=1$，2，3，4）为卫星 1、卫星 2、卫星 3、卫星 4 到接收机之间的距离。t_i（$i=1$，2，3，4）为卫星 1、卫星 2、卫星 3、卫星 4 的信号到达接收机所经历的时间。c 为 GPS 信号的传播速度（即光速）。4 个方程式中各个参数意义如下：x，y，z 为待测点坐标的空间直角坐标。x_i，y_i，z_i（$i=1$，2，3，4）星 1、卫星 2、卫星 3、卫星 4 在 t 时刻的空间直角坐标，可由卫星导航电文求得。V_{ti}（$i=1$，2，3，4）为卫星 1、卫星 2、卫星 3、卫星 4 的卫星钟的钟差,由卫星星历提供。V_{t0} 为接收机的钟差。由以上 4 个方程即可计算出待测点的坐标 x, y, z 和接收机的钟差 V_{t0}。

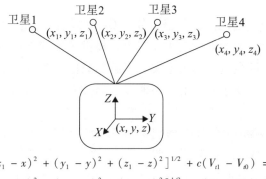

$$[(x_1 - x)^2 + (y_1 - y)^2 + (z_1 - z)^2]^{1/2} + c(V_{t1} - V_{t0}) = d_1$$
$$[(x_2 - x)^2 + (y_2 - y)^2 + (z_2 - z)^2]^{1/2} + c(V_{t2} - V_{t0}) = d_2$$
$$[(x_3 - x)^2 + (y_3 - y)^2 + (z_3 - z)^2]^{1/2} + c(V_{t3} - V_{t0}) = d_3$$
$$[(x_4 - x)^2 + (y_4 - y)^2 + (z_4 - z)^2]^{1/2} + c(V_{t4} - V_{t0}) = d_4$$

图 6.22 GPS 定位原理

目前 GPS 系统提供的定位精度低于 10m,而为了得到更高的定位精度,通常采用差分 GPS 技术:将一台 GPS 接收机安置在基准站上进行观测;根据基准站已知精密坐标,计算出基准站到卫星的距离改正数,并由基准站实时将这一数据发送出去;用户接收机在进行 GPS 观测的同时,也接收基准站发出的改正数,并对其定位结果进行改正,从而提高定位精度。

6.4.4 GPS 在物流中的应用

1. GPS 应用于导航

导航是一个技术门类的总称,是引导飞机、船舶、车辆及步行者(总称为运载体)安全、准确地沿着选定的路线,准时到达目的地的一种手段。导航的基本功能是回答"我现在在哪里、要去哪里、如何去"的问题。GPS 导航仪如图 6.23 所示。

图 6.23 GPS 导航仪

电子商务物流

三维导航是GPS的首要功能，飞机、船舶、地面车辆及步行者都可利用导航接收机进行导航。

(1) 航海导航

航海GPS是航海领域重要的航海仪器，使用GPS接收机与能显示电子海图的计算机相连接，电子海图提供了非常详细的港口及水深资料，提供了船只航行时所必需的数据和图形资料。通过定位导航，用户可在电子海图上实时了解船只的准确位置，可测定出内河及远洋船队的最佳航程和安全航线，便于航向的实时调度、监控及水上救援等，从而使船只在茫茫大海中永不迷航。

目前，我国交通运输部在我国沿海已相继建立了20个GPS差分信息短波发送站，每个台站覆盖半径约300km，基本覆盖整个沿海地区（含部分大陆），用于为过往船舶提供差分修正信息。我国跨世纪的三峡工程也利用了GPS来改善航运条件，提高航运能力。

(2) 航空导航

航空GPS比较复杂，除了有各机场详尽的资料外，还有旅程计算机功能。在飞机的计算机上存储有飞行地区地形高度变化的电子地图，通过GPS接收机可实时计算出飞机飞行的高度，再结合电子地图就能确定飞机的精确位置，并能引导航路、空中交通管理、精密进场降落，对可能发生的意外情况进行预警等，从而使蓝天上的飞行变得准确而轻松。目前，航空GPS已运用到包括护林防火、飞播造林、紧急救援、空中旅游和航空摄影等在内的多个行业。

(3) 铁路运输导航

基于GPS的铁路信息系统，充分利用了GPS的实时定位功能和网络通信功能，能实时收集全路列车、机车、车辆、集装箱及所运货物的动态信息，实现列车、货物的追踪管理。只要知道货车的车种、车型、车号，就可轻易地从近10万千米的铁路网上流动着的几十万辆货车中寻找到该货车及其确切位置，从而大大提高了铁路路网及运营的透明度，为货主提供了快速优质的服务。

(4) 汽车导航

GPS最具市场价值的应用领域，是汽车等运动载体的自主导航和动态管理。汽车导航仪是集计算机、通信导航、地图信息为一体的高科技产品，具备笔记本电脑的基本功能，可方便地连接网络、发送传真和数据通信。它内置GPS接收机，安装了显示器，装载了定位导航软件，利用接收到的GPS信号为车辆提供全天候、全时域位置信息，再结合地图匹配技术，就可在显示器上显示汽车在电子地图中的精确位置，而且驾驶员只要输入目的地，显示器上就可出现行驶最佳路线的电子地图，使驾驶员即使在陌生地区行车，同样能"驾轻就熟"。驾驶员也可预先自定义行驶路线、路旁标记和航路点，保存预先设定的路线或已走过的路线，以便再次查询。通过查询电子地图，驾驶员还能了解某地区的地理环境、交通状况及有关加油站、商店、饭店等信息，增加对未来旅途的预测。这样的导航系统可使驾驶员以最佳的路线驶向目的地，在任何时间、地点、天气及地域都不会迷失方向。

» 148

2. GPS 应用于物流

（1）GPS 卫星定位车辆监控系统

车辆监控系统是集 GPS、GIS 和现代通信技术于一体的高科技系统，主要由监控中心、GPS 定位装置和移动通信装置构成。其中，移动通信装置可以是大区制的集群移动通信设备或小区制的蜂窝移动通信设备，如 GSM 手机。该系统的主要功能是对移动目标进行实时动态跟踪，移动目标利用 GPS 接收机获取本身的三维位置信息及速度、方向等参数，通过电台或 GSM 移动电话传送到监控中心，在监控中心进行电子地图匹配后显示在显示器上。监控中心是整个信息平台的核心，能对移动目标的位置、速度和状态等信息进行监控、查询，以确保行车安全，方便调度管理，提高运营效率。同时，它还可以根据电子地图上显示的求助信息和报警目标，对遇有险情或发生事故的车辆进行紧急援助。

（2）GPS 货物运输跟踪系统

① GPS 货物运输跟踪过程。在物流运输企业中使用 GPS 货物运输跟踪系统，主要是便于及时获取有关货物运输状态的信息，跟踪物流运输的全过程，以提高物流运输质量。其工作流程：货物装车出发后，通过 GPS 接收机获取自身所处的地理位置，经移动通信系统传输到 GSM 公用数字移动通信网，再传送到运输公司的监控中心，位置信息与 GIS 系统的电子地图相匹配后，即在电子地图上精确显示货车的位置、状态、行驶速度等信息，监控中心由此实施对远程货车的跟踪、调配和调度管理。

② GPS 货物运输跟踪系统的功能。

A. 车辆跟踪。利用 GPS 和电子地图可以实时显示车辆的实际位置，实现多车辆同时跟踪。通过跟踪，使物流运输三方都可对承运货物的车辆进行全程控制，实时掌握在运输过程中货车的所在位置、货物状态、行车轨迹等相关信息，提前完成对应工作的安排，实现完整供应链。

B. 规划行车路线。货物装车起运后，由驾驶员确定起点和终点，系统会自动规划设计出最佳行驶路线，包括最快的路线、路状最佳的路线、通过高速公路路段次数最少的路线等，使货车快捷、准确地驶向目的地，同时最大限度地降低了货物运输费用，大大提高了物流运输配送的效率。

C. 信息查询。在货物运输过程中，驾驶员可以在电子地图上实时查询道路的准确位置、路面状况、沿途设施，如加油站、商店、储运仓库、旅馆等信息。同时，物流运输的三方也能通过互联网技术了解货物在运输过程中的具体细节，从而增强物流企业和货主之间的相互信任，提高物流企业的服务水平。

D. 话务指挥。运输公司监控中心时刻监测货车的运行状况，对远程车辆进行在途配载，合理调度，降低了车辆空驶率以及企业的运营成本，增加了企业效益。监控中心也可随时与被跟踪目标通话，提供一些辅助帮助，如天气预告警示、提醒驾驶员安全驾驶等。

E. 紧急援助。通过 GPS 定位和监控管理系统可以对遇有险情或发生事故的车辆进行紧急援助。监控中心的电子地图可显示求助信息和报警目标，从而快速规划最优援助方案，并报请有关人员进行应急处理，既保证了行车安全，又提高了物流中心或企业的服务质量。

实例 6-4

北斗卫星导航系统及其在物流中的应用

北斗卫星导航系统是中国自行研制的全球卫星导航系统,是继美国全球定位系统、俄罗斯格洛纳斯卫星导航系统之后第三个成熟的卫星导航系统。

1. 发展历史

卫星导航系统是重要的空间信息基础设施。中国高度重视卫星导航系统的建设,一直在努力探索和发展拥有自主知识产权的卫星导航系统。

2000年,首先建成北斗卫星导航试验系统,使我国成为继美国、俄罗斯之后世界上第三个拥有自主卫星导航系统的国家。

2012年12月27日,《北斗卫星导航系统空间信号接口控制文件(1.0版)》正式发布。

2013年12月27日,《北斗卫星导航系统公开服务性能规范(1.0版)》和《北斗卫星导航系统空间信号接口控制文件(2.0版)》正式发布。

2014年11月23日,国际海事组织海上安全委员会审议通过了对北斗卫星导航系统认可的航行安全通函,这标志着北斗卫星导航系统正式成为全球无线电导航系统的组成部分,取得面向海事应用的国际合法地位。

2017年11月5日,中国第三代导航卫星——北斗三号的首批组网卫星(2颗)以"一箭双星"的发射方式顺利升空,这标志着中国正式开始建造"北斗"全球卫星导航系统。

2. 系统构成

北斗卫星导航系统由空间段、地面段和用户段3部分组成,如图6.24所示。

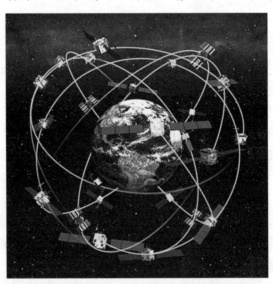

图6.24 北斗卫星导航系统示意图

(1)空间段。北斗卫星导航系统空间段是由若干地球静止轨道卫星、中地球轨道卫星和倾斜地球同步轨道卫星3种轨道卫星组成的混合导航星座。北斗卫星导航系统空间段计划由35颗卫星组成,包括5颗地球静止轨道卫星、27颗中地球轨道卫星、3颗倾斜地球同步轨道卫星。5颗地球静止轨道卫星定点位置为东经58.75°、80°、110.5°、140°、160°,中地球轨道卫星运行在3个轨道面上,轨道面之间相隔120°均匀分布。

(2)地面段。北斗卫星导航系统地面段包括主控站、时间同步/注入站和监测站等若干地面控制站。

(3) 用户段。北斗卫星导航系统用户段包括北斗兼容其他卫星导航系统的芯片、模块、天线等基础产品，以及终端产品、应用系统与应用服务等。

3. 物流应用

（1）个人位置服务。当你进入不熟悉的地区时，你可以使用装有北斗卫星导航接收芯片的手机或车载卫星导航装置找到你要走的路线。

（2）道路交通管理。卫星导航将有利于减缓交通阻塞，提升道路交通管理水平。通过在车辆上安装卫星导航接收机和数据发射机，车辆的位置信息就能在几秒内自动转发到中心站。这些位置信息可用于道路交通管理。

（3）铁路智能交通。卫星导航将促进传统运输方式实现升级与转型。例如，在铁路运输领域，通过安装卫星导航终端设备，可极大缩短列车行驶间隔时间，降低运输成本，有效地提高运输效率。未来，北斗卫星导航系统将提供高可靠性、高精度的定位、测速、授时服务，促进铁路交通的现代化，实现传统调度向智能交通管理的转型。

（4）海上运输。海上运输是全世界最广泛的运输方式之一，也是卫星导航最早应用的领域之一。在世界各大洋和江河湖泊行驶的各类船舶大多数都安装了卫星导航终端设备，使海上运输更为高效和安全。北斗卫星导航系统将在任何天气条件下，为海上航行的船舶提供导航定位和安全保障。同时，北斗卫星导航系统特有的短报文通信功能，将支持各种新型服务的开发。

（5）航空运输。当飞机在机场跑道着陆时，最基本的要求是确保飞机相互之间的安全距离。利用卫星导航精确定位与测速的优势，可实时确定飞机的瞬时位置，有效减小飞机之间的安全距离，甚至在大雾天气，也可以实现自动盲降，极大地提高了飞机飞行的安全性和机场的运营效率。北斗卫星导航系统与其他系统的有效结合，将为航空运输提供更可靠的安全保障。

【拓展视频】

思考与练习

1. 填空题

（1）ENA 码的前缀表示国家，表示中国的前缀码是_____、_____、_____、_____、_____。

（2）图书和期刊作为特殊的商品，也采用_____表示 ISBN 和 ISSN。

（3）RFID 电子标签是射频识别的通俗叫法，由_____、_____和数据传输和处理系统组成。

（4）GIS 地理信息是指_____分布的有关信息，它是表示地表物体和环境固有数量、质量、分布特征、相互联系和变化规律的_____、_____、_____、_____等的总称。

（5）地理数据主要包括_____、_____和_____ 3 部分。

（6）GPS 技术由三大子系统构成：_____、_____、用户信号接收系统。

（7）GPS 的基本定位原理是_____不间断地发送自身的星历参数和时间信息，用户接收到这些信息后，经过计算求出接收机的_____，_____以及和_____信息。

（8）RFID 技术主要用于对_____的标签进行_____的识别，其技术基础是射频技术，通过在物流主体对象（如货架、汽车、自动导向车辆、动物等）上贴置_____（又称"挂签"），用射频技术进行电磁波射频扫描，就可从标签上识别物流对象有关信息，以进行_____或通过_____将信息传输。

2. 选择题

（1）全球定位系统的简称是（   ）。

A. GIS   B. POS   C. EDI   D. GPS

（2）条形码是由一组规则排列的（　　）组成的。
  A. 条   B. 空   C. 字符   D. 各种花纹

（3）EAN 商品条形码的标准码是由几位数字码构成的？（　　）
  A. 8   B. 10   C. 13   D. 15

（4）下列关于 EAN-128 码表述不正确的是（　　）。
  A. 可以表示多种信息   B. 由 128 位构成
  C. 可应用于物流领域   D. 可应用于血液样本管理

（5）中国商品条形码的前缀码有（　　）。
  A. 490、491、492   B. 890、891、892
  C. 690、691、692   D. 590、591、592

（6）EAN/UCC 系统中，为物流单元提供唯一标识代码的是（　　）。
  A. 全球贸易项目代码   B. 全球位置码
  C. 系列货运包装箱代码   D. 应用标识符代码

（7）商品条形码属于（　　）。
  A. 一维条形码   B. 二维条形码
  C. 复合码   D. 矩阵码

（8）射频识别技术的信息载体是（　　）。
  A. 射频模块   B. 射频标签
  C. 读写模块   D. 天线

（9）下列系统中，属于 GPS 组成部分的是（　　）。
  A. 地面监控系统   B. 地理信息系统
  C. 地面导引系统   D. 全球定位系统

（10）GIS 是一门综合性的技术，也是一种对（　　）进行采集、存储、更新、分析、输出等处理的工具。
  A. 时间数据   B. 物流数据
  C. 图像数据   D. 空间数据

3. 判断题

（1）EAN 码是国际通用的符号体系，所表达的信息为数字和字母，主要应用于零售业。（　　）

（2）1973 年，美国统一编码协会选用 UPC 代码建立条形码系统，并制定了相应的标准。（　　）

（3）通用商品条形码标准规定了通用商品条形码的编码、结构、尺寸、颜色、技术要求及质量判定规则，适用于商品物流单元的条形码标识。（　　）

（4）由于射频技术成本较低，有完善的标准体系，已在全球散播，所以已经被普遍接受，而条形码技术只被局限在有限的市场份额之内。（　　）

（5）RFID 标签更可往小型化与多样形态发展，以应用于不同产品。（　　）

（6）制约 RFID 发展的最大障碍是技术标准，协议标准的过多过滥，导致术语不统一，限制了标准在实践中的完善。（　　）

（7）如何确保交易的准确、安全和可靠，已成为开放性 EDI 系统的关键问题。（　　）

（8）人是地理信息系统中重要的构成要素，一个完整的地理信息系统需要人进行组织、管理、维护。（　　）

（9）GIS 的基本功能是将表格型数据转换为地理文字显示，然后对显示结果浏览、操作和分析。（　　）

4. 名词解释

（1）UPC 码

（2）GPS

（3）GIS

（4）RFID

5．简答题

（1）简述 EAN13 商品条形码的编码结构。

（2）射频技术是一种无线电通信技术，它是如何工作的？

（3）简述 RFID 技术的性能特点。

（4）GPS 由哪几部分组成？各部分是如何协调工作的？

（5）简述 GPS 系统的特点。

（6）如何利用 GIS 进行物流分析？

第 7 章

电子商务物流自动化技术与设备

教学提示

物流自动化是电子商务物流研究和应用的重要内容，是构成物流系统的重要组成要素，担负着物流作业的各项任务，影响着物流活动的每个环节，在物流活动中处于十分重要的地位。物流自动化的基础是信息化，自动化的核心是机电一体化，自动化的外在表现是无人化，自动化的效果是省力化。物流自动化技术涉及物流自动化系统、仓库自动化，以及物流自动化的相关机电设备等重要内容。

教学要求

通过本章的学习，学生应了解和掌握物流自动化的概念和内容、物流自动化系统的功能和层次，以及自动化立体仓库的分类、构成与设计，熟悉物流自动化的相关机电设备，如输送设备、搬运设备、自动起重设备、自动分拣设备和末端配送设备等。

第7章 电子商务物流自动化技术与设备

物流行业无人化时代即将来临

信息技术、自动化技术及人工智能等技术的进步，推动我国物流行业加快了技术升级的节奏，整个物流行业呈现出"无人化"趋势。

在物流无人化技术领域，电商公司无疑是非常积极的探索者。京东率先建成了高度自动化的电商配送中心——亚洲一号，并在2016年5月成立了智慧物流开放平台"X事业部"，加快研发无人机、无人车、无人仓等一系列尖端的智慧物流技术。阿里巴巴公司也通过旗下的菜鸟网络不断加大智慧物流的建设力度，提升其物流体系的运作效率。

不仅是电商企业，快递物流企业也在无人化物流技术方面展开了积极探索，其中最有代表性的莫过于顺丰。顺丰作为中国最早开始尝试将无人机用于配送环节的企业之一，早在2012年年底就开始寻找无人机的应用解决方案。2017年，顺丰自主研发的MantaRay垂直起降固定翼无人机问世，同年6月在江西赣州市南康区顺利完成试飞。

由此可见，随着技术的不断升级，相关项目迅速落地，无人化物流服务已经越来越快地走进人们的生活。物流无人化技术主要应用于3个环节：仓储、运输和配送。

1. 仓储环节无人化

无人化技术应用最早、范围最广的就是在仓储环节。几十年来，自动物流技术设备在发达国家得到广泛应用，并已经过多次迭代发展，从最初的托盘式自动化立体仓库、自动输送系统与自动分拣系统、无人搬运车，到后来的穿梭车、箱式自动化立体仓库等，先进的自动化物流解决方案不断涌现。物流中心正逐步向高度信息化、自动化和智能化方向发展，最终将实现无人化。

以菜鸟网络浙江嘉兴一个日均处理百万件商品的全自动化立体仓库为例，包裹自动拣货完成后，被自动贴上快递面单，就连最后的封箱作业也是由机器自动完成的，然后被送上高速分拣机。分拣机一小时可以分拣超过2万件包裹。由于整个仓库不需要人工操作，不需要预留叉车以及人工通道，货架的高度也没有限制，所以整个仓库储存密度极高，相当于传统仓库的4倍，如图7.1所示。

图7.1 菜鸟嘉兴机器人仓

无人化技术对提高物流作业效率的效果显著。据京东公司披露：京东昆山无人分拣中心的分拣能力可以达到9000件/小时，供包环节的效率提升了4倍，在同等场地和分拣货量的前提下，无人化技术应用使得每个场地可节省人力180人。

2. 运输环节无人化

运输环节的无人化是指通过车辆自动驾驶技术替代驾驶员的操作。自动驾驶技术是利用多种车载传感器感知车辆周围道路交通环境，并利用车辆自身的电子控制系统控制车辆行驶速度和方向，从而实现车辆的自动行驶。

近年来，科技类公司强势进入汽车自动驾驶领域。谷歌打造了安卓（Android）车载系统，并与汽车厂商（如奥迪、通用、本田和现代）以及英伟达公司共同组件"开放汽车联盟"，打造公路"通用平台"；苹果公司研发的车载 iOS 系统，使汽车中的机械结构正不断被越来越多的传感器、电控单元、电动机、软件、操作系统所取代。

除了车辆自动驾驶技术，无人机在干线运输环节的应用也十分值得期待。以顺丰为例，除了在末端配送阶段尝试旋转翼无人机配送外，还尝试开发大型固定翼无人机应用。顺丰的大型固定翼无人机最早在 2016 年 11 月珠海航展公开亮相，当时展示的机型是朗星无人机研发的一款名为"空中卡车" AT200 的机型，其翼展达 13 米，最大航程可达 2000 千米，货舱容积达 10 立方米，最大负载可以达到 1.5 吨。

可以想象，无人机在支线、干线运输上的应用能够大幅度提高相应物流中心辐射能力，提高物流中心之间的调货、配货能力，降低库存成本，从而进一步提高物流体系的运作效率和水平。

3. 配送环节无人化

配送环节的无人化技术具体应用方式有无人机、无人车和自提柜。

无人机配送不仅仅提升了用户体验，更重要的是，在偏远多山地区，无人机配送相比传统配送具有明显优势，解决了投递成本过高的问题，因此有很大的实用价值和应用前景。

无人车是城市末端配送解决方案的新变革，能够针对城市环境下办公楼、小区便利店等订单集中场所进行批量送货，其出色的灵活性和便捷的使用流程将大幅度提高配送效率。例如，京东、菜鸟网络等虽已推出自己的无人车末端配送解决方案，但是在一些封闭区域环境中试验运行，如校园、工作园区等。

末端配送的另一种无人化方式是自提柜（又称自助提货柜、智能提货柜、智能快递储存柜、智能快递箱等）。它集成了物联网、智能识别、动态密码、无线通信等技术，能够实现快递包裹的智能化集中存取、指定地点存取、24 小时存取、远程监控和信息发布等功能，目前在末端物流配送环节有广泛使用。由于自提柜的运行只依赖电力系统和通信系统，对空间条件要求不高，因此可以根据业务和运营的需求灵活设置。使用自提柜投递快件，减少了等待客户等环节，投递效率高，一个快递员最少可以管理十几组自提柜，因此每次投递的人工成本可以降低很多。用户在使用自提柜时，除了传统的动态密码解锁方式，还有刷脸取件方式，使用更加便捷。

目前，以"无人化"为代表的智慧物流还在起步阶段，技术成熟度、稳定性还需要观察，成本有待进一步下降。尽管如此，物流无人化技术依然日益受到重视，市场前景看好，"无人化"似乎是物流行业转型升级的必由之路。

7.1 物流自动化概述

随着经济全球化和知识经济时代的到来，企业跨国经营和跨区域经营的趋势越来越明显。物流系统也随之变得越来越复杂，对自动化的需求也更加强烈。离开物流自动化技术及其设备，物流系统就无法正常、高效地运行。

7.1.1 物流自动化的概念

物流自动化是指充分利用各种机械和运输设备、计算机系统和综合作业协调等技术手段，通过对物流系统的整体规划及技术，使运输、装卸、包装、分拣、识别等物流的相关作业和内容省力化、效率化、合理化，快速、准确、可靠地完成物流过程。物流自动化是集光、机、电子于一体的系统工程，把物流、信息流用计算机和现代信息技术集成在一起，涉及多个领域，包括激光导航、红外通信、计算机仿真、图像识别、工业机器人、精密加工、信息联网等高新技术。目前，物流自动化技术已广泛应用于邮电、商业、金融、食品、仓储、汽车制造、航空、港口码头等行业。

通过物流自动化技术及设备，可在一定的时间和空间将输送工具、工业机器人、仓储设施及通信联系等高性能有关设备，利用计算机网络控制系统相互制约，构成有机的、具有特定功能的整体系统。物流自动化技术及设备主要体现为自动化立体仓库、自动引导小车、高速堆垛机、工业机器人、输送机械系统、计算机仿真联调中心监控系统等。比如，高性能立体仓库通过计算机系统的统一管理，利用条形码自动识别技术，系统根据事先输入计算机的不同货物代码，就可以利用高速升降机准确迅速地从立体仓库中定位存取货物，并可以自动按照货物的入/出库时间等特定因素完成不同的工作。激光引导无人车则利用激光扫描头发出的激光，通过周边反射条反馈回来的信息来确定小车的位置，通过计算机来控制小车行走的路线和小车的功能动作，不但定位精确度高，而且设定和改变路径特别灵活；工业机器人把输送线上流向终端的货物码放整齐，以便完成货物的进出、分拣等工作，整个过程顺序流畅、完全自动化；计算机仿真系统为用户建立起形象直观的虚拟现实环境，让用户身临其境地感受系统运行情况。

物流自动化具有显著的优点。首先，它提高了物流系统的管理和监控水平。物流自动化采取计算机控制管理，可以方便物流信息的实时采集与追踪，各受控设备完全自动地完成顺序作业，使物料周转管理、作业周期缩短，仓库吞吐量相应提高，适应现代化生产需要。其次，它提高了自动化作业程度和仓库作业效率，节省了劳动力，提高了生产率。最后，其储存量小，占地面积小，物料互不堆压，存取互不干扰，保证了库存物料的质量。

7.1.2 物流自动化系统的结构

物流自动化系统的结构如图7.2所示。

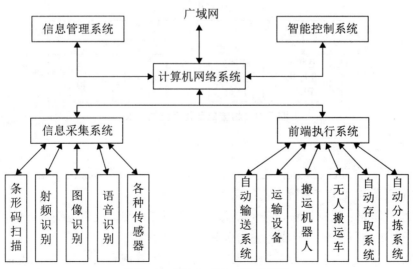

图7.2 物流自动化系统的结构

(1) 信息采集系统

信息采集是实现物流自动化的前提。自动识别系统收集和记录待流转货物的相关数据信息，以实现货物流动的自动化控制。

(2) 前端执行系统

前端执行是物流自动化系统的核心，具有机电一体化系统的典型特征。系统根据智能控制系统的指令，完成货物的存取、搬运、输送、运输、分拣等任务。

(3) 信息管理系统

信息化是物流自动化系统的基础，集中表现为物流信息的商品化、物流信息收集的数据库化和代码化、物流信息处理的电子化和计算机化、物流信息传递的标准化和实时化、物流信息存储的数字化等。

(4) 智能控制系统

物流作业过程大量的运筹与决策，需要借助于大量的知识才能解决，智能控制系统的任务是以尽可能低的成本为顾客提供最好的服务。

(5) 计算机网络系统

计算机网络系统包括两部分：

一是物流配送系统的计算机通信网络，二是组织的网络化，即所谓的企业内部网。

7.1.3 物流自动化系统的层次

物流自动化系统的层次在不同企业和行业具有不同的特点，从功能层次上看，可以将物流自动化系统分为3个层次：管理层、控制层和执行层，如图7.3所示。

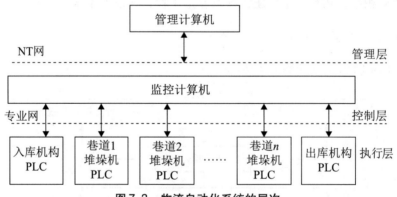

图 7.3 物流自动化系统的层次

1. 管理层的主要功能

管理层是计算机物流管理系统，是物流自动化系统的中枢。管理层的功能有以下几个方面。

① 接收上级系统（生产系统、销售系统等）的指令。

② 调度运输作业。根据运输任务的紧急程度和调度原则，决定运输任务的优先级别。根据当前运输任务的执行情况，形成运输指令和最佳运输路线。

③ 管理立体仓库。包括库存管理、入库管理、出库管理和入/出库协调管理。

④ 统计分析系统运行情况。统计分析物流设备利用率、立体仓库库存状态和设备运行情况等。

⑤ 物流系统信息处理。

2. 控制层的主要功能

控制层是物流系统的重要组成部分，它接收来自管理层的指令，控制物流设备完成指令所规定的任务。控制层还实时监控物流系统的状态，将监测信息反馈给管理层，为管理层调度决策提供参考。目前一般采用可编程控制器来实现动作控制。

3. 执行层的主要功能

执行层由自动化的物流机械组成。物流设备的控制器接收控制层的指令，控制设备执行各种操作。执行层一般包括以下几个方面。

① 自动存储/提取系统。包括高层货架、堆垛机、入/出库台、缓冲站和输送设备等。
② 输送车辆。如自动导引小车和空中单轨自动车。
③ 各种缓冲站。缓冲站是临时储存物料的货架或装置，以便交接或转移。设置缓冲站是为了协调各个物流设备的作业速度，保证物流系统正常运行。

物流系统对管理层、控制层和执行层这 3 个层次的要求各不相同，对于管理层要求有较强的数据处理能力，具有一定的智能性。例如，对库存异常进行告警，对物流设备利用率过低进行提示，对物流瓶颈提供必要的分析数据等。对于控制层并不要求数据处理能力很强，但要求有较高的实时性，具有较快的处理速度，能够随时将指令送给执行层，并随时监控执行层的运行情况。对于执行层，则要求较高的可靠性，减少物流系统的故障率。

7.2 自动化立体仓库

自动化立体仓库系统是在不直接进行人工处理的情况下自动地储存和取出物料的系统。这个定义覆盖了不同复杂程度及规格极为广泛的自动化立体仓库系统。自动化立体仓库作为自动化仓库的高级阶段，代表着仓储业未来的发展方向。

7.2.1 自动化立体仓库概述

1. 自动化立体仓库的发展历史

自动化技术在仓储领域（包括主体仓库）中的发展可分为 5 个阶段：人工仓储阶段、机械化仓储阶段、自动化仓储阶段、集成化仓储阶段和智能自动化仓储阶段。在未来若干年内，智能自动化仓储将是自动化技术的主要发展方向。

第一阶段是人工仓储阶段，物资的输送、储存、管理和控制主要靠人工实现，人工操作的模式是这阶段最主要的工作模式，前期投入较少，但需要较多的人力。

第二阶段是机械化仓储阶段，物料可以通过各种各样的传送带、工业输送车、机械手、吊车、堆垛机和升降机来移动和搬运，用货架托盘和可移动货架储存物料，通过人工操作机械存取设备，用限位开关、螺旋机械制动和机械监视器等控制设备的运行。机械化满足了人们对速度、精度、高度、重量、重复存取和搬运等的要求。

第三阶段是自动化仓储阶段，自动化技术对仓储技术的发展起到了重要的促进作用。20 世纪 50 年代末和 60 年代，人们相继研制和采用了自动导引小车、自动货架、自动存取机器人、自动识别系统和自动分拣系统等。20世纪70年代和80年代,旋转体式货架、移动式货架、巷道式堆垛机和其他搬运设备都加入了自动控制的行列,但这时只是各个设备的局部自动化并各自独立应用,被称为"自动化孤岛"。随着计算机技术的发展,工作重点转向物资的控制和管理,要求实时、协调和一体化,计算机之间、数据采集点之间、机械设备的控制器之间,以及它们与主计算机之间的通信可以及时地汇总信息,仓库计算机及时地记录订货和到货时间,显示库存量,计划人员可以方便地做出供货决策,他们知道正在生产什么、订什么货、什么时间发什么货,管理人员可以随时掌握货源及需求。信息技术的应用已成为仓储技术的重要支柱。

第四阶段是集成化仓储阶段,在20世纪70年代末和80年代,自动化技术被越来越多地用到生产和分配领域,显然,"自动化孤岛"需要集成化,于是便形成了"集成系统"的概念。在集成化系统中,整个系统的有机协作,使总体效益和生产的应变能力大大超过各部分独立效益的总和。20世纪70年代初期,我国开始研究采用巷道式堆垛机的立体仓库。1980年,由北京机械工业自动化研究所等单位研制建成的我国第一座自动化立体仓库在北京汽车制造厂投产。从此以后,立体仓库在我国得到了迅速的发展。我国的自动化仓储技术已实现了与其他信息决策系统的集成,正在做智能控制和模糊控制的研究工作。

第五阶段是智能自动化仓储阶段,人工智能技术促使自动化技术向更高级的阶段——智能自动化方向发展。现在,智能自动化仓储技术还处于初级发展阶段,以后仓储技术的智能化将具有广阔的应用前景。

2. 自动化立体仓库的概念

自动化立体仓库,也称高层货架仓库,一般是指采用几层、十几层乃至几十层高的货架储存单元货物,用相应的物料搬运设备进行货物入/出库作业的仓库,如图7.4所示。由于这类仓库能充分利用空间储存货物,故称其为"立体仓库"。

【拓展视频】

图7.4 自动化立体仓库

第7章 电子商务物流自动化技术与设备

立体仓库的产生和发展是第二次世界大战之后生产和技术发展的结果。20 世纪 50 年代初，美国出现了采用桥式堆垛起重机的立体仓库；20 世纪 50 年代末 60 年代初出现了驾驶员操作的巷道式堆垛起重机立体仓库；1963 年美国率先在高架仓库中采用计算机控制技术，建立了第一座计算机控制的立体仓库。此后，自动化立体仓库在美国等国家得到迅速发展，并形成了专门的学科。20 世纪 60 年代中期，日本开始兴建自动化立体仓库，并且发展速度越来越快，成为当今世界上拥有自动化立体仓库最多的国家之一。

我国开始对自动化立体仓库及其物料搬运设备的研制并不晚，1963 年研制成功第一台桥式堆垛起重机，1973 年开始研制我国第一座由计算机控制的高达 15 米的自动化立体仓库，该仓库于 1980 年投入运行。到目前为止，我国每年新建的自动化立体仓库数量在 100 座左右。由于自动化立体仓库具有很高的空间利用率、很强的入/出库能力、采用计算机进行控制管理更利于企业实施现代化管理等特点，已成为企业物流和生产管理不可缺少的仓储技术，越来越受到企业的重视。自动化立体仓库应用范围很广，几乎遍布所有行业。在我国，自动化立体仓库应用的行业主要有机械、冶金、化工、航空航天、电子、医药、食品加工、烟草、印刷、配送等。

【拓展视频】

  实例 7-1

苏宁自动化立体仓库

苏宁近年来大力推动智慧物流建设，建设物流云系统，获得了行业的广泛认可。南京苏宁雨花物流二期全自动化立体仓库，仓库储存能力约 150 万 SKU、2000 万件商品，日发货量约 181 万件，人均每小时可完成约 1200 件商品的出货。

苏宁的高密度自动储存系统分为 3 块，分别对应 3 个高精尖的硬件设备。

（1）AS/RS 自动托盘堆垛系统（图 7.5）。这是一台高 22 米、纵深 90 米的"机械使者"，每台都有一个灵敏的机械触手，可在 90 米纵深空间自由而准确地上下穿梭，像一个优雅而灵活的舞者，机械触手"熟悉"每一个储存位，根据指令进行准确存取。它是专为存取完整的装载单元而设计的，主要用来储存中件整托以及小件大批量商品。

图 7.5　AS/RS 自动托盘堆垛系统

（2）Miniload 高密度自动箱式堆垛机（图 7.6）。Miniload 自动堆垛机是比 AS/RS 自动托盘堆垛机更精巧的存在，因为它存取的是周转箱和硬纸箱，体积更小，灵活性更强，复杂度更高，能够实现双循环1400箱/小时（单循环1800箱/小时左右）的存取，能够实现每天近百万件商品的补货出库功能。

图7.6　Miniload高密度自动箱式堆垛机

（3）SCS旋转货架（图7.7）。SCS旋转货架是苏宁物流货到人拣选系统的一部分，是一种高度动态而且完全自动的仓储系统。它看起来类似回转寿司店的餐台，几乎能够处理所有拆零品类的物品。

图7.7　SCS旋转货架

如果系统提示有订单需要拣选，SCS旋转货架能迅速并且准确地找到含有订单内商品的周转箱，并自动把周转箱送上传送带，传送带会把周转箱直接送到货到人拣选工作站。不仅如此，SCS旋转货架配合仓库设备控制系统，能够实现对产品的自动追踪、监控，并对产品进行时效、路径、商品批次的排序，具有相同属性的产品，系统会自动排序并集中储存。

3. 自动化立体仓库的优、缺点

自动化立体仓库的主要优点有以下几个方面。

① 由于能充分利用仓库的垂直空间，其单位面积储存量远远大于普通的单层仓库（一般是单层仓库的 4～7 倍）。目前，世界上最高的立体仓库可达 40 多米，容量多达 30 万个货位。

② 仓库作业全部实现机械化和自动化，一方面能大大节省人力，减少劳动力费用的支出；另一方面能大大提高作业效率。

③ 用计算机进行仓储管理，可以方便地做到"先进先出"，并可防止货物自然老化、变质、生锈，也能避免货物的丢失。

④ 货位集中，便于控制与管理，特别是使用计算机管理系统，不但能够实现作业的自动控制，而且能够进行自动化信息管理。

⑤ 能更好地适应黑暗、低温、有毒等特殊环境的要求。例如，胶片厂把胶片卷轴存放在自动化立体仓库里，在完全黑暗的条件下，通过计算机控制可以实现胶片卷轴的自动入/出库。

⑥ 采用托盘或货箱储存货物，货物的破损率显著降低。

自动化立体仓库的缺点主要有以下方面。

① 由于自动化立体仓库的结构比较复杂，配套设备也比较多，所以需要的基建和设备的投资也比较大。

② 货架安装精度要求高，施工比较困难，而且工期相应较长。

③ 储存弹性小，难以应付高峰期的需求。

④ 对可储存的货物品种有一定限制，需要单独设立储存系统，用于存放长、大、笨重的货物，以及要求特殊保管条件的货物。

⑤ 自动化立体仓库的高架吊车、自动控制系统等都是技术含量极高的设备，维护要求高，因此必须依赖供应商，以便在系统出现故障时能得到及时的技术援助，这就增强了对供应商的依赖性。

⑥ 对建库前的工艺设计要求高，在投产使用时要严格按照工艺作业。

7.2.2 自动化立体仓库的分类

1. 按照货架的形式分类

（1）单元式货架仓库

这种形式的仓库使用最广，通用性也较强。其特点是货架沿仓库的宽度方向分为若干排，每两排货架为一组，其间有一条巷道，供堆垛机或其他仓储机械作业。每排货架沿仓库纵长方向分为若干列，沿垂直方向又分若干层，从而形成大量货格，用以储存货物单元（一托盘或一货箱）。在大多数情况下，每个货格存放一个货物单元。在某些情况下，如货物单元比较小，则一个货格内往往存放二三个货物单元，以便充分利用货格空间，减少货架投资。

（2）贯通式货架仓库

在单元式货架仓库中，巷道占去了 1/3 左右的仓库面积，为了提高仓库面积利用率，可以取消位于各排货架之间的巷道，将货架合并在一起，使同一层、同一列的货物互相贯通，形成能依次存放许多货物单元的通道，而在另一端由出库起重机取货，成为贯通式仓库。根据货物单元在通道内移动方式不同，贯通式仓库又可进一步划分为重力式货架仓库和梭式小车式货架仓库。重力式货架仓库每个存货通道只能存放同一种货物，所以它适用于储存货物品种不太多而数量又相对较大的货物。梭式小车式货架仓库由穿梭车和货架组成，可以分为单穿梭车货架和子母穿梭车货架，可以有效地提高空间利用率和储存效率。

（3）循环货架仓库

这种仓库的货架本身是一台垂直提升机或在水平面内沿环形路线来回运行的输送机。前者可在垂直方向存取货物，称为垂直循环货架仓库，特别适用于存放长的卷状货物，如地毯、地板革、胶片卷、电缆卷等；后者可在平面内存取或拣选货物，称为水平循环货架仓库，适用于作业频率要求不太高的场合。

2. 按照建筑形式分类

（1）整体式

整体式是指货架除了储存货物以外，还可以作为建筑物的支撑结构，就像是建筑物的一个部分，即库房与货架形成一体化结构。外墙既是货架，又是库房屋顶的支持架，它的高度一般在12米以上。

（2）分离式

分离式是指储存货物的货架独立存在，建在建筑物内部。它可以将现有建筑物改造为自动化立体仓库，也可以将货架拆除，使建筑物用于其他目的。分离式仓库主要用于高度不大或已经有建筑物的情况，它的高度一般在10米以下。

3. 按照作业方式分类

（1）单元货架式

单元货架式一种最常见的结构，货物先放在托盘或集装箱内，再装入单元货架的货格中。

（2）移动货架式

移动货架式由电动货架组成，货架可以在轨道上行走，由控制装置控制货架的合拢和分离。作业时，货架分开，在巷道中可进行作业。不作业时可将货架合拢，只留一条作业巷道，从而减小仓库面积，提高空间的利用率。

（3）拣选货架式

拣选货架仓库的分拣机构是这种仓库的核心组成部分。它有巷道内分拣和巷道外分拣两种方式。这两种分拣方式又都包括人工分拣和自动分拣两种。

4. 按照其在物流系统中的作用分类

（1）生产性仓库

生产性仓库是指工厂内部为了协调工序和工序、车间和车间、外购件和自制件物流的不平衡而建立的仓库，它能保证各生产工序之间进行有节奏的生产。

（2）流通性仓库

流通性仓库是一种服务性仓库，是企业为了调节生产厂和用户之间的供需平衡而建立的仓库。这种仓库进出货物比较频繁，吞吐量较大，一般都和销售部门有直接联系。

5. 按自动化立体仓库与生产联系的紧密程度

（1）独立型仓库

独立型仓库也称"离线"仓库，是指从操作流程及经济性等方面来说都相对独立的自动化立体仓库。这种仓库一般规模都比较大，储存量大，仓库系统具有自己的计算机管理、监控、调度和控制系统，又可分为储存性仓库和中转仓库。

（2）半紧密型仓库

半紧密型仓库是指它的操作流程、仓库的管理、货物的出入和经济性与其他厂（或部门或上级单位）有一定关系，而又未与其他生产系统直接相联。

（3）紧密型仓库

紧密型仓库也称"在线"仓库，是那些与工厂内其他部门或生产系统直接相连的立体仓库，两者之间的关系比较紧密。

6. 按照库存容量

库存容量在2000个托盘（货箱）以下的为小型立体仓库；2000～5000个托盘的为中型立体仓库；5000个以上托盘的为大型立体仓库。

7.2.3 自动化立体仓库的构成

自动化立体仓库主要由土建及公用工程设施、机械设备、电气与电子设备构成。

1. 土建及公用工程设施

① 厂房。仓库的货物和自动化立体仓库的所有设备都安放在厂房规定的范围内，库存容量和货架规格是厂房设计的主要依据。

② 消防系统。仓库库房一般都比较大，货物和设备比较多而且密度大，又由于仓库的管理和操作人员较少，故自动化立体仓库的消防系统大都采用自动消防系统。

③ 照明系统。

④ 通风及采暖系统。

⑤ 动力系统。

⑥ 其他设施，包括给排水设施、避雷接地设施和环境保护设施等。

2. 机械设备

（1）货架

货架形式有多种，货架材料一般用钢材或钢筋混凝土制作。钢货架的优点是构件尺寸小，仓库空间利用率高，制作方便，安装建设周期短。而且随着高度的增加，钢货架比钢筋混凝土货架的优越性更明显。因此，目前国内外大多数立体仓库都采用钢货架。钢筋混凝土货架的突出优点是防火性能好，抗腐蚀能力强，维护保养简单。

（2）货箱与托盘

为了提高货物装卸、存取的效率，一般自动化立体仓库使用货箱和托盘盛放货物。货箱与托盘的基本功能是装物料，同时还应便于叉车和堆垛机的叉取和存放。

（3）搬运设备

搬运设备是自动化立体仓库中的重要设备，它们一般是由电力来驱动的，通过自动或手动控制，实现把货物从一处搬到另一处。设备形式可以是单机、双轨、地面的、空中的、一维运行（水平直线运行或垂直直线运行）、二维运行、三维运行等。典型设备有升降梯、搬运车、巷道式堆垛机、双轨堆踩机、无轨叉车和转臂起重机等。

（4）运输系统

输送系统必须具有高度可靠性。在立体仓库内，一般只有一套运输系统，一旦发生故障，就会使整个仓库工作受到影响。所以，要求出/入运输系统各个环节上的设备可靠、耐用、维修方便。对于自动控制系统应设置手动控制作为后备。

3. 电气与电子设备

（1）检测装置

检测装置是用于检测各种作业设备的物理参数和相应的化学参数，通过对检测数据的判断和处理可为系统决策提供最佳依据，以保证系统安全可靠地运行。

（2）信息识别设备

在自动化立体仓库中，这种设备必不可少，是用于采集货物的品名、类别、货号、数量、等级、目的地、生产厂、货物地址等物流信息。这类设备通常采用条形码、磁条、光学字符和射频等识别技术。

（3）控制装置

自动化立体仓库内所配备的各种存取设备和输送设备必须具有控制装置，以实现自动化运转。这类控制装置包括普通开关、继电器、微处理器、单片机和可编程控制器等。

（4）监控及调度设备

监控及调度设备主要负责协调系统中各部分的运行，是自动化立体仓库的信息枢纽，在整个系统中起着举足轻重的作用。

（5）计算机管理系统

计算机管理系统用于进行仓库的账目管理和作业管理，并可与企业的管理系统交换信息。

（6）数据通信设备

自动化立体仓库是一个构造复杂的自动化系统，由众多的子系统组成。各系统、各设备之间需要进行大量的信息交换以完成规定的任务，因此需要大量的数据通信设备作为信息传递的媒介，这类设备包括电缆、远红外光、光纤和电磁波等。

（7）大屏幕显示器

大屏幕显示器是为了仓库内的工作人员操作方便，便于观察设备情况而设置的。

7.2.4 自动化立体仓库的设计

1. 设计前的准备工作

这个阶段是需求分析（准备阶段），在这一阶段里要提出问题，确定设计目标，并确定设计标准。设计主要包括以下内容。

① 立体仓库是企业物流系统的子系统，必须要了解企业整个物流系统对子系统的要求和物流系统总体设计的布置图，以便对仓储的子系统进行总体设计。要调查过去入/出库房或料场物品的种类、数量及规律，以便预测未来，进行仓库容量的计算和分析。

② 立体仓库是机械、结构、电气、土建等多专业的工程，这些专业在立体仓库的总体设计中互相交叉、互相制约，因此在设计时必须兼顾各个专业。例如，机械的运动精度要根据

结构制作精度和土建的沉降精度而选定。

③ 要了解企业对仓储系统的投资、人员配置等计划，以确定仓储系统的规模和机械化、自动化的程度。

④ 调查库内储存的货物的品名，特征（如易碎、怕光、怕潮等），外形及尺寸，单件重量，平均库存量，最大库存量，每日进和出库数量，入/出库频率等。

⑤ 了解建库现场条件，包括气象、地形、地质条件、地面承载能力、风及雪荷载、地震情况及其他环境影响。

⑥ 要对与第三方物流企业仓储系统有关的其他方面的条件进行调查了解。例如，货物的来源、货物的包装、搬运货物的方法、货物的最终去向和运输工具等。

2. 库场的选择与规划

仓库和料场的选择和布置对仓储系统的基建投资、物流费用、生产管理、劳动条件和环境保护等都有着重要意义，这是首先要考虑的。根据企业物流系统的总体设计对仓储系统的要求，可采用分级评分法来确定仓储系统在整个物流系统中的位置。仓储系统可能有多个立体仓库和货场，还有其他单位和设施，它们之间是相互联系、相互制约的，这就要求合理地确定仓储系统区域所有单位的相互几何位置关系，画出平面布置图。

3. 确定仓库形式、作业方式和机械设备参数

在调查分析入库货物品种的基础上，确定仓库形式。一般采用单元货格式仓库，对于品种单一或很少而批量较大的仓库，则可以采用重力式货架仓库或者其他形式的贯通式仓库；对于有特殊要求的货物，可以采用如冷藏、防潮、恒温等设施的仓库；根据出库工艺要求，即以整单元出库为主，还是零星货物出库为主，决定要不要采用拣选作业。

为了提高入/出库的搬运效率，尽量少采用单作业方式（即单入库或单出库），而尽量多采用复合作业方式（即迂回或回程地进行搬运作业）；还可以采用一次搬运两个货物单元的作业方式，就是仓储系统中堆垛机的台上设两副货叉，这两副货叉既可以分别伸缩，也可以同时伸缩，可存或取两个货物单元，也可把货架设计成两个货物单元的深度，堆垛机的货台也相应增宽一倍，货叉的长度增加一倍，货叉伸出一半时可叉取一个货物单元，全部伸出后可同时叉取两个货物单元。在立体仓库中，采用"自由货位"的方式货物可就近入库，特别是进出频繁的货物或很大、很重的货物，应尽可能靠近到货和发货地点作业，这样既缩短入/出库时间，又节省了搬运费用。

仓储系统使用的搬运机械设备有许多种，它们各有特点。在系统总体设计时，要根据仓库的规模、货物的品种、入/出库频率等选择最合适的机械设备，并确定其主要参数；要根据入/出库率确定各个机构的工作速度；对于起重、装卸和堆垛等机械设备，根据货物单元的重量选定起重量；对于输送机，则根据货物单元尺寸选择输送机的宽度，并恰当地选择输送机的速度。

4. 确定货物单元形式及规格

根据调查和统计结果，列出所有可能的货物单元形式和规格，并进行合理的选择。自动化立体仓库是以单元化搬运为前提的，所以确定货物单元的形式、尺寸及重量是一个重要的问题。它不仅影响仓库的投资，而且对于整个物流和仓储系统的配备、设施，以及有关因素都有极为重要的影响。因此，为了合理确定货物单元的形式、尺寸和重量，需要对所有入库的货物，抓住在流通中的关键环节，对货物单元的品种进行 ABC 分析，选择最为经济合理

的方案。对于少数形状和尺寸比较特殊或者很重的货物，可以单独处理。例如，汽车上的前桥、后桥、车身等大件，尺寸很大，难以形成单元，就不一定非要与其零部件同入一个立体仓库。它们的储存问题可以用推式悬挂输送机或者其他方式单独处理。

接着，在自动化立体仓库设计中，根据货物单元恰当地确定货格尺寸是很重要的内容。它直接关系到仓库的面积和空间利用率，也关系到仓库能否顺利地存取货物。在确定货物单元时，应尽量采用国家标准推荐的尺寸，以利于与其他物料搬运和运输机具相匹配。标准的货物单元的长、宽、高尺寸分别为：800mm×1000mm；800mm×1200mm；1000mm×1200mm。

在货物单元尺寸确定后，货格尺寸取决于在货物单元四周需留出的净空尺寸和货架构件的有关尺寸。对于自动化立体仓库，这些净空尺寸的确定更要认真考虑，包括货架、堆垛机运行轨道、仓库地坪的施工、安装精度，以及搬运机械的停止精度等。这些都要根据实际情况和有关经验数据来确定。

5. 确定库容量（包括缓存区）

库容量是指在同一时间仓库可容纳的货物单元数，这对自动化立体仓库来说是一个非常重要的参数。由于库存周期会受到许多预料之外因素的影响，因此库存量的波峰值有时会大大超出自动化立体仓库的实际库容量。除此之外，有的自动化立体仓库仅仅考虑了货架区的容量，而忽视了缓存区的面积，结果造成缓存区的面积不足，使得货架区的货物出不来，库房外的货物进不去。

6. 确定入/出库搬运周期及入/出库能力

立体仓库的入/出库搬运周期，一般来讲，主要取决于巷道堆垛起重机的作业循环时间。堆垛机的入/出库搬运分为单一作业和复合作业两种。从原始位置出发到指定货位完成一次取货或存货后重新回原始位置待命为一个单一作业循环；从原始位置出发到某货位完成一次存货之后又到另一货位取货，然后返回原始位置为一个复合作业循环。

为了提高入/出库效率，在有条件的情况下，可以采用一次搬运两个货物单元的作业方式。一种方案是在这种仓库里用的起重机货台上有两副货叉。这两副货叉可以分别单独伸缩，也可以同时伸缩以存取两个货物单元，这样就提高了入/出库效率。采用这种方案，货架本身不必进行特殊设计，但起重机的长度增加了，仓库端部的面积利用率会差些。另一种方案是把货架设计成两个货物单元的深度，起重机的货台也相应增宽一倍，货叉的长度增加一倍。货叉伸出一半时可叉取一个货物单元；全部伸出后，可同时叉取两个货物单元。采用这种方式，可以使货物堆存密度提高10%~20%。

7. 库房面积与其他面积的分配

由于总面积是一定的，而许多第三方物流企业在建造自动化立体仓库时只重视办公、实验（包括研发）的面积，却忽视了库房面积，因此造成了这种局面：为了满足库容量的需要，只好通过向空间发展来达到要求。但是货架越高，机械设备的采购成本和运行成本也就越高。除此之外，由于自动化立体仓库内最优的物流路线是直线形的，但在仓库设计时往往会受到平面面积的限制，造成本身物流路线的迂回（往往是S形，甚至是网状），这会增加许多不必要的投入和麻烦。

8. 人员与设备的匹配

不管自动化立体仓库的自动化程度有多高，具体运作时仍需要一定的人工劳动，因此工作人员的数量要合适。人员不足会降低仓库的效率,太多又会造成浪费。自动化立体仓库采用了大量先进的设备,因此对人员的素质要求比较高,人员素质跟不上,同样会降低仓库的吞吐能力。第三方物流企业需要招聘专门的人才,并对其进行专业的培训。

9. 系统数据的传输

由于数据传输路径不通畅或数据冗余等原因,会造成系统数据传输速度慢,甚至无法传输的现象,因此要考虑自动化立体仓库内部以及与第三方物流企业上下级管理系统之间的信息传递的问题。

10. 整体运作能力

自动化立体仓库的上游、下游及其内部各子系统的协调,存在木桶效应问题,即最短的那一块木板决定了木桶的容量。有的仓库采用了很多的高科技产品,各种设施设备也非常齐全,但是由于各子系统之间协调性、兼容性不好,造成整体运作能力比预期差很多。

SKU360 自动化立体仓库软硬件设备及库内功能区域

SKU360 "华东一号"(以下称 SKU360),是中国领先的第三方电商物流服务商。SKU360 的核心设备及技术由德国胜斐迩公司(SSISchaefer)提供,主要包含高架立体仓库、自动输送系统、旋转货到人系统、高速分拣系统、软件平台支持等部分。

SKU360 的智能化软件系统由上海威吾德信息科技有限公司开发,具有全部自主知识产权,涵盖 WCS、WMS、OMS、TMS 等模块,软件同时部署在云端和库内数据中心,处理能力达到每秒一万个订单行。

SKU360 完备的软硬件系统,能够实时保障对接各大电商平台和物流运输企业,网购用户下单后,软件自动获取订单信息并控制自动化设备执行出库,平均订单履行时间为 10 分钟。值得称奇的是,系统内设置了多重执行策略和数据模型,能够智能地对电商发出的操作指令进行充分优化。

SKU360 主要的库内功能区域如下。

1. 入库整理作业区

入库整理作业区(图 7.8)的主要职能是对商品进行拆零,然后进行扫码入库,作业员通过手持终端分别扫商品条形码、员工号牌条形码、周转箱条形码,完成上述作业后,周转箱通过传送装置进入自动化补货区。

图 7.8　SKU360 入库整理作业区

2. 整托储存区

对于暂时不需要流通的商品,采用整托储存到整托储存区(图 7.9)。由于采用了高密度储存货架,故 SKU360 具备强大的储存能力。

3. 补货区

进入补货区（图 7.10）的商品在补货区进行临时储存，此处设备为高密度自动储存货架，主要作为周转箱的临时储存，等待系统指令进入旋转货到人拣货系统。

图 7.9　SKU360 整托储存区

图 7.10　SKU360 补货区

4. 拣选区

拣选区（图 7.11）由自动化旋转货到人系统和相关工作站构成，共计 4 组旋转货架系统，对应 8 个拣货工位，每个人每小时可以实现 1000 件货物的拣选工作，与传统拣货方式相比，效率有了极大的提高。

图 7.11　SKU360 拣选区

5. 包装区

拣选好的商品通过自动化传送装置来到包装区（图 7.12），由工作人员进行包装、最后复核以及快递电子面单的粘贴。

第 7 章 电子商务物流自动化技术与设备

图 7.12　SKU360 包装区

6. 分拣区

分拣区采用范德兰德的分拣设备对商品进行出库前的分拣工作，如图 7.13 所示。

图 7.13　SKU360 分拣区

7. 发运区

发运区的主要功能是集货发运，如图 7.14 所示。至此，网上的订单商品在 SKU360 仓库完成全部的库内工作，出库后的快递发运由 SKU360 与各大快递公司合作完成。

图 7.14　SKU360 发运区

7.3 物流自动化设备

物流自动化相关设备种类繁多,包括输送设备、搬运设备、自动起重设备、自动分拣设备和末端配送设备等,本节将对几种典型的设备进行重点介绍。

7.3.1 输送设备

自动输送机是输送多种物品、短暂储存或分拣的理想设备,可输送各种板材、袋装件、箱装件、部件总成和各种集装单元货物,是仓储自动化系统的主要组成部分。按输送货物的类型划分,自动输送设备可以分为单元物品输送设备和散碎物料输送设备两类。

1. 单元物品输送设备

(1) 辊道式输送机

辊道式输送机是一种结构比较简单,而且使用广泛的输送机械,如图 7.15 所示。它由一系列以一定的间距排列的辊子组成,用于输送成件货物或托盘货物。为了保证货物在辊子上移动时的稳定性,该支承面至少应该接触 4 根辊子,即辊子间距应小于货物支承面长度的 1/4。

图 7.15 辊道式输送机

(2) 链条式输送机

链条式输送机(图 7.16)有多种形式,使用也非常广泛。最简单的链条式输送机由两根套筒辊子链组成。链条由驱动链轮牵引,链条下有导轨,支承着链节上的套筒辊子,货物直接压在链条上,随着链条的移动而向前移动。

(3) 悬挂式输送机

如图 7.17 所示,悬挂式输送机主要用于制品的暂存,物料可以在悬挂输送系统上暂时存放一段时间,直到生产或装运为止。这就避免了在车间地面暂存所造成的劳动力和空间的浪费。安全性是在悬挂输送系统设计和实施中应考虑的重要因素。

第 7 章　电子商务物流自动化技术与设备

图 7.16　链条式输送机

图 7.17　悬挂式输送机

（4）链板式垂直提升机

链板式垂直提升机是一种新颖的连续输送机械，如图 7.18 所示，托住货物的是一串互相铰接的链条，提升机有两组这样的链条。托板的第一根板条铰接在一组链条上，托板的最后一根板条铰接在另一组链条上。货物先在送货输送机上等待，当第一根板条随着第一组链条运行至货物入口时，检测装置发出信号，起动送货输送机使之与提升机同步运行。货物逐渐转到由板条组成的托板上，当第一根板条随着第一组链条经过转向轮向上移动时，最后一根板条也正好随着第二组链条向上移动，于是两组链条拉着载货托盘垂直提升。

（5）单轨电动小车

单轨电动小车是运输物料的主要工具，它的结构形式与所采用的轨道形式相适应。单轨电动小车可以在轨道上行驶，也可以悬挂在轨道下翼缘行驶。单轨电动小车系统可采用现有的电动葫芦作为小车，如图 7.19 所示。

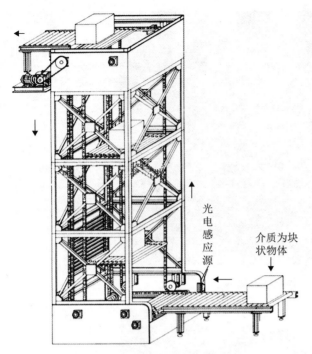

图 7.18　链板式垂直提升机示意图　　　　图 7.19　单轨电动小车

2. 散碎物料输送设备

（1）皮带式输送机

皮带式输送机是最广泛的散料运输机械，如图 7.20 所示。运输带的上分支是用来装卸物料的，运输带由托辊支承，靠驱动滚筒处的摩擦力带动。为了保证在驱动过程中运输带不打滑，必须使运输带保持足够的张力，为此需要设置张紧装置。通常皮带式输送机使用水平方式和坡度不大于 16° 的斜坡段输送物料。当在坡度大于 16° 的斜坡段上使用皮带式输送机时，可在输送带上设置一些挡块，阻止运件下滑。

图 7.20　皮带式输送机

（2）斗式提升机

斗式提升机是垂直散碎物料的连续运输机械。它的牵引件可以是运输带或链条。在牵引件上按一定的间距固定着很多料斗,驱动装置带动牵引件回转,料斗从提升机的底部抖起物料,随牵引件上升到顶部后,绕过链轮或者卸料滚筒,物料从料斗内卸出。

(3) 气力输送系统

气力输送系统是由具有一定速度和压力的空气带动粉粒状物料或比重较小的物料在管道内流动,实现在水平或垂直方向上的输送。气力输送系统结构简单,能保护周围环境免受粉尘污染,广泛应用于装卸粮食和水泥等物料。

7.3.2 搬运设备

1. 叉车

叉车是工业搬运车辆,是指对成件托盘货物进行装卸、堆垛和短距离运输作业的各种轮式搬运车辆。叉车是仓库作业必备的设备,无论是自动化立体仓库,还是普通平面仓库,都离不开叉车。叉车的种类繁多,在自动化立体仓库拣选作业时经常用到的高位拣选式叉车如图 7.21 所示。

图 7.21 高位拣选式叉车

高位拣选式叉车的结构特点是操作人员可随货物一起升降,货叉可以自由提升,操纵室不动时与一般叉车相同。它以蓄电池为动力源,由串励直流电动机驱动,采用晶闸管脉冲调速,操纵方便、安全可靠,适用于电子、轻工业、食品工业及自动化立体仓库和工厂内部的搬运、装卸、堆垛和拣选作业。

2. 托盘搬运车

托盘搬运车是搬运托盘的专用设备,有手动式和电动式两种。手动式托盘搬运车(图 7.22)在使用时将其承载的货叉插入托盘孔内,由人力驱动液压系统来实现托盘货物的起升和下降,并由人力拉动完成搬运作业,适用于近距离的托盘搬运,是托盘运输工具中最简便、最有效、最常见的装卸和搬运工具。电动式托盘搬运车(图 7.23)又称电动托盘车或电动搬运车,是一种在国内外应用广泛且市场潜力巨大的轻小型仓储工业车辆,适用于重载及长时间货物转运工况,可大大提高货物搬运效率,降低劳动强度,而且电动托盘搬运车作业方便、平稳、快捷,外形小巧、操作灵活,低噪声、低污染。

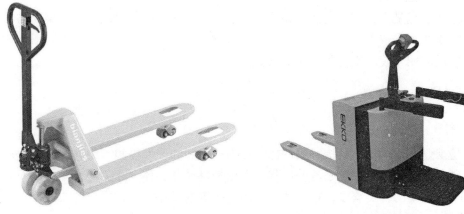

图 7.22　手动式托盘搬运车　　　　图 7.23　电动式托盘搬运车

3. 自动导引小车

自动导引小车是指装备有电磁或光学等自动导引装置,能够沿规定的导引路径行驶,具有安全保护以及各种移载功能的运输车。自动导引小车是一种具有高度柔性化和智能化的物流搬运设备,也称移动机器人。

亚马逊 Kiva 机器人是 AGV 的典型代表,如图 7.24 所示。亚马逊在 2012 年以 7.75 亿美元的价格收购了 Kiva 的机器人仓储业务。亚马逊启用 15000 个 Kiva 机器人后可提高近 50% 的分拣处理能力,Kiva 机器人与 Robo – Stow 机械臂等组成的系统可在 30 分钟内卸载和接收一拖车的货物,将总体工作效率提升 3.5～5 倍,每年节约成本将近 10 亿美元。Kiva 机器人会扫描地上条形码前进,能根据无线指令的订单将货物所在的货架从仓库搬运至人工处理区,这样工作人员每小时可挑拣、扫描 300 件商品,并且 Kiva 机器人的准确率高达 99.99%。

【拓展视频】

图 7.24　亚马逊 Kiva 机器人

第 7 章 电子商务物流自动化技术与设备

Fetch Robotics 成立于 2014 年，主要团队来自大名鼎鼎的 Willow Garage。Fetch Robotics 发布了他们的两款新机器人——移动机械臂 Fetch（意为"拿来"）和移动平台 Freight（意为"送去"），专门针对仓储自动化应用。Fetch 的产品相当于 Kiva 的升级版，如图 7.25 所示。Fetch 机器人具备自动导航功能，可以在货架之间移动，识别产品后取货并将其搬运到名为 Freight 的自动驾车机器人里。Freight 的作用与 Kiva 相当。机器人可以自助规划路线和充电，从而保证整个仓储系统的无缝运行。

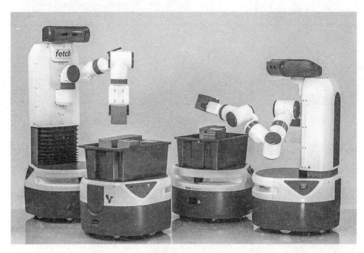

图 7.25　Fetch Robotics 的 Fetch 和 Freight

Swisslog 是一家总部位于瑞士的自动化仓库和配送物流解决方案提供商，其控股股东是工业机器人"四大天王"之一的 KUKA。与 Kiva 等货架式储存不同，Swisslog 的 Click & Pick 系统（图 7.26）采用的是一种三维的立方体网格架系统，每个立方体内有一个标准尺寸的箱子装着特定货物，如果装着所需货物的箱子埋在别的箱子下面，机器人会把上面的箱子拿起来堆在旁边，拿到所需货物后再把别的箱子放回原处。据 Swisslog 称，Click & Pick 一小时能处理 1000 个订单，速度是人工作业的 4～5 倍。

图 7.26　Swisslog 的 Click & Pick 系统

Gray Orange 总部位于印度古尔冈和新加坡，这家公司有两种产品：包裹分类器和 Bulter 机器人（图7.27），后者相当于一个方形版本的 Kiva。Gray Orange 的潜在客户包括 Amazon 和印度物流系统服务巨头 Delhivery 等。

图7.27　Gray Orange 的 Bulter 机器人

阿里巴巴的 AGV 机器人"曹操"整体有半米多高，跟一般的 AGV 机器人差不多大，可承重 50kg，速度可达到 2m/s，如图 7.28 所示。该机器人接到订单后，可以迅速识别商品在仓库中的位置，并且规划最优拣货路径，拣完货后会自动把货物送到打包台，减少仓管人员的步行距离，大大提高了仓库分拣打包的效率。

图7.28　阿里巴巴的"曹操"机器人

【拓展视频】

京东也有类似 Kiva 的 AGV 搬运机器人，在调度系统和人工智能的调教下，可以灵活改变路径，自动避障，可通过地上的二维码定位进行导航。AGV 智能机器人和机械臂的配合，大大提升了货物的搬运和分拣效率。

4. 集装箱跨运车

集装箱跨运车是集装箱装卸设备中的主力机型，通常承担由码头前沿到堆场的水平运输及堆场的集装箱堆码工作。由于集装箱跨运车具有机动灵活、效率高、稳定性好、轮压低等特点，所以得到普遍的应用，从 20 世纪 60 年代问世以来，经过几十年的发展，已经与轮胎式集装箱门式起重机一样，成为集装箱码头和堆场的关键设备。集装箱跨运车作业对提高码头前沿设备的装卸效率十分有利。集装箱跨运车如图 7.29 所示。

第 7 章 电子商务物流自动化技术与设备

图 7.29 集装箱跨运车

7.3.3 自动起重设备

1. 巷道式堆垛起重机

巷道式堆垛起重机专用于高架仓库，是自动化立体仓库内的主要作业机械，如图 7.30 所示，美国称它是"高层储藏之王"。采用这种起重机的仓库高度最高达 40 多米，通常仓库高度大多数在 10～25m。起重机在货架之间的巷道内运行，主要用于搬运装在托盘上或货箱内的单元货物；也可开到相应的货格前，由机上人员按出库要求拣选货物出库。巷道式堆垛起重机的起重量一般在 2t 以下，有的达 4～5t。它的主要用途是：在立体仓库的货架巷道间来回穿梭运行，将位于巷道口的货物存入货格，或者取出货格内的货物运送到巷道口。这种作业工艺对巷道式堆操起重机在结构和性能方面提出了一系列严格的要求。

2. 桥式堆垛起重机

桥式堆垛起重机是在桥式起重机的基础上结合叉车的特点发展起来的一种自动堆货的机器，如图 7.31 所示。桥式堆垛起重机作为仓库作业机械，可以用于高层货架仓库存取作业，同时也适用于无货架堆垛，其起重量一般在 0.5～5t，个别特殊的也可以做到 10t、15t、20t。这种起重机一般都是中、小跨度，如 20m 以下，并主要适用于高度 12m 以下的仓库。

桥式堆垛起重机主要由桥架、大车运行机构、小车、电器设置 4 部分组成。这种起重机的桥架与桥式起重机的桥架基本相似。大车运行机构有支承式和悬挂式两种基本形式。悬挂式运行机构多用于跨度 12m 以下、起重量 2～3t 以下的起重机。支承式运行机构使用广泛，除支承在仓库的吊车梁上运行外，也可以支承在货架上运行，而小车比较复杂，小车上的吊钩用立柱和货叉代替。

 图 7.30 巷道式堆垛起重机
 图 7.31 桥式堆垛起重机

3. 高架叉车

高架叉车又称无轨巷道堆垛机，是一种变形叉车，对于作业不太频繁或临时保管货物的仓库，以及为提高仓库储存能力把现有仓库改造成中、低层货架的仓库，这种高架叉车尤为适用。高架叉车保留了叉车的一些特点，又发展了适用于在高货架中工作的性能。

4. 拣选式电动堆垛机

拣选式电动堆垛机的特点是没有货叉，人和货物同在一个有栏杆的平台上升降来完成拣选作业。它用于一般的立体仓库或普通平房仓库中，在货架上存取货物或其他搬运、堆操作业。该机车身窄、转弯半径小、机动性强，适于在狭窄场所作业，结构简单、价格便宜，运行和升降全都采用蓄电池供电，随机带充电机。它的控制可在平台上，也可在地面或踏板上。

5. 码垛机器人

码垛机器人是集机械、信息、电子、计算机技术等于一身的高新机电产品，主要用来对工件或产品进行搬运、码垛、卸垛等操作。码垛机器人主要包括直角坐标式机器人、关节式机器人和极坐标式机器人，每一台码垛机器人都有独立的控制系统，适应于袋装、罐装、瓶装等各种形状的包装物品码垛/拆垛作业。码垛机器人运作灵活精准、快速高效、稳定性高、作业效率高。

目前，日本、德国和美国等国家的码垛机器人发展水平较高，技术相对比较成熟，在世界各地得到广泛的应用。日本的码垛机器人有安川、OTC、FANUTC、不二越等，德国的有KUKA、CLOOS 等，此外还有瑞典的 ABB，意大利的 COMAU。

（1）日本安川码垛机器人

日本安川公司生产的 MP 系列的机器人专门用于码垛搬运作业。典型的产品 MOTOMAN－MPL160 码垛机器人（图 7.32）具有 4 个自由度，负载能力为 160kg，最大伸长范围为 3159mm，最大码垛高度为 2623mm，处理能力为 1650 回/小时。

（2）德国 KUKA KR4 700PA 码垛机器人

德国 KUKA 机器人公司是世界上具有领先水平的工业机器人制造商之一。KUKA 机器人能够应用到货物搬运、制造、堆垛、焊接等领域，适用于自动化控制、产品制造、食品及塑

图 7.32　安川 MOTOMAN–MPL160 码垛机器人

胶等行业。其中，KR 系列为码垛机器人，KUKA KR4 700PA 码垛机器人（图 7.33）的最大负载能力达到 700kg，最大工作半径为 3200mm。

图 7.33　KUKA KR4 700PA 码垛机器人

（3）瑞典 ABB IRB760 码垛机器人

在机器人领域，瑞典 ABB 不管是在研发方面还是生产方面，始终处于行业领先地位。该企业开发的 IRB760 码垛机器人（图 7.34），其负载能力为 450kg，最大工作半径为 3180mm，主要应用于机械加工、码垛、物料搬运及整层码垛。

图 7.34　ABB IRB760 码垛机器人

7.3.4 自动分拣设备

分拣是指为了进行运输、配送，把很多货物按品种、不同的地点和单位分配到所设置的场地的一种物料搬运过程。按分拣的手段不同，分拣可分为人工分拣、机械分拣和自动分拣三大类。其中，自动分拣是现代物流的重要特征。自动分拣机是自动化立体仓库及物流配送中心对物流进行分类、整理的关键设备之一。以下重点介绍几种具有代表性的自动分拣机和机器人分拣设备。

1. 滑块式分拣机

滑块式分拣机如图 7.35 所示。分拣机的表面用金属条板或管子构成，如竹席状，而在每个条板或管子上有一枚用硬质材料制成的导向滑块，能沿条板作横向滑动。平时滑块停止在分拣机的侧边，滑块的下部有销子与条板下的导向杆连接，通过计算机控制，当被分拣的货物到达指定道口时，控制器使导向滑块有序地自动向分拣机的对面一侧滑动，把货物推入分拣道口，此时商品就被引出主分拣机。这种方式是将商品侧向逐渐推出，并不冲击商品，故商品不容易损伤，它对分拣商品的形状和大小适用范围较广，是目前最新型的一种高速分拣机。

【拓展视频】

图 7.35 滑块式分拣机

2. 挡板式分拣机

挡板式分拣机包括两种：一种是利用一个挡板挡住在分拣机上向前移动的商品，将商品引导到一侧的滑道排出；另一种形式是将挡板一端作为支点，可做旋转。挡板动作时，像一堵墙挡住商品向前移动，利用分拣机对商品的摩擦力推动，使商品沿着挡板表面移动，从主分拣机上排出至滑道。平时挡板处于主分拣机一侧，可让商品继续前移；如挡板作横向移动或旋转，则商品就排向滑道，如图 7.36 所示。

挡板一般安装在分拣机的两侧，不会和分拣机上的平面接触，即使在操作时也只接触商品而不触及分拣机的输送表面，因此它对大多数形式的分拣机都适用。就挡板本身而言，也有不同形式，如有直线型、曲线型、也有的在挡板工作面上装有滚筒或光滑的塑料材料，以减少摩擦阻力。

图 7.36 挡板式分拣机

3. 浮出式分拣机

浮出式分拣机是把商品从主分拣机上托起,从而将商品引导出主分拣机的一种结构形式。从引离主分拣机的方向看,一种是引出方向与主分拣机构成直角;另一种是成一定夹角(通常是30°~45°)。一般是前者比后者生产率低,且对商品容易产生较大的冲击力。浮出式分拣机大致有以下几种形式。

(1) 胶带浮出式分拣机

胶带浮出式分拣机是在辊筒式主分拣机上,将有动力驱动的两条或多条胶带或单个链条横向安装在主分拣辊筒之间的下方。当分拣机接收指令启动时,胶带或链条向上提升,接触商品底部把商品托起,并将其向主分拣机一侧移出,如图7.37所示。

图 7.37 胶带浮出式分拣机

(2) 辊筒浮出式分拣机

辊筒浮出式分拣机是在辊筒式或链条式的主分拣机上,将一个或数十个有动力的斜向辊筒安装在主分拣机表面下方,分拣机启动时,斜向辊筒向上浮起,接触商品底部,将商品斜向移出主分拣机,如图7.38所示。这种上浮式分拣机采用一排能向左或向右旋转的辊筒,以气体做功,可将商品向左或向右排出。

【拓展视频】

图 7.38　辊筒浮出式分拣机

4. 倾斜式分拣机

（1）条板倾斜式分拣机

这是一种特殊的条板分拣机，商品装载在分拣机的条板上，当商品行走到需要分拣的位置时，条板的一端自动升起，使条板倾斜，从而将商品移离主分拣机，如图 7.39 所示。商品占用的条板数随不同商品的长度而定，因占用的条板数如同一个单元，同时倾斜，因此，这种分拣机对商品的长度在一定范围内不受限制。

图 7.39　条板倾斜式分拣机

（2）翻盘式分拣机

这种分拣机由一系列的盘子组成，盘子为铰接式结构，向左或向右倾斜，如图 7.40 所示。装载商品的盘子上行到一定位置时，盘子倾斜，将商品翻到旁边的滑道中，为减轻商品倾倒时的冲击力，有的分拣机能控制商品以抛物线状来倾倒商品。这种分拣机对分拣商品的形状和大小可以不拘，但以不超出盘子为限。对于长形商品可以跨越两只盘子放置，倾倒时两只盘子同时倾斜。这种分拣机能采用环状连续分拣，其占地面积较小，又由于是水平循环，使用时可以分成数段，每段设一个分拣信号输入装置，以便商品输入，而分拣排出的商品在同一滑道排出，这样就可提高分拣能力。

图 7.40 翻盘式分拣机

5. 托盘式分拣机

托盘式分拣机是一种应用十分广泛的机型,主要由托盘小车、驱动装置、牵引装置等组成。图 7.41 所示为倾斜托盘式分拣机。其中托盘小车形式多种多样,有平托盘小车、交叉带式托盘小车等。

图 7.41 倾斜托盘式分拣机

【拓展视频】

传统的平托盘小车利用盘面倾翻,重力卸载货物,结构简单,但存在上货位置不稳、卸货时间过长的缺点,从而造成高速分拣时不稳定以及格口宽度尺寸过大。

交叉带式托盘小车的特点是取消了传统的盘面倾翻、利用重力卸落货物的结构,而在车体下设置了一条可以双向运转的短传送带(又称交叉带),用它来承接上货机,并由牵引链牵引运行到格口,再由交叉带运送,将货物强制卸落到左侧或右侧的格口中。

6. 活动辊轮分拨系统

活动辊轮分拨系统以英特乐的 ARB 分拨系统为代表,如图 7.42 所示。借助于 ARB 技术,英特乐分拣系统可进行匀速、准确的分拣。英特乐 ARB 分拣器可进行 30°和 90°的双向分拣,在较小的空间内高效传送各类产品。ARB 分拨系统已应用于传送箱子、图书、邮件、纸箱和塑料袋等,可以用来分拣任何产品。

图 7.42　ARB 智能传送分拨系统

7. 分拣机器人

分拣机器人一般具备传感器、物镜、图像识别系统和多功能机械手，可根据图像识别系统"看到"物品形状，用机械手抓取物品，然后放到指定位置，实现货物快速分拣。在分拣机器人领域，除了大名鼎鼎的亚马逊的 Kiva 机器人以外，还有 TORU、Geek+、快仓、海康威视等。

（1）TORU 分拣机器人

总部位于德国慕尼黑的 Magazino，推出 TORU 系列分拣机器人——TORU Cube（图 7.43）。该机器人由智能识别系统和精准爪手构成，能够自动、准确拣出指定的物品，甚至可以完成日常生活物品的拿取。TORU Cube 机器人可以独立行走，可以直接从摆满货物的架子上取走所需的物品，也可以用自身带有 3D 摄像头的爪手把物品拉出来并扫描，接着放到它自己的架子上，然后把所有拣出的物品直接送到暂存区。TORU Cube 的行走路线并不固化，它会自动辨识，并马上调整活动路线，而且可以很好地和人类协同作业。如果物品不同，TORU Cube 可以根据物品类型更换不同的爪手。如果一个仓库储存许多不同种类的产品，可以配备多个 TORU Cube，并根据不同产品的尺寸和形状装上不同的爪手。

【拓展视频】

图 7.43　TORU Cube 分拣机器人

（2）Geek+ 分拣机器人

由北京极智嘉科技有限公司研发的 Geek+ 分拣机器人，被称为中国版的 Kiva，如

图 7.44 所示。目前 Geek+分拣机器人已经成功地在天猫超市、唯品会等多家知名电商仓库实现商用。跟 Kiva 一样，Geek+也是采用"货到人"拣选模式。Geek+高 28cm，自重 150kg，但能够承受 500kg 的重量。当接到订单指令后，它会通过扫描地面上均匀分布的二维码按照 2m/s（最快可达 3m/s）的速度自动规划路线，跑到货架底部后，直接将整个货架抬起，驮到拣选员的工作台，省去来回路程和挑选的时间，整体效率是人工的 3 倍。

图 7.44　Geek+分拣机器人

（3）快仓分拣机器人

快仓智能仓储机器人系统解决方案，由一系列的移动机器人、可移动货架及补货、拣货工作站等硬件系统组成，是以人工智能算法的软件系统为核心，来完成包括上架、拣选、补货、退货、盘点等流程的完整订单智能履行系统。快仓智能仓储机器人系统解决方案可以为传统仓库作业模式节省 5～7 成人工，并有效提高效率，降低错单率、产品损耗率和订单消耗品开销等，从而大幅降低仓库的运营成本。快仓分拣机器人如图 7.45 所示。

图 7.45　快仓分拣机器人

（4）海康威视分拣机器人

海康威视智能分拣机器人（图 7.46）身材小、智慧大，不仅能智能识别包裹面单信息，而且借助工业相机与电子秤等外围设备，可同时快速完成扫码和称重。控制机器人的智能分拣系统，相当于多台机器人调度的"大脑"，根据包裹目的地规划出机器人的最优运行路径，将分拣货物运送至对应的卸货口进行投递，分拣速度和投递准确率比人工分拣有大幅提升。

图7.46 海康威视分拣机器人

实例 7—3

国内几家具有代表性的电商企业智能机器人分拣中心

1. 京东华南麻涌智能机器人分拣中心

京东华南麻涌智能机器人分拣中心（图7.47）占地$1200m^2$，利用300余个代号为"小黄人"的分拣机器人进行取货、扫码、运输、投货，整个过程井然有序。依靠惯性导航和二维码技术，这些"小黄人"可以自动识别快递面单信息，自动完成包裹的扫码及称重，以最优路线完成货品的分拣和投递。分拣机器人集成了供件、扫描、分拣、集包、投线等多项功能。与传统的自动分拣系统相比，有占地面积小、投入成本低、可扩展性强等特点。目前，麻涌智能机器人分拣中心日均分拣量4万～5万单，每小时最高产能可达12000件，分拣准确率100%，分拣效率是人工分拣的3～4倍。

机器人品牌：立镖小黄人
应用台数：300台

图7.47 京东华南麻涌智能机器人分拣中心

2. 菜鸟网络广东惠阳智能机器人分拣中心

阿里巴巴主导的菜鸟网络物流体系，在广东惠阳打造了中国最大的智能仓库（图7.48）。据全天候科技报道，传统仓内的拣货员每天工作7.5小时行走2.7924万步，只能分拣1500件，就已达人工拣货的极限；而在菜鸟网络智能仓内，配合机器人，拣货员仅行走2563步，拣货量可达3000件。每一台机器人可顶起质量达250kg的货架，同时灵活旋转，将货架拉到拣货员面前方便拣货员工作。货架四面都能储存商品，使仓库的储货量翻倍提升。

第7章 电子商务物流自动化技术与设备

图 7.48　菜鸟网络广东惠阳智能机器人分拣中心

3. 上海奉贤苏宁智能机器人分拣中心

图 7.49 所示是上海奉贤苏宁智能机器人分拣中心,在这里,商品的拣选不再是人找货架,而是等着机器人驮着货架走过来,通过移动机器人搬运货架实现"货到人"拣选,打破了传统的"人到货"拣选模式。拣选人、机器人、货架一切井然有序,形成了一种别样的和谐场景。而根据上海苏宁机器人仓的实测,200 组机器人一天的运行距离达到了 1766km。

图 7.49　上海奉贤苏宁智能机器人分拣中心

7.3.5　末端配送设备

末端配送设备主要是为了解决电子商务中的"最后一公里"配送问题。"最后一公里"配送是指客户通过电子商务途径购物后,购买的货物被配送到配送点后,从一个分拣中心,通过一定的运输工具和设备,将货物送到客户手中,实现门到门的服务。"最后一公里"短距离配送,是整个物流环节的末端环节,也是唯一一个直接和客户面对面接触的环节,意义重大。

末端配送设备是现代物流发展的产物,相关的产品日新月异。目前,末端配送设备趋向于无人化,具体应用方式有无人车、无人机和自提柜。

（1）无人车

无人车属于自动驾驶送货机器人。在无人车领域,目前具有代表性的产品主要有国外的 Starship、Transwheel、DRU 和 Gita,国内的有京东无人车和菜鸟"小 G"机器人。

① Starship。Starship 配送机器人（图 7.50）是由英国 Starship Technologies 公司在 2015 年年底研发推出的,力图解决让物流行业头疼的"最后一公里"配送问题。Starship 是一台小型

六轮设备，机身上配备了9个摄像头，使得机器人在测试或正式运行时辨别并"记住"路线，通过相应的机器学习，机器人可以实现自主导航。Starship可承载20磅（约合9kg）的货物，因为是靠电池来驱动，其配送范围并不是很大，最远配送可以到物流中心方圆1英里（约合1.6km）多的范围。该机器人推出后，经过半年多的测试，2016年7月投入到送货服务中。机器人在接到命令后，会自己去接货，将其收入货舱（容量大约相当于两个大购物袋），然后送到目的地，这时消费者可以输入相应移动APP上收到的密码，打开货舱取件。

图7.50　Starship配送机器人

② Transwheel。Transwheel快递车是由以色列的科比西卡公司（Kobi Shikar）2015年研发的一种新型机器人，如图7.51所示。它最大的特点就是能快速方便地将包裹送到顾客的门口，而不论物件大小。Transwheel的设计灵感来源于自动平衡车，因为它使用了与赛格威（电动平衡车）类似的平衡系统，在机器搬运手持货时能保持直立行驶。它不同于其他快递机器人的特点是：A. 配有机器手臂，可以装卸包裹，还能用机器手臂搬运货物，靠单排轮电动平衡车行驶；B. 单个机器人可运小包裹，而若干机器人组合就能够运送大包裹了。也就是说，在未来使用Transwheel运送集装箱和货柜车，也是极有可能实现的。

③ DRU。DRU配送机器人是由澳大利亚达美乐披萨公司（Domino's）研发制作的，如图7.52所示。这款机器人通体雪白，有4个轮子，单程可运行20km。DRU内置GPS追踪技术，使用激光雷达来探测周围环境，自动识别障碍物，规划最佳路径，轻松穿越碎石地、沙地和泥泞地。DRU的内部设有温度控制系统，使得送达顾客手上的披萨"热气腾腾"，而饮料"冰凉爽口"。订餐顾客可通过输入独一无二的密码来取餐。

图7.51　Transwheel配送机器人

图7.52　DRU配送机器人

④ Gita。Gita 是意大利 Piaggio 公司的产品,是一款随行运货机器人,如图 7.53 所示。Gita 高 66cm,可以放置 18kg 的货物,配有一个可以锁的盖子。Gita 拥有零转弯半径,其最大速度为 22mph(mph 为每小时英里邮,1mph = 16093 千里/小时),这样的配置使它既灵活又快速,所以无论你是快步行走还是骑自行车,它都会跟上你。另外,Gita 拥有自动导航和跟随模式两种行进方式,自带跟踪摄像头,能够捕捉到自身正前方的画面,借此探测周围环境。它还配备了超声波测距系统,形成避障系统。同时,Gita 能应对复杂的路面,上坡、转弯等都毫无压力。

【拓展视频】

图 7.53　Gita 配送机器人

⑤ 京东无人车。京东无人车是国内首辆无人配送车,体积较小,长、宽、高分别为 1m、0.8m、0.6m,如图 7.54 所示。无人车可以对目的地进行自主路径规划,寻找最佳路径并规避拥堵路段。遇到十字路口,它可以识别红绿灯做出相应的行驶决策。无人车行驶在非机动车道上,采用电能驱动,能自动避障,实时监控,以保证无人车和货物自身的安全。自动行驶到目的地指定位置后,它会通过京东 APP、手机短信等方式通知用户收货;用户到无人车前输入提货码就可以打开货仓,取走自己的包裹。

【拓展视频】

图 7.54　京东无人送货车

⑥ 菜鸟"小 G"机器人。"小 G"机器人身高 1m 左右,每次配送能装 10～20 个包裹,如图 7.55 所示。用户只要通过手机向"小 G"发出服务请求,它就会与 TMS 对接规划最优配送路径,将货物送到指定位置,用户可通过电子扫描签收。在配送过程中,用户在手机端

可以实时查看包裹的最新位置，通过射频识别技术跟踪包裹的运行过程。"小G"采用了激光与视觉并行的即时定位与地图构建（Simultaneous Localization and Mapping，SLAM）方案，能够观察周边的复杂环境，并在系统中建立自己的多维世界，运用自适应粒子滤波算法，能够对动态实体进行准确的轨迹预测，避让行人、车辆，自己乘坐电梯，并能感知电梯的拥挤程度。

图7.55 菜鸟"小G"机器人

这些智能配送机器人，虽然已有小部分在国内外市场投入使用，但大部分都只是设计出了雏形，或正在研发、测试中，并没有大规模生产和投入使用。即使将来配送机器人不会完全替代快递员，但也必然会成为未来末端配送的发展趋势之一。

（2）无人机

无人驾驶飞机简称"无人机"，早在20世纪20年代就已出现。早期无人机仅用于军事领域，但随着社会的发展，无人机已经逐步开始应用于城市管理、农业、地质、气象、电力、抢险救灾、视频拍摄等行业。近两年，无人机在物流行业的发展较快。国外的亚马逊、谷歌以及国内的京东、顺丰等企业，在无人机末端配送领域都有所建树。

① 亚马逊无人机。亚马逊是较早提出"无人机送货"概念的企业之一。2014年，亚马逊提出了无人机送货概念。2015年11月，亚马逊在YouTube发布了一则其快递无人机Prime Air的宣传视频。2016年，亚马逊完成了第一次送货测试。Prime Air最大的亮点是采用无人机进行小型包裹的直线运输，让网上的订单在下单后半小时内准确送达。首先用户需要从支持Prime Air的商店挑选自己想要的商品，订单便会发送给最近的仓库，工作人员只需将商品装入固定大小的包装盒内，放到传送带上，包裹就会自动装入需要执行运输任务的无人机内。无人机采用GPS定位，低空飞行，飞行高度约121m，载重约2.3kg，到达指定地点后，无人机就会像快递员一样放下包裹并自动返航，全程无须任何人工操作。亚马逊Prime Air无人机如图7.56所示。

② 谷歌无人机。与亚马逊一样，谷歌很早就公布了其无人机送货研发计划Project Wing。Project Wing无人机（图7.57）和目前常见的四旋翼无人机有非常大的不同，其工作原理可以简单地用鹞式飞机的原理来解释，飞机启动时动力来源直上直下，然后经过调整角度来获取水平速度，最终依靠水平方面的动力以及无人机机翼提供的升力来完成飞行。无人机的计算机控制系统位于尾部，而动力系统位于头部。此外，这款无人机还搭载了GPS、摄像头、无线电设备，以及由加速计和陀螺仪构成的惯性测量传感器，帮助无人机确定当前的姿态。

图 7.56 亚马逊 Prime Air 无人机

图 7.57 谷歌 Project Wing 无人机

③ 京东无人机。2015年京东正式进军无人机行业，目前发展形势迅猛。京东将在中国打造一个无人机网络，建设上万个无人机的机场，所有的商品都能在24小时之内送到消费者的手中，助力农村电商。京东已经建成全球首个无人机调度中心，为无人机常态化做保障。目前京东无人机（图7.58）调度中心使用的是载重10～15kg，飞行半径10～15km 的末端无人机。京东第一架重型无人机正在测试当中，飞行里程可达到240km。不过，目前京东无人机配送成本比普通快递员略高，但未来配送成本有望下降40%～50%。

图 7.58 京东无人机

④ 顺丰无人机。顺丰 2012 年开始酝酿无人机物流，2013 年开始小型无人机的试飞，2015 年逐步拓展到吨位级大型无人机，2017 年 6 月，顺丰试飞水陆两栖的 300kg 级无人机，2017 年 10 月，又试飞了大型无人机 AT200。顺丰 AT200 无人机（图 7.59）是全球首款吨位级大型货运无人机。该无人机翼展 12.8m，机身长 11.84m，最大起飞重量约 3.4t，载重 1.5t。它的巡航速度可达 313km/h，航程可达 2183km，升限 6098m。该无人机目前以实现无人化自主控制，并且自动规划航线，一键自动起降，自身还具有应急处理能力。在陆地交通不发达和多山的西部高海拔地区，它可以高效地完成货运直线的运输。

图 7.59　顺丰 AT200 无人机

（3）自提柜

自提柜的出现是电子商务与物联网技术双重推动的结果。随着电子商务的兴起，社区终端已成为众多商家的必争之地。自提柜可以有效缓解快递终端配送难的状况，提高电商物流的终端配送服务水平，有利于解决电商物流在社区"最后一公里"的问题。图 7.60 为丰巢智能自提柜。

【拓展视频】

图 7.60　丰巢智能自提柜

对于电商和快递企业来说，自提柜模式提高了投递效率，降低了投递成本。使用自提柜设备后，快递员在一个区域的投递模式由原先的多点分散投递变为一个区域的集中投递，并且实现了"放货即走"，避免了二次投递的成本。相关公司粗略估算过，这种模式使得快递员的投递效率至少可以从平均 60 件/天提升到 200 件/天，能为快递公司增效 45%。

第7章 电子商务物流自动化技术与设备

目前国内智能自提柜的运营主体基本上可以分为3类：电子商务公司、物流快递企业和第三方自提柜生产或运营企业，见表7-1。

表7-1 国内自提柜项目及其投资企业

企业类别	企业名称	项目名称	备注
电子商务企业	京东、苏宁易购、亚马逊	独立运营的自提柜项目，与其他自提柜项目有广泛的合作	—
	菜鸟网络	以与其他企业合作为主	菜鸟网络2016年5月18日宣布，联合12家快递公司和丰巢等8家自提柜企业建成全国最大的快递自提柜服务平台
	中国邮政	中国邮政智能包裹柜	2014年6月，中国邮政与阿里巴巴签署战略合作协议，邮政自提网点信息嵌入淘宝（天猫）平台
物流快递企业	顺丰、申通、中通、韵达、普洛斯	丰巢智能快递柜	现已直连顺丰、申通、中通、韵达、EMS寄件下单业务，用户可通过丰巢邮寄快件
	三泰控股	速递易	24小时快递代收货服务
	中集集团	e栈	免费政策：快递员和收件人均免费使用
第三方自提柜生产或运营企业	江苏云柜网络科技有限公司	智能云柜	—
	上海富友支付服务有限公司	富友收件宝	—
	三全食品	FUNBOX智能午餐贩卖机	定位餐饮外卖配送市场
	青岛澳柯玛	生鲜智能提货柜	定位冷链物流"最后一公里"配送

思考与练习

1. 填空题

（1）_____是实现物流自动化的前提。_____是物流自动化系统的基础。

（2）从功能层次上看，可以将自动化物流系统分为3个层次：管理层、控制层和_____。

（3）自动化立体仓库作为自动化仓库的_____阶段，代表着仓储业未来的发展方向。

（4）自动化技术在仓储领域中的发展可分为5个阶段：人工仓储阶段、机械化仓储阶段、自动化仓储阶段、集成化仓储阶段和_____仓储阶段。

（5）目前国内外大多数立体仓库都采用_____货架。

（6）根据企业物流系统的总体设计对仓储系统的要求，可采用_____来确定仓储系统在整个物流系统中的位置。

（7）为了提高入/出库的搬运效率，尽量少采用_____，而尽量多采用_____。

（8）库容量是指在同一时间内仓库可容纳的_____。

（9）亚马逊_____机器人是 AGV 典型代表。

（10）_____起重机专用于高架仓库，是自动化立体仓库内的主要作业机械。

（11）_____是指为进行运输、配送，把很多货物按品种、不同的地点和单位分配到所设置的场地的一种物料搬运过程。

（12）_____分拣机是把商品从主分拣机上托起，从而将商品引导出主分拣机的一种结构形式。

（13）借助于_____技术，英特乐分拣系统可进行匀速、准确的分拣。

（14）_____设备主要是为了解决电子商务中的"最后一公里"配送问题。

2. 选择题

（1）为加速入/出库而采用托盘堆叠储存时，一般用（　　）存取。
　　A. 人工　　　　B. 叉车　　　　C. 吊车　　　　D. 堆垛机

（2）属于专用分拣机类型的是（　　）。
　　A. 链式分拣机　　B. 胶带分拣机　　C. 悬挂式分拣机　　D. 辊道分拣机

（3）下列仓储技术装备属于按作业方式分的有（　　）。
　　A. 搬运机械设备　　B. 分拣设备　　C. 移动式货架　　D. 计量设备

（4）企业自动化物流系统主要包括（　　）（多选）。
　　A. 自动化仓库　　　　　　　B. 自动输送系统
　　C. 自动导引搬运车系统　　　D. 流通加工作业系统
　　E. 自动控制系统

（5）仓储技术装备按作业方式分为（　　）（多选）。
　　A. 搬运机械设备　　　　　B. 起重吊装机械设备
　　C. 存取设备　　　　　　　D. 分拣设备
　　E. 计量设备

（6）分拣方式有（　　）（多选）。
　　A. 人工分拣　　B. 机械分拣　　C. 半自动分拣
　　D. 自动分拣　　E. 半机械分拣

3. 判断题

（1）物流技术及其装备是构筑物流系统的主要成本因素。（　　）

（2）企业自动化物流系统，可使各种物料最合理、最经济、最有效地流动，最终实现商流物流合一。（　　）

（3）装卸搬运技术装备用于生产企业内部物料的起重输送和搬运、用于船舶与车辆货物的装卸以及库场货物的堆垛等。（　　）

（4）起重机械只能用于垂直升降货物，以满足货物的装卸作业要求。（　　）

（5）自动导向搬运车系统是一种使车辆按照给定的路线自动运行到指定场所，完成物料搬运作业的系统。（　　）

（6）仓储技术设备能调节物资的供需，实现物资的配送功能和节约物资的功能。（　　）

（7）分拣是把货物按不同品种、不同单位和不同储位分配到所设置的场所的一种搬运过程。（　　）

4. 名词解释

（1）物流自动化

（2）自动化立体仓库

（3）自动导引小车

（4）码垛机器人

（5）"最后一公里"配送

5. 简答题

（1）简述物流自动化系统的结构和层次。
（2）简述自动化立体仓库的优、缺点。
（3）简述 AGV 的优势。
（4）简述自动分拣机的几种典型类型。
（5）简述运用自提柜作为末端配送设备的优势。

参 考 文 献

邓之宏,2014. 电子商务物流基础与实训[M]. 2版. 北京:北京大学出版社.

都继萌,王艳丽,高磊,2016. 基于"最后一公里"的B2C电商物流管理模式探讨:以京东商城为例[J]. 商业经济研究(20):95-97.

胡卉,2009. 智能交通系统及其关键技术在物流运作中的应用[J]. 铁道运输与经济(11):75-77.

卢山,姜秀山,张文杰,1998. 论物流概念的发展及内涵[J]. 物流技术(06):129-131.

罗明,陈勇,2016. 智能自提柜应对电商物流"最后一公里"的对策研究[J]. 物流技术,35(05):22-24.

速卖通大学,2015. 跨境电商物流[M]. 北京:电子工业出版社.

唐四元. 马静,2018. 现代物流技术与装备[M]. 3版. 北京:清华大学出版社.

陶倩,2012. 贝因美的乳业自动化物流中心[J]. 物流技术与应用(04):58-60.

王健,2005. 现代物流概念的比较研究[J]. 发展研究(01):59-61.

王金萍,2018. 物流设施与设备[M]. 3版. 大连:东北财经大学出版社.

喜崇彬,2016. 末端物流中自提柜的发展[J]. 物流技术与应用,21(09):106-108.

喜崇彬,2017. 物流无人化时代即将来临?[J]. 物流技术与应用,22(10):74-78.

徐正林,2012. 自动化立体仓库货架设备(三)[J]. 物流技术:装备版(08):82-84.

徐正林,2012. 自动化立体仓库货架设备(四)[J]. 物流技术:装备版(09):78-84.

杨长勇,2011. 条形码技术在物流生产过程中应用探讨[J]. 信息通信(03):68-69.

姚薇,2012. 智能交通系统效益评估[J]. 现代经济信息(07):256-257.

赵德平,2012. 自动化立体仓库货架设备(二)[J]. 物流技术:装备版(07):76-79.

赵德平,2012. 自动化立体仓库货架设备(一)[J]. 物流技术:装备版(06):74-76.